基模引领：研究生社会主义核心价值观培育之道

王亚菲 著

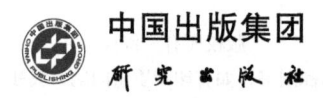

中国出版集团
研究出版社

图书在版编目（CIP）数据

基模引领：研究生社会主义核心价值观培育之道 / 王亚菲著. -- 北京：研究出版社, 2025. 7. -- ISBN 978-7-5199-1945-0

Ⅰ. G643.1

中国国家版本馆 CIP 数据核字第 202533BB80 号

出 品 人：陈建军
出版统筹：丁　波
责任编辑：林　娜

基模引领：研究生社会主义核心价值观培育之道
JIMO YINLING: YANJIUSHENG SHEHUI ZHUYI HEXIN JIAZHIGUAN PEIYU ZHIDAO

王亚菲　著

研究出版社 出版发行

（100006　北京市东城区灯市口大街 100 号华腾商务楼）
北京建宏印刷有限公司印刷　新华书店经销
2025 年 7 月第 1 版　2025 年 7 月第 1 次印刷
开本：710 毫米 ×1000 毫米　1/16　印张：14
字数：219 千字
ISBN 978-7-5199-1945-0　定价：59.00 元
电话（010）64217619　64217652（发行部）

版权所有·侵权必究
凡购买本社图书，如有印制质量问题，我社负责调换。

前　言

自社会主义核心价值观被凝练为 24 个字以来，在教育全过程积极推进社会主义核心价值观培育成为新时代教育的重要任务之一。青年的理想信念和价值观念与中华民族的复兴之路息息相关，而研究生作为青年群体的重要代表，既承担着新时代中国特色社会主义事业持续发展的重任，也在文化多元化的新情况、新发展中面临着冲击和选择。在文化多元化的冲击下，研究生的选择影响着他们在现实生活中的行为活动和价值取向，也影响着他们的人生目标和理想信念，继而决定着中国特色社会主义事业的发展走向，关系着中国梦最终能否实现。

一直以来，社会主义核心价值观的培育都备受关注，学者和教育者在理论和实践上均做出了诸多努力。然而，这并不意味着社会主义核心价值观培育在研究生群体这里取得了格外显著的成效。虽然当前研究生普遍认同社会主义核心价值观，但是理想信念缺失的现象还是时有发生。新时代的研究生在文化多元的背景下普遍形成了一套具有个性的世界观、人生观、价值观，其行为方式、生活方式、交往方式也逐渐趋于个性化。本书首先对新时代研究生社会主义核心价值观培育的实质和基本现状进行了分析和描述。研究生，是我国最高层次、最高水平的人才培养对象，对其所进行的社会主义核心价值观培育，已经不能满足于以认知、认同、践行为目标。尤其是进入新时代，研究生面临迅速转型和发展的社会生活环境，要成长为能够担当中华民族伟大复兴大业的重要力量，必须为社会主义核心价值观培育设立更高要求与标准，挖掘培育的丰富内涵和多个维度。当前，研究生社会主义核心价值观培育现状仍存在针对性不强、对研究生思想动态和形成规律掌握不准确、研究生参与度不高三个问题，实际上都揭示了培育实践中研究生主体性被忽略的问题。

本书继而对研究生社会主义核心价值观培育现状进行了实证研究，一方面，直观透视了当前研究生社会主义核心价值观培育的基本情况和培育效果现状，反映出研究生认知、认同、践行的不平衡状态；另一方面，则验证了研究生的价值观念现状和思想状态现状均对社会主义核心价值观培育效果产生了影响。这进一步证实了关注研究生主体性在培育中的重要性。随后，为了分析研究生主体性，本文对研究生在社会主义核心价值观培育中发挥的主观能动性进行探索，也就是分析研究生的价值认知规律。以马克思主义认识论为指导，以皮亚杰基模理论为具体分析工具，将研究生还原为现实的人，认识到其价值认知是在价值认知基模一般性运算逻辑和特殊性运算逻辑的共同作用下形成的。这样一来，有一点就可以得到明确，即研究生得出的任何价值认知无论正确与否，都是符合其当下价值认知基模的，而一旦价值认知基模发生改变，所形成的价值认知也会随之改变。在此基础上，对研究生价值认知基模在社会主义核心价值观培育中的运行机制进行具体的分析，实际上在一定程度上阐明了当前研究生关于社会主义核心价值观虽普遍认知和认同，但是认同不深、信仰欠缺。这些分析指出，社会主义核心价值观培育需要遵循研究生的价值认知规律，从价值认知基模的改变着手以完善研究生精神文化体系、提高研究生精神文化水平。

分析和了解研究生在培育中的主体性并不是社会主义核心价值观培育研究的全部，关键还在于探索培育改革的措施，在于激发教育者主导性的最大能量。所以，在对研究生主体性进行分析的基础上，本书进一步回到宏观的角度，从资本、关系构型、主体惯习、资本竞争四个方面分析了当前研究生社会主义核心价值观培育场域的运作情况。分析得出，在当前的培育过程中，一方面，存在培育场域形式化的问题；另一方面，社会主义核心价值观作为主导的、重要的精神文化资本，在研究生精神文化资本竞争中却不占优势。鉴于此，在研究生社会主义核心价值观培育改革中，建构新培育场域就显得尤为重要，而优质的关系构型、合理的资本竞争和高效的资本转化是新场域能够良好运作的三个基本原则。在这之中，提升教育者在社会主义核心价值观精神文化资本方面的优势是重中之重，关系着教育者在新场域中的培育地位、培育态度和培育方式，而遵循研究生的价值认知规律，从改善研究生价值认知基模出发进行沟通，树立培育服务意识，则是教育者在培育场域中发挥主导性的有效方式。

  本文虽经反复推敲与修改，但受限于个人学识与研究条件，疏漏之处或在所难免。恳请学界同仁不吝赐教，也望读者诸君海涵指正，以期未来能有更深入完善的探讨。

2025 年 3 月 1 日

目 录

第一章 绪 论 ··· 1
- 第一节 选题缘由与研究意义 ·· 1
- 第二节 文献综述 ·· 7
- 第三节 研究方法和概念界定 ······································ 29
- 第四节 本研究的创新之处 ·· 31
- 第五节 研究思路 ··· 31

第二章 理论基础 ··· 33
- 第一节 马克思主义认识论 ·· 33
- 第二节 基模理论 ··· 43

第三章 研究生社会主义核心价值观培育的实质及现状描述 ········ 53
- 第一节 新时代研究生社会主义核心价值观培育的实质 ······ 54
- 第二节 研究生社会主义核心价值观培育的基本现状 ········ 71

第四章 研究生社会主义核心价值观培育现状的实证研究 ············ 78
- 第一节 问卷调查情况说明 ·· 79
- 第二节 研究生社会主义核心价值观培育情况的直观透视 ··· 95
- 第三节 研究生社会主义核心价值观培育效果现状的直观透视 ··· 97
- 第四节 研究生价值观念和思想状态对社会主义核心价值观培育效果的影响 ······ 101

第五章 社会主义核心价值观培育中研究生主观能动性的发挥·········109

第一节 研究生的认知与价值认知·························109
第二节 价值认知基模主导研究生的价值认知·················116
第三节 价值认知基模主导下的研究生价值认知生成机制·········134
第四节 研究生价值认知基模在社会主义核心价值观培育中的运行机制·········138

第六章 新时代研究生社会主义核心价值观培育的基本原则·········150

第一节 社会主义核心价值观培育场域·····················150
第二节 构建研究生社会主义核心价值观培育新场域的必要性·····162
第三节 新场域构建的基本原则···························168

第七章 新时代研究生社会主义核心价值观培育的具体策略·········176

第一节 提升教育者的精神文化资本优势···················178
第二节 形成教育者与研究生之间的精神文化资本竞争·········185
第三节 以服务意识促成研究生精神文化资本的再分配·········194

第八章 结论与展望·······································197

附 录···200

附录A 研究生社会主义核心价值观培育情况调查问卷·········200
附录B 研究生价值认知水平维度项目分析表·················208
附录C 研究生价值认知水平维度信度分析表·················211

第一章
绪 论

第一节 选题缘由与研究意义

一、选题缘由

"青年的价值取向决定了未来整个社会的价值取向"①，研究生作为青年群体中的精英，其世界观、人生观、价值观更是关乎中国特色社会主义事业未来的发展方向。随着我国社会的迅速变革和发展，当代研究生的行为方式、交往方式、生活方式不仅与以往大有不同，而且越来越具个性。实际上，这是研究生精神文化，尤其是价值观走向多元化的结果。然而，伴随着价值观多元化，研究生价值目标、价值取向、价值标准混乱的现象也时有发生。当前的研究生群体中不乏利己主义者、拜金主义者和享乐主义者，种种丧失社会责任感和缺失理想信念的现象仍有发生，更有甚者，在扭曲的价值取向影响下做出极端行为。而这其中，本应该为研究生价值目标、价值取向、价值标准提供基本遵循和主导方向的社会主义核心价值观，发挥的作用却十分有限，对研究生行为方式、交往方式、生活方式形成的约束力和引领力并不强。这种状况不禁引人深思，并且让人开始质疑社会主义核心价值观培育在研究生培养阶段的实际效果。

党的十八大以来，社会主义核心价值观培育无疑受到了高度的重视和广泛的关注。党和国家将培育和践行社会主义核心价值观视为"推进中国特色

---

① 习近平.青年要自觉践行社会主义核心价值观［N］.人民日报，2014.5.14.

社会主义伟大事业、实现中华民族伟大复兴中国梦的战略任务"①，要求将其"融入国民教育全过程"②。进入新时代，习近平总书记更是将培育和践行社会主义核心价值观作为实现社会主义现代化和中华民族伟大复兴的"14个坚持"之一，委以其"更好构筑中国精神、中国价值、中国力量，为人民提供精神指引"③的重任，并且进一步提出社会主义核心价值观培育"要以培养担当民族复兴大任的时代新人为着眼点"④。尤其高校是培养德智体美全面发展的社会主义事业建设者和接班人的重要场所，更要"坚持不懈培育和弘扬社会主义核心价值观，引导师生做社会主义核心价值观的坚定信仰者、积极传播者、模范践行者"⑤。与此同时，学术界也围绕高校社会主义核心价值观培育、大学生社会主义核心价值观培育展开了大讨论，并产生了众多研究成果。在中国知网上以"高校社会主义核心价值观培育"为主题检索词搜索到的文献为2130篇，以"大学生社会主义核心价值观培育"为主题检索词搜索到的文献更是多达6672篇。这些研究成果从包括社会主义核心价值观的阐释、培育的重要性、培育现状、培育制度完善、培育方法革新在内的多个方面，试图为社会主义核心价值观培育实践的进行和发展提供帮助。从这个层面来看，既有意见指导又有研究支持的高校社会主义核心价值观培育实践理应在研究生培养阶段取得显著的成效。

但是，反观现实中研究生培养阶段的社会主义核心价值观培育，其效果却与意见指导和理论研究中的理想状态有一定的距离。研究生培养在我国国民教育中处于最高层次，承担着为我国各个领域输送高水平、高技术人才的

---

① 中共中央办公厅印发《关于培育和践行社会主义核心价值观的意见》[N].人民日报，2013-12-24（1）.

② 中共中央办公厅印发《关于培育和践行社会主义核心价值观的意见》[N].人民日报，2013-12-24（1）.

③ 习近平.决胜全面建成小康社会 夺取新时代中国特色社会主义伟大胜利[N].人民日报，2017-10-28（1）.

④ 习近平.决胜全面建成小康社会 夺取新时代中国特色社会主义伟大胜利[N].人民日报，2017-10-28（1）.

⑤ 张烁.把思想政治工作贯穿教育教学全过程 开创我国高等教育事业发展新局面[N].人民日报，2016-12-09（1）.

重任，甚至一定程度上代表着我国科学技术发展的最高水平。所以，在研究生培养中，迅速培养并提升研究生的科研能力和创新能力是重中之重，而关注研究生精神文化养成的社会主义核心价值观培育则被边缘化。一方面，表现为理论研究层面的边缘化。在中国知网上进行检索，与拥有大量成果的高校社会主义核心价值观培育研究和大学生社会主义核心价值观培育研究相比，以"研究生社会主义核心价值观培育"为主题检索词搜索到的文献仅有155篇。这样看来，学术界或许是还没有意识到社会主义核心价值观培育在研究生培养阶段的重要性，又或许是还没有注意到研究生群体在社会主义核心价值观培育中表现出的与本科生不同的特点。总而言之，研究生社会主义核心价值观培育问题仅是被包括在高校社会主义核心价值观培育研究或者大学生社会主义核心价值观培育研究内，研究生还不足以被看作区别于本科生的受教育者群体而进行专门性的培育研究，这是学者们比较普遍的观点。这也导致了培育实践中缺少更具针对性的理论支持。并且，这种边缘化不单单存在于学者们的研究思想中，还渗透到参与培育的教育者的实践思想之中，切实影响着培育的效果。这也就是研究生社会主义核心价值观培育被边缘化的另一个方面，即培育实践中表现出的边缘化。在实际的研究生社会主义核心价值观培育实践中仍然基本沿用本科生培养阶段的培育方式和培育内容，以思想政治理论课为主要培育渠道，以各类校园活动、校园讲座为辅构成主要的培育方式，以强调社会主义核心价值观是当代中国精神的体现；强化教育引导、实践养成、制度保障；加强思想道德建设；以社会主义核心价值观来引领社会思潮；凝聚和培育当代中国社会的价值共识为主要培育内容。①② 而认知、认同、践行社会主义核心价值观的丰富内涵也在一定程度上被片面理解。在培育过程中，鲜有人关注研究生相较于本科生在学习方式、科研方式、社会关系、生活阅历等方面表现出的特点，也鲜有人尝试去了解研究生已经在现实生活中表现出的精神文化需求和价值认知规律，社会主义核心价值观

---

① 本书编写组. 中国特色社会主义理论与实践研究（2018年版）[M]. 北京：高等教育出版社，2018：135-140.

② 本书编写组. 中国马克思主义与当代（2018年版）[M]. 北京：高等教育出版社，2018：98-101.

培育无论是在本科生培养阶段还是在研究生培养阶段都成为一种"无差别培育"。这种"无差别培育"可说是将社会主义核心价值观培育简化为机械地、单向地向研究生传递社会主义核心价值观的理论性、知识性内容。这样一来，研究生对社会主义核心价值观的理解和掌握能够达到的最好效果也就停留于理论层面和知识层面，较难自觉地将社会主义核心价值观纳入自己的精神文化资本并且运用于现实活动中，更难以树立坚定的理想信念。

在"培养时代新人"的高标准要求下，教育者确实在重视培育重要性和增加培育实效性等方面做了诸多努力，但是依然收效甚微，这可能就需要从当前的"无差别培育"上找原因了。无差别的研究生社会主义核心价值观培育致力于完善研究生的精神文化体系，提高研究生的精神文化水平，却不关心研究生在多样的行为方式、生活方式、交往方式中表现出的价值观念现状和思想观念现状，也不探究研究生价值认知的形成规律，不了解一个人却试图改变这个人，这种培育无疑是想当然的，是盲目的。如果想摆脱这种尴尬的境地，研究生社会主义核心价值观培育亟须一场变革。而这场变革遵循的原则就是"要坚持主导性和主体性相统一"[①]，以真正了解研究生主体的价值认知规律为基础，适时、适当地发挥教育者的主导作用，构建一个有效推动研究生精神文化体系完善和精神文化水平提升的社会主义核心价值观培育新场域。

二、研究意义

党的十八大以来，社会主义核心价值观培育一度成为学术热点。从社会主义核心价值观的解读到对培育重要性和必要性的分析，再到培育方法的探讨都吸引了大批学者进行研究，并且已经形成了数目众多的研究成果。目前，社会主义核心价值观培育研究的热潮较之前已经有所减退，一定程度上是因为从理论研究角度来看这一主题已经很难再寻找出创新点。但是，随着中国特色社会主义进入新时代，我国各项事业的继续发展都将面临各种新问题、

---

① 张烁.用新时代中国特色社会主义思想铸魂育人 贯彻党的教育方针落实立德树人根本任务[N].人民日报，2019-03-19（1）.

新环境和新挑战，社会主义核心价值观培育也是如此。虽然一直以来全民教育的各个阶段都在大力推进社会主义核心价值观培育的实施，然而无论是从现实生活中人们表现出的道德素质、人生信仰、理想信念来看，还是从一系列有关社会主义核心价值观培育成效的实证研究来看，社会主义核心价值观培育一定程度上仍然处于比较低效的状态。也可以说，社会主义核心价值观培育对人们的价值认知规律还不够了解，同时也还没有完全掌握促成人们认知、认同、践行社会主义核心价值观的方法。

社会主义核心价值观培育研究本身不应该只是致力于寻求理论创新，更应该致力于提升广大人民群众对社会主义核心价值观的认知、认同和践行，在广大人民群众中"建设具有强大凝聚力和引领力的社会主义意识形态"①，这才是社会主义核心价值观提出的根本目的。所以，社会主义核心价值观一天没有在广大人民群众中得到高度的认知、认同和践行，对社会主义核心价值观培育的研究就一天不会失去其必要性和重要性，始终需要对培育现状进行分析、对培育方向进行规划、对培育工作进行指导。鉴于此，社会主义核心价值观培育仍然是思想政治教育领域需要继续研究，也值得继续研究的一个重点。尤其是进入新时代，笼统的、无差别的培育方式已经不能实现对受教育者精神文化的有效引导，社会主义核心价值观培育应该迈入更具有针对性的发展时代。不同的受教育者因为教育背景、生活环境、人生经历等方面的不同，对社会主义核心价值观的理解和认识也不同，而特定的群体之中又呈现出一定的群体性特征，所以探究研究生群体在培育过程中所具有的特殊主体性，从而进行有针对性的社会主义核心价值观培育研究，是推进培育发展和提升培育效果的关键一步，具有重大的理论意义及实践意义。

（一）理论意义

首先，拓宽了社会主义核心价值观培育的研究领域。本书将研究生群体从笼统的大学生或者高校受教育者概念中分离出来，就其社会主义核心价值观培育进行专门的、有针对性的分析。这样一来，之前大学生社会主义核心

---

① 张洋.举旗帜聚民心育新人兴文化展形象 更好完成新形势下宣传思想工作使命任务[N].人民日报，2018-08-23（1）.

价值观培育研究和高校社会主义核心价值观培育研究中对研究生培养阶段培育的忽视情况就可得以改善。同时，也为社会主义核心价值观培育从受教育者群体层面出发的进一步精细化发展提供研究思路。

其次，丰富了社会主义核心价值观主体间性培育的内容。随着思想政治教育开始关注受教育者主体在教育过程中的影响，社会主义核心价值观培育作为其中一个重要内容也越来越多地注意观照受教育者的主体地位。但是对具体怎样观照、从什么地方入手等问题研究得还比较少。本书拟运用基模理论分析研究生在社会主义核心价值观培育中发挥的主观能动性。分析从探究研究生的价值认知规律入手，刻画其价值认知在价值认知基模主导下的生成机制，继而具体探究社会主义核心价值观培育中研究生价值认知基模的运行机制。在了解研究生主观能动性的基础上，尝试寻找更科学的培育路径和培育方法。

最后，深化和具体化了新时代社会主义核心价值观培育的靶向培育、精准培育改革。本书试图从研究生主体的角度揭示当前研究生社会主义核心价值观培育低效的现状和原因，认为研究生的价值认知规律，即研究生主体惯习，是提升培育效果的关键因素。而为了能够有的放矢地实施培育，也为了能够为今后社会主义核心价值观培育改革提供有效方案，本书拟从教育者和受教育者之间的关系构型、主体惯习、资本和资本竞争四个因素出发，建构一个适用于研究生群体的培育新场域。

（二）实践意义

首先，有助于解决研究生对社会主义核心价值观培育参与度、热情度不高的问题。当前研究生社会主义核心价值观培育中，通过思想政治理论课进行理论灌输仍然是主要的培育方式。这种相对单一和单向的培育方式往往比较容易忽视研究生主体的价值认知规律和实际需要，一定程度上导致了研究生对社会主义核心价值观培育较低的重视程度和接受程度。本书在将研究生视为受教育者之前首先将其还原为现实的人，分析其价值认知的形成规律，提出相较于一味灌输社会主义核心价值观知识性内容，关注研究生价值认知发展阶段、所处优势和需要层次更是提升研究生对培育重视度和接受度的有效方法，为如何尊重受教育者的主体地位，怎样完善教育内容、改变教育手段、提高受教育者的关注度提供范例。

其次,有助于推动新时代高层次时代新人的培育进程。研究生是中国特色社会主义事业持续发展的重要人才保障。新时代的研究生培养承担着将研究生群体培养为高水平、高层次时代新人的重任。社会主义核心价值观培育是完善研究生价值观念体系、坚定研究生理想信念的重要实践活动。本书将深入分析研究生价值认知所处的发展阶段和主体需求,为研究生从价值层面认知社会主义核心价值观,并以其作为现实活动、人生目标、理想信念的主导提供可操作的可能性,从而促进新时代研究生培养事业的发展。

第二节 文献综述

一、国外研究综述

虽然社会主义核心价值观是根据中国特色社会主义现状和发展方向提出的国家的价值目标、社会的价值取向和公民的价值标准,但是对公民进行价值观教育、道德教育或者是更广义意义上的公民教育在各个国家是普遍存在的,并且在不断的争论和探究中形成了诸多培育方法,值得在社会主义核心价值观培育中学习和借鉴。通过梳理,近几年国外关于公民教育、道德教育、价值观教育的研究重点和观点可以分为以下几类。

(一)关于公民教育、道德教育、价值观教育重要性的研究

吉田武男从当代青年人的实际社会道德状况来说明道德教育的重要性:一方面,年轻人群体普遍存在社会道德缺失的情况,在公共场合"不恪守公共道德,公共意识淡薄,并以自己为中心的年轻人还在不断增多"[1];另一方面,在日本青少年恶性事件时有发生,并且还有很多是突破道德底线的少年犯罪行为。面对这些社会现实问题,"未来规范日渐滑坡的道德意识、克服青

---

[1] [日]吉田武男.摆脱"心灵教育"的道德教育[M].那乐,栾天,译.北京:人民出版社,2016:1-4.

少年自尊心丧失等现象,道德教育方针亟须进一步强化"①。在美国的多元化背景下,整个社会更具开放性和包容性,这是积极的一面,而相对的,"信仰和道德的多元化意味着在通常状况下信仰和道德也失去了约束行为准则的力量"②。基于这种情况,威尔逊·凯里·麦克威廉斯和苏珊·简·麦克威廉斯就认为精神需要是必不可少的,"当人们自己感知到自己的精神需求时,缺少精神教育,很可能会导致他们'缺乏常识'"③。格·尼·菲洛诺夫认为"现代德育系统蕴含了广泛而丰富的社会属性和人类中心主义思想,有效促进了人的基本能力发展,使人能更理想地适应公民社会的实践活动"④。从这个意义上来讲,不仅道德教育是普遍而具有重要性的,不断深入地探讨教育方法以及进行教育规划也是十分必要的。他甚至强调道德教育领域的创新发展关系到俄罗斯公民社会的未来发展。

(二)关于大学开展公民教育、道德教育必要性的研究

在美国,有许多人认为在大学进行公民教育和道德教育已经不再符合当代社会发展形势,应该摒弃之,安妮·科尔比对此提出反对并且力证这种观点的错误性。关于取消高校公民教育和道德教育主要有五种观点,安妮·科尔比一一进行反驳:其一,高等教育应保持价值中立,不应涉及价值观问题,科尔比则提出无论是从师生关系中隐含的价值信息、高校的制度文化,还是从各个学科蕴含的价值预设来看,在高校保持中立都是不可能的;其二,社会的多元化无法明确应该传递谁的价值观,科尔比以高校教育衍生出的一系列通用核心价值体系作为回应;其三,对已经是成人的大学生进行公民教育和道德教育为时已晚,科尔比则认为大学生所处的特殊时期是成人过渡期,

---

① [日]吉田武男.摆脱"心灵教育"的道德教育[M].那乐,栾天,译.北京:人民出版社,2016:1-4.
② [美]伊丽莎白·基斯,J.彼得·尤本.反思当代大学的德育使命[M].北京:人民出版社,2017:135.
③ [美]伊丽莎白·基斯,J.彼得·尤本.反思当代大学的德育使命[M].北京:人民出版社,2017:142.
④ [俄]格·尼·菲洛诺夫.德育进程:方法论与发展战略[M].雷蕾,曲波,译.北京:人民出版社,2016:101.

面临之前世界观、人生观、价值观的转变和人生新阶段的选择,"没有任何时期比这一时期更适合大学生的道德成长"①;其四,高等教育是学生为了职业教育而不是道德教育进行的投资,科尔比认为不应该存在这种明显的界限,道德教育一定程度上有助于职业使命感的获得;其五,道德教育和公民教育会影响知识的获取,科尔比提出反对意见。总而言之,科尔比认为公民教育和道德教育是高等教育中不可缺少的,必须将其与知识教育融合在一起。②同样,内尔·诺丁斯也强调了学校在道德教育中的关键地位,她指出在 21 世纪的教育中,"学校应当引导学生摆脱物质的束缚,在个人、职业和公民层面上追求幸福和意义"③。

（三）关于具体教育方法的研究

在公民教育、道德教育、价值观教育的具体方法相关研究中,学者们通常是在发现之前教育方法的局限性后提出一种更好的方法和路径。吉田武男因为青年群体社会道德缺失以及青少年恶性事件频发的现状提出要重视道德研究。但是这并不意味着日本此前不重视道德教育,正相反,日本的道德教育不仅明确地以心灵主义为指导,并且自 1958 年就在学校的教育课程体系中特设"道德时间"。在这里,吉田武男所做的工作是提出了"道德时间"的局限性,反对将学校的"道德时间"理解为道德教育的全部,他指出"道德教育实际上不管是在家庭、社区、社会,还是在学校都可以进行"④,强调道德教育不止在特定的场所发挥训育功能。在具体的方法上面,他提出要摆脱心灵主义,以更广的眼光定位道德教育,将道德教育的目标、内容、方法进行有机结合以引发受教育者对道德教育领域和学习的好奇心。十分重视道德教育

---

① [美]威廉·戴蒙.品格教育新纪元[M].刘晨,康秀云,译.北京:人民出版社,2015:156.
② [美]威廉·戴蒙.品格教育新纪元[M].刘晨,康秀云,译.北京:人民出版社,2015:160-161.
③ [美]内尔·诺丁斯.21 世纪的教育与民主[M].陈彦旭,韩丽颖,译.北京:人民出版社,2015:53.
④ [日]吉田武男.摆脱"心灵教育"的道德教育[M].那乐,栾天,译.北京:人民出版社,2016:99-101.

领域创新的格·尼·菲洛诺夫认为包含各类教育机构的教育系统具有文化创造功能,这种功能一定程度上帮助公民更好地认知和理解公民素质、法律规范、道德概念的本质与自身的内在关系。所以,道德教育的重任就落在了不同教育机构和教育系统组织的各类教育活动上。这些活动包括学校的教学过程,也包括广泛组织的各类活动、选修课、实践项目和商业游戏等。① 可以看出,俄罗斯在道德教育活动的组织和开展方面已经形成了比较完善的体系,"通常借助国家力量而获得了崇高的社会身份,配有一套较富针对性的组织方案,且具备一定的物质保证和人才保障,能够基于新的世界观和个体自我意识共相,积极促进重构稳定的社会环境和氛围"②。

美国的公民教育体系已经相对完善,但是也有一些学者看到了不足并且一直在寻找更加完善的方法。劳伦斯·布卢姆认为美国在多元化主义下应该进行的是一种与多样化相联系的价值观教育,而这种价值观教育中首先应该培育的一种价值观就是宽容,其次是认同。在培养认同的过程中,大学可以以课程、课堂互动和课外活动帮助学生理解不同身份、背景对于其他人的重要性,而教师在认同培养中并不能以公开某个学生的身份来强制别人对其的认同,而可以通过涉及相关问题的讨论来促成认同。③ 除此之外,欣赏被劳伦斯·布卢姆认为是超越认同的一种价值观,而在其培养过程中教师在课堂互动中的引领也十分重要。④ 梅拉·莱文森提出在公民教育中应该对传统的英雄榜样教育做出改进。在美国的公民教育中,总是试图通过国家的英雄人物来展现国家灵魂,即"这个国家看中的核心价值和效仿的事物有哪些,它对自己又有何种构想"⑤,也就是持有何种国家价值观,此外也向公民传递出公民

---

① [俄]格·尼·菲洛诺夫.德育进程:方法论与发展战略[M].雷蕾,曲波,译.北京:人民出版社,2016:103.
② [俄]格·尼·菲洛诺夫.德育进程:方法论与发展战略[M].雷蕾,曲波,译.北京:人民出版社,2016:103.
③ [美]伊丽莎白·基斯,J.彼得·尤本.反思当代大学的德育使命[M].北京:人民出版社,2017:152-155.
④ [美]伊丽莎白·基斯,J.彼得·尤本.反思当代大学的德育使命[M].北京:人民出版社,2017:156.
⑤ [美]梅拉·莱文森.不让一个公民掉队[M].李潇君,李艳,译.北京:人民出版社,2016:132.

领导者应该具备的特质，并且承担着爱国主义教育的任务。当这些人物被用包容性的叙事塑造和传播的时候，实际上是在引导公民去扮演或者效仿各类英雄人物。但是这种英雄式的榜样教育在美国已经不再能够发挥曾经那样重大的作用。因为相较于英雄，当今的年轻人所崇拜和模仿的更多的是平凡的榜样。鉴于此，他认为"我们应该通过改变学生们学习美国历史的方式，以及他们学习公民和社会行动者（如英雄和榜样）事迹的方式，改变他们对公民身份的理解"①，并且强调在公民教育中"应该给予学生更多实践公民身份（learn through citizenship）的机会"②。托马斯·欧立希和欧内斯廷·付从自身的经历和受访者的经历中论述了有关公民参与的经验和教训，为以公民参与为路径的公民教育提供参考。首先，他们认为典范、导师和教师，包括儿童早期父母的引导作用，在年轻人的公民参与中具有重大的影响。对此，成年人应该时刻注意"成年人时常告诫儿童要遵循大人的行为方式，却容易忽视其不当行为对儿童造成的负面影响"③。这种教育和行为的不匹配给儿童造成的暗示实际上是"照我说的做，别做我做的"④。取而代之的应该是教导儿童无论在什么环境和场所下，正直都是最基本和最重要的行为准则。其次，注重自身对儿童学习公民参与的榜样影响。除此之外，他们还论述了关于公民参与的具体问题，包括公民参与的多重动机、将道德领导力作为公民参与的必备条件、公民参与应该设置明确的目标、应该视公民参与本身为活动的回报等。内尔·诺丁斯认为当下学校普遍过分严苛地执行规则和纪律，在道德教育中可以选取一种更好的教育方法，即"建立一种充盈着自然关怀之风的氛围"⑤。

---

① ［美］梅拉·莱文森. 不让一个公民掉队［M］. 李潇君，李艳，译. 北京：人民出版社，2016：156.

② ［美］梅拉·莱文森. 不让一个公民掉队［M］. 李潇君，李艳，译. 北京：人民出版社，2016：156.

③ ［美］托马斯·欧立希，欧内斯廷·付. 公民参与 公民教育——两代人对公共服务的反思［M］. 蒋菲，高地，译. 北京：人民出版社，2015：13.

④ ［美］托马斯·欧立希，欧内斯廷·付. 公民参与 公民教育——两代人对公共服务的反思［M］. 蒋菲，高地，译. 北京：人民出版社，2015：13.

⑤ ［美］内尔·诺丁斯. 21世纪的教育与民主［M］. 陈彦旭，韩丽颖，译. 北京：人民出版社，2015：159-160.

为此，第一个任务是教师要在日常与学生的互动中表现出真心的关怀；第二个任务是教师要从关怀的角度建立与学生的对话，通过良善的听和说拉近与学生的关系并且为他们做出真实谈话的示范；第三个任务则是为学生提供践行关怀的机会；第四个任务是学会肯定学生。①同时他认为在爱国主义教育中重要的不是去争论是否要取消传统的爱国主义仪式，而是"应该帮助学生理解这些仪式所产生的环境背景，以及它们所引起的心理效果"②，倡导历练式的爱国主义方式，其中最重要的就是围绕论题组织美国的历史与社会课程。

二、国内研究综述

社会主义核心价值观成为广大人民群众精神文化体系的主导，对广大人民群众的社会生活和社会交往形成积极、正向的引导，在广大人民群众之间凝聚起一股牢固的精神力量，这是所有价值观培育研究学者的共同愿望。多年来，从社会主义核心价值观凝练之初对培育主体、培育实质的探讨，到对培育内涵、培育机制的挖掘和对培育困境的分析，再到在培育实践基础上结合社会背景、社会环境对培育路径的探索，学者们始终在努力寻找一条培育的高效之路。学校一直被看作社会主义核心价值观培育的主要场所，一方面，缘于学校进行集中培育的便利条件；另一方面，也更重要的一点是在国民教育全过程中的青少年群体正处于价值观念体系形成和完善的关键时期，此时正确的价值观引导既是青少年群体自身的成长需求，也是中国特色社会主义事业持续发展的重要保障。正是社会主义核心价值观培育在青少年群体中的必要性和关键性，使得培育研究多年来的众多成果有很大一部分集中在学校培育方面。结合本书的研究主体，在这里主要对青年社会主义核心价值观培育、大学生社会主义核心价值观培育、高校社会主义核心价值观培育、研究生社会主义核心价值观培育的相关研究成果进行梳理和分析，旨在了解当前

---

① ［美］内尔·诺丁斯. 21世纪的教育与民主［M］. 陈彦旭，韩丽颖，译. 北京：人民出版社，2015：159-166.

② ［美］内尔·诺丁斯. 21世纪的教育与民主［M］. 陈彦旭，韩丽颖，译. 北京：人民出版社，2015：180-181.

研究的基本状态以及大致发展方向。

最初的社会主义核心价值观培育研究主要是理论研究，集中于对社会主义核心价值观培育主体、培育实质、培育内涵、培育机制的探讨和分析。

（一）对社会主义核心价值观培育主体的分析

关于谁是社会主义核心价值观培育的主体，主要有两种声音。一种声音认为人是社会主义核心价值观培育的主体。参与社会主义核心价值观培育的人大致可以分为两类，一类是教育者，另一类是受教育者。多数学者认为受教育者是培育的主体。邱仁富和李梁认为，所谓的社会主义核心价值观培育，指的就是对人民群众进行社会主义核心价值观培育，使其从认识社会主义核心价值观开始，通过深入的理解逐渐形成理性的认同，这种认同经过人民群众的内化最终升华为对社会主义核心价值观的坚定信仰、对中国特色社会主义的坚定信念以及对实现中国梦的坚定信心。[①] 所以，人民群众无疑是培育的主体。孟轲不仅认为人民群众是培育的主体，而且还认为培育主体可以进行群体性的细化。在他看来，基层工人农民群体、知识分子群体、党员干部群体、青少年群体、社会公众人物群体、新生社会阶层群体这六类就可以看作具体的培育主体。之所以进行这样的分类，是因为在他看来每个群体都具备各自的群体性特征，那么对不同群体进行的社会主义核心价值观培育也应该有不同的侧重点。[②] 他还对细化培育主体的具体原因做了进一步的分析，提出不同的群体，甚至不同的个体在关于是否认同社会主义核心价值观、为何认同社会主义核心价值观、如何认同社会主义核心价值观、认同社会主义核心价值观的程度、在认同社会主义核心价值观时发挥的主观能动性等问题上都是有不同答案的。所以，在他看来，培育主体的细化是提升培育效果的一个重要因素。[③] 具体到大学生社会主义核心价值观培育研究中，大学生无疑是培育的重要主体。一切培育活动都应该根据大学生的特点，在了解和把握大学

---

① 邱仁富，李梁.社会主义核心价值观培育论纲［J］.党政研究，2015（1）：45-50.
② 孟轲.论社会主义核心价值观的认同主体［J］.马克思主义研究，2015（4）：21-29，39，158.
③ 孟轲.社会主义核心价值观大众认同的二维特质［J］.云南社会科学，2014（3）：7-11.

生思想状态现状的基础上，实现对大学生认识、认同社会主义核心价值观的有效引导。^①当然，也有少数学者虽然认为人是培育主体，但是在他们的观点中，这个"人"指的并不是受教育者，而是教育者。胡永新和谢志青就持有这样的观点。他们按照思想政治教育的思路来划分社会主义核心价值观培育因素，将教育者看作培育主体，而受教育者就成为培育客体，培育内容和培育方式是介体，培育环境则是环体。^②

有关培育主体的另一种声音认为，单纯将人看作社会主义核心价值观培育和践行的主体是片面的。比如，刘建军就认为除了人以外，国家本身和制度本身也是社会主义核心价值观培育和践行的行为主体。他反对在教育领域中提到培育和践行就直接将学生看作主体，单纯要求大学生培育和践行社会主义核心价值观，认为这在一定意义上是对社会主义核心价值观重要理论意义和实践意义的轻视。按照这种观点，社会主义核心价值观与大学生行为准则无异。^③

（二）对社会主义核心价值观培育实质的分析

社会主义核心价值观培育实质，回答的是社会主义核心价值观培育究竟是什么的问题。有的学者将社会主义核心价值观看作类似准则、规范的存在。刘云山就认为较高的规范性和实践性是社会主义核心价值观的特点之一。^④那么相应的，在这种观点之下的社会主义核心价值观培育就是引导受教育者遵守和遵循所规定的要求。而另一部分学者则认为社会主义核心价值观不应只被看作规范和准则，其中具有代表性的就是前面提到的刘建军。他认为培育更应该是自我思想意识的养成和自觉行为的践行。尤其是在高校进行的社会主义核心价值观培育绝不能仅仅是向大学生宣传道德规范，而应该是一个全方位的、立体的整体性规划。其中，既包括国家教育体制改革，也包括教育

---

① 邱伟光.大学生社会主义核心价值观培育的群体特征探析［J］.思想政治课研究，2016（1）：1-4.

② 胡永新，谢志青.大学生社会主义核心价值体系认同的生成与建构［J］.福州大学学报（哲学社会科学版），2014（2）：97-99.

③ 刘建军."社会主义核心价值观"的三种区分［J］.思想理论教育导刊，2015（2）：70-73.

④ 刘云山.着力培育和践行社会主义核心价值观［J］.党建，2014（2）：3-6.

工作者思想高度的提升,还包括对大学生日常生活的关注。还有学者根据社会主义核心价值观划分的三个层面来分析培育实质,认为社会主义核心价值观培育就是分别要对公民进行国家价值观、社会价值观、公民价值观的培育。还提出,培育社会主义核心价值观同时还肩负着否定和破除负面价值观的重任。①

除了关于社会主义核心价值观培育究竟是不是一种道德规范教育的争论,有关培育实质的观点还有很多。其中有价值共识论,比如曾庆娣认为社会主义核心价值观培育关涉政党、知识分子和底层大众三个社会集团,而培育的实质实际上是促成底层大众认同和遵从集体的公共利益,形成价值共识的过程。在这个过程中,政党是价值共识的构建者,知识分子是价值共识的传播者。②有知行合一论,认为在社会主义核心价值观培育中认知是前提,认同是重点,践行则是关键,这也是学者中主流的观点之一。继而有学者对社会主义核心价值观认同教育的实质进行解析。有理性认识论,认为相较于笼统意义上的社会主义核心价值观培育,认同培育更倾向于引导受教育者在理性的思想意识层面认可和接受社会主义核心价值观。③还有文化认同论,持这种观点的学者认为价值观认同就是文化认同。张缅和刘轶提出青少年是通过对文化身份的认同来接受一个社会的核心价值观的,所以社会主义核心价值观培育就是要使青少年认同中国特色社会主义的文化。④李晶同样认为社会主义核心价值观培育的关键在于提升受教育者对社会主义核心价值观的认同度,而提升认同度的关键则在于提升受教育者对中国特色社会主义文化的认同。⑤

---

① 王东虓.坚持倡导和培育正面价值观与否定和破除负面价值观的同步性[J].社会主义核心价值观研究,2016(2):30-37.

② 曾庆娣.葛兰西领导权思想对社会主义核心价值观培育的启示[J].长江论坛,2015(4):22-27.

③ 胡永新,谢志青.大学生社会主义核心价值体系认同的生成与建构[J].福州大学学报(哲学社会科学版),2014(2):97-99.

④ 张缅,刘轶."文化帝国主义"与青少年文化身份认同及价值观建构[J].当代青年研究,2014(4):44-48.

⑤ 李晶.文化认同视域下社会主义核心价值观的培育研究[J].学校党建与思想教育(高教版),2017(10):60-62.

（三）对社会主义核心价值观培育内涵的分析

学者们普遍认为，社会主义核心价值观培育具有丰富的内涵。首先，文化，尤其是中华优秀传统文化是社会主义核心价值观的载体。张耀灿认为榜样文化可以作为社会主义核心价值观培育的优良载体，通过选取合适的、有代表性的榜样与弘扬优秀传统文化、革命道德、理想信念等相结合可以构建有效的社会主义核心价值观培育机制。① 陈秉公同样认为社会主义核心价值观培育的有效进行离不开中华优秀传统文化的融入，应该实现中国优秀传统价值观内容进课堂、进教材，也应该实现"启发性教育、针对性教育、有教无类、知行统一、反思慎独、改过笃行、自我省察、善于择善、身教胜于言教"② 等价值观教化方法的传承。刘伟和陈锡喜同样认为我国传统文化为社会主义核心价值观培育提供了可借鉴的方法，其提供的制度建构经验也十分宝贵。③ 黄蓉生认为传承传统文化作为社会主义核心价值观培育的优秀载体并不代表复古和复制，而是在传承中华优秀传统文化中不断对中国文化进行新的补充，是培育必不可少的内容。④ 顾萍和袁久红认为优秀的传统文化对抵御西方普世价值和增强公民社会主义核心价值观认同具有必要性，在理论上要厘清社会主义核心价值观在传统文化中的脉络，在实践上要构建国家制度、国民教育、媒介传播、社会示范四大平台，将优秀传统文化融入社会主义核心价值观培育中。⑤ 李辉和吕彪则认为文化作为社会主义核心价值观培育和践行的载体还可以进一步分为制度文化、物态文化、行为文化和心态文化四个层次。制度文化指构建国家层面的公关制度保证社会的公正性；物态文化一

---

① 张耀灿.榜样文化：社会主义核心价值观培育机制的构建［J］.学校党建与思想教育，2014（13）：7-8，24.

② 陈秉公.传统价值观涵养社会主义核心价值观若干理论研究［J］.理论探讨，2016（4）：31-36.

③ 刘伟，陈锡喜.核心价值观培育和践行的传统经验与当代借鉴［J］.中州学刊，2015（11）：95-100.

④ 黄蓉生.社会主义核心价值观的文化视域思考［J］.中国高校社会科学，2015（1）：30-41，156-157.

⑤ 顾萍，袁久红.以中华优秀传统文化涵养社会主义核心价值观的前提与路径思考［J］.思想理论教育导刊，2015（10）：73-75.

方面指注重各类博物馆、纪念馆等物态文化场所发挥的价值观教育功能,另一方面指重视小说、影视节目、艺术作品等文化艺术作品的价值观引导功能;行为文化指党员干部、知识分子在工作生活中发挥的榜样作用;心态文化指要随时关注社会心态的发展变化,适时、适度进行引导。①

其次,学者们对社会主义核心价值观培育的内容有不同看法。刘家俊和赵松强认为社会主义核心价值观培育应该包括新国家论、新社会论、新公民论三方面内容。新国家论培育青年对中国特色社会主义历史脉络、现实状态及未来道路的正确认识和深刻理解,提升青年的国家认同感和国家荣誉感,树立青年的理想信念;新社会论培育青年客观、辩证地在多元文化背景中辨清真正的自由和平等,弄懂公正和法治,坚决维护社会的安定团结;新公民论培育青年成为具备爱国、敬业、诚信、友善四个意识的"四优"新型公民。②应艳和胡刃锋指出,研究生社会主义核心价值观培育不仅促进社会的发展、民族的复兴,同时对于研究生自身的发展也起着决定性的作用。所以,社会主义核心价值观培育除了理想信念教育,还应该包括贴近研究生日常生活的道德教育以助力自身的全面发展。③在具体的社会主义核心价值观认同培育中,对培育内容的看法也不尽相同。胥海军和敬再平认为高校在学生的认同教育中应该包括一系列教育内容体系:引导学生理性的自我认同;注重学生政治理论课的学习,提升政治认同;树立学生的社会责任感,正确看待社会问题,引导学生形成社会认同;加强学校的服务意识和管理理念,促进学生的学校认同。④黄少华和徐静认为人们是通过认同来识别自身社会身份的,同时也是通过认同才凝聚起同属一个社会的人们的精神力量,这样一来,秩序才得以维系,社会才得以发展。所以,个人认同和社会认同都应该是社会

---

① 李辉,吕彪.社会主义核心价值观培育和践行的文化载体[J].思想理论教育,2015(6):15-20.

② 刘家俊,赵松强.社会主义核心价值观培育青年的"三个维度"[J].中国青年研究,2016(7):39-43,57.

③ 应艳,胡刃锋.网络时代高校研究生加强社会主义核心价值观培育的内容及路径探析[J].前沿,2014(ZB):178-179,199.

④ 胥海军,敬再平.新时期大学生认同教育的创新思考[J].社会科学战线,2014(8):281-282.

主义核心价值观认同培育的重要内容。①

（四）对社会主义核心价值观培育机制的分析

认知、认同、践行是社会主义核心价值观培育的三个阶段，这是学者们普遍认可的。其中，认同阶段既是培育的关键，也是培育的难点，所以，学者们对如何促成受教育者的认同、认同的形成阶段等问题做了大量研究。这些研究成果可以被看作对社会主义核心价值观培育机制的分析。首先，有些学者认为社会主义核心价值观的认同应该被分为不同的层次。但是具体应该分为哪些层次，学者们有不同的看法。陈成文和凌淑瑜认为人民群众对社会主义核心价值观的认同可以分为理论认同和最终认同两个阶段。并且，理论认同是最终认同的基础和前提，只有人民群众理解了社会主义核心价值观的理论知识，把握了社会主义核心价值观的理论意义，掌握了社会主义核心价值观的理论价值，才能促成社会主义核心价值观在人民群众意识中的真正内化，达成最终认同。②余林和王丽萍把认知认同、情感认同、行为认同看作社会主义核心价值观认同的三个层次。其中认知认同和情感认同还处于认同中较为初级的阶段，偏向于非理性认同，还表现为认同和内化之间的分离。当认知认同和情感认同经过内化后，才能成为一种理性认同，进而融入个体的实践中成为行为认同。这时，才能被视作认同的最终阶段。③赵雷和张平同样认为价值认同应该包括认知认同、情感认同和行为认同三个过程，并且加入了对内隐认同的分析。两位学者将社会主义核心价值观的认同看作由认知到认同、由认同到内化的心理过程。由认知到认同的过程是个体自己意志参与的外显认同过程，在这一过程中个体通过对社会主义核心价值观的认知，与自我价值观的比较形成喜爱、接受或厌恶、排斥的情感认同。如果这时个体选择认同，在现实生活中的行为也会倾向于符合社会主义核心价值

---

① 黄少华，徐静.当电视遭遇网络：从东莞扫黄事件看网络时代的社会认同［J］.兰州大学学报（社会科学版），2014（4）：54-58.

② 陈成文，凌淑瑜.论社会主义核心价值观的理论认同［J］.学校党建与思想教育，2015（22）：4-7.

③ 余林，王丽萍.大学生对社会主义核心价值观的内隐认同研究［J］.西南大学学报（社会科学版），2013（5）：86-93，176.

观。但是，需要注意的是，两位学者认为此时的行为认同还只是流于表面的，不能看作最终认同的达成。这一点与余林和王丽萍的观点有所区别。他们认为这种行为认同还要经过内隐认同，也就是要经过个体的内化，继而发展为真正的行为认同，才能说个体形成了社会主义核心价值观认同。① 相似地，在社会主义核心价值观认同培育中，郭婷和高锋认为大学生的认同要经历三个阶段，分别是事实认同、情感认同、行为认同，并且这三个阶段呈现出一个从基础层次的事实认同到核心层次的情感认同，再到关键层次的行为认同，最后达到最高层次的形成群体性活动秩序的过程。② 四个层次中都存在相应的重点，基础层次注重在知，核心层次注重在信，关键层次注重在行，最高层次注重在导。还有潘清将大学生的认同划分为思想认同、情感认同、行动认同。思想认同是大学生对社会主义核心价值观最初的直观认知，情感认同是大学生对社会主义核心价值观产生的表现为认可的情绪性反应，行动认同就是在思想认同和情感认同基础上大学生在现实生活中对社会主义核心价值观的遵循。③

其次，有些学者认为在推动受教育者认同社会主义核心价值观的过程中，教育者可以采取多样化的培育形式以推动认同的进程。在韩雷看来，教育者采取的培育形式可以是强制性认同，也可以是被动性认同，还可以是主动性认同。相较之下，主动性认同更容易激发受教育者在社会主义核心价值观认同培育中的主观能动性。这种形式下，受教育者的认同进度和认同程度会优于其他两种形式下的受教育者。所以，主动性认同也被看作三者之间最好的培育形式，能够更有效地促成受教育者对社会主义核心价值观的认同。要发挥主动性认同的主观能动性，就要建立信息获得者和信息发出者之间的认同、信息发出者实际行为和言论与信息内容的契合、信息获得者社会环境与信息

---

① 赵雷，张平.对社会主义核心价值观认同的心理学阐释[J].北京邮电大学学报（社会科学版），2017（2）：98-102.

② 郭婷，高锋.大学生社会主义核心价值体系认同过程层次性分析[J].西北大学学报（哲学社会科学版），2012（3）：114-117.

③ 潘清.探索认同机制培育大学生社会主义核心价值观[J].中国高等教育，2013（12）：37-39.

内容的一致。①

最后，还有学者对社会主义核心价值观的认同机理进行研究。付安玲和张耀灿提出社会主义核心价值观的认同机理有三种：一是信息传播机理，指社会主义核心价值观的传播与个体价值取向契合时才能取得个体的认同；二是需要满足机理，即社会主义核心价值观的价值取向满足个体的实际需求则可获得个体的认同；三是利益实现机理，即社会主义核心价值观若使个体的利益得到满足则可获得个体的认同。②

社会主义核心价值观培育终究还是一个实践问题。伴随着理论研究的不断深入，越来越多的学者开始转向分析实际培育面临的困境，并且开始努力探寻可以解决困境的培育路径，为社会主义核心价值观培育的实践提供了众多思路：

1. 对社会主义核心价值观培育困境的分析

首先，社会主义核心价值观所处的理论高度和蕴含的理论意义使很多学者开始注意到理论向广大人民群众的思想意识、行为习惯转变时，实际上是颇具难度的。邱伟光就主要从青少年受教育者的角度进行分析，认为虽然通过社会宣传和学校教育青少年已经对社会主义核心价值观形成"应然"的主观概念，通过学校和家庭的实践要求也初步形成了"实然"的行为，但是，在自觉行为方面依然存在"应然"与"实然"的矛盾。然而，青少年在日常学习、生活中，其行为自觉、自发地遵循社会主义核心价值观才是培育的最终目的，所以，"应然"和"实然"之间的差异和矛盾仍然是培育面临的困境之一。③

其次，我们所处的当今时代，经济高速发展、技术快速革新，生活日趋便利、工作日趋高效，但是这些社会环境中的新变化，很可能成为社会主义核心价值观培育需要面临的新难题。在经济环境方面，王亚南提出，消费主

---

① 韩雷. 大学生对公民层面社会主义核心价值观认同机制研究 [J]. 知与行，2017（2）：22-26.

② 付安玲，张耀灿. 社会主义核心价值观社会认同实现路径探析 [J]. 学校党建与思想教育，2015（1）：4-7, 33.

③ 邱伟光. 青少年社会主义核心价值观教育需要榜样引路 [J]. 现代教育，2015（Z2）：5-8.

义的盛行侵蚀着青年的价值观，造成社会主义核心价值观培育的困难局面。他认为，迅速的经济发展虽然使当代青年的物质生活条件得到了大大改善，但是并不直接导致青年价值观的偏离。实际上，真正造成青年群体中存在价值观偏离现象的是歪曲的消费观念。当消费目的由满足生存需要变为满足欲望需求时，青年的身份认同、集体意识逐渐消退，物质享受取代了理想信念，虚荣心击退了自我价值的实现，很难促成其对爱国精神、革命精神、艰苦奋斗精神、勇于创新精神等的传承。① 也有很多学者关注到网络和新媒体的广泛运用对社会主义核心价值观培育形成的影响。网络环境中信息传播的特点是信息的碎片化传播。相反，社会主义核心价值观的培育是整体化的、系统化的。侯劭勋和都晓琴认为，二者之间存在的反差对社会主义核心价值观培育造成影响。一方面，网络中的碎片化信息构成"虚拟现实"，使得信息更加立体多元，也更容易被大众接受；另一方面，自由开放的网络对传播信息的筛查和监管相对较弱，极有可能使某些涉嫌消解社会主义核心价值观的碎片化信息在网络上迅速传播。② 近几年新媒体的飞速发展为人们的社会生活和社会交往带来了巨大的改变，与此同时也给社会主义核心价值观培育带来了巨大挑战。高丽静认为，新媒体"弱化了主流文化的话语权和人民群众的价值认同；加剧了社会主义核心价值观教育的复杂性"③。但是她也看到了新媒体信息传播的高覆盖率、互动式平台和多样化传播途径为社会主义核心价值观培育带来了新机遇。陆玉林意识到了当今青年群体的新特征，从而认为有必要关注社会主义核心价值观培育中的代际问题。他认为，我国价值观领域的多样化造成社会群体的价值观分化，社会主义核心价值观的主体是中国共产党，而青年是青年价值观的主体，由此在青年社会主义核心价值观的培育中就存在着代际问题。代际问题的存在一定程度上归因于教育者对受教育者主体地

---

① 王亚南.消费主义视域下大学生社会主义核心价值观培育[J].社会科学家，2014（5）：52-56.

② 侯劭勋，都晓琴.网络拟态环境下社会主义核心价值观教育的困境与出路[J].社会主义核心价值观研究，2016（1）：64-69.

③ 高丽静.新媒体条件下社会主义核心价值观的教育原则与实现路径探索[J].浙江学刊，2015（3）：120-124.

位的忽视。①在社会主义核心价值观培育中，对研究生群体主体地位的忽视尤为明显。研究生虽然与本科生一样，同属于我国高等教育阶段，但是其社会主义核心价值观培育一直以来并没有得到较多的关注和研究。这不仅仅体现在学术界的关注度和研究成果的多寡上，更体现在学校对于这一问题的关注上。学者们注意到，由于研究生培养相对于本科生来讲更注重科研能力和学术素养，所以，有关价值观的培育并不是研究生培养的重点。程艳秋提出一个普遍存在的误解：人们往往认为一个人的道德水准应该与其知识层次相匹配，知识层次越高的人，其道德水准也应该越高。然而实践证明，二者不一定成正比。也就是说，具备较高知识层次的研究生群体，同样存在道德水准参差不齐、是非评判能力良莠不齐的现象。②

同本科生一样，受到多元化思潮、网络媒体信息纷杂等多种因素的影响，研究生的价值观也出现了分化现象。可见，站在我国教育阶段顶端的研究生群体也同样需要社会主义核心价值观培育，并且这种需要程度相较于本科生群体并没有明显降低。当前，由于学校关注度较低、科研学习分散、实行导师负责制等原因，研究生社会主义核心价值观培育仍然主要以思想政治理论课上的理论灌输形式进行，培育方式和方法较为僵硬和死板。培育中也很少关注研究生的群体性特征，很少考察研究生的具体需求，与研究生的实际生活存在距离，为提升研究生对社会主义核心价值观的认知度和认同度，以致后续的践行度都带来一定难度。③这些都使得研究生社会主义核心价值观培育深陷困境和瓶颈之中。

除此之外，学者们还注意到，当前的研究生社会主义核心价值观培育中，研究生培养阶段的特点和优势还没有得到充分利用，即导师还没有广泛地被赋予社会主义核心价值观的重要教育者身份。

再次，社会主义核心价值观培育的研究方法也同样面临机遇和挑战。邹

---

① 陆玉林.论社会主义核心价值观培育中的代际问题[J].中国青年政治学院学报，2014（1）：19-24.
② 程艳秋.多元文化视域下研究生核心价值体系教育路径探析[J].湖北开放大学学报，2013（8）：42-43.
③ 严丹.研究生对社会主义核心价值观认同性研究[J].泰山学院学报，2015（2）：137-140.

绍清和郭东方认为大数据带来的技术革命一方面拓宽了青年社会主义核心价值观培育研究的方法，使其不再局限于问卷调查、抽样调查等小范围的数据搜集和分析，有利于全面掌握青年的价值观状况；另一方面，大数据使追踪青年的价值观变化成为可能，这其中也包括对青年社会主义核心价值观认知、认同状态的追踪。这无疑为社会主义核心价值观培育的研究带来了新的机遇。但是，要实现对青年价值观数据进行搜集和分析，大数据面临青年活动数据量多、言行碎片化、活动复杂化、数据分析人才匮乏等难题，有效攻克这些难题是大数据技术运用于社会主义核心价值观培育中的前提。① 申晓玲运用社会阶层分化理论对我国社会进行分析，认为当今我国社会阶层已经开始并形成了分化。在这种阶层分化的现实背景下，社会主义核心价值观的认同面临着环境复杂、各阶层本身利益和观念不同、传播途径多元的困境。②

最后，社会主义核心价值观认同教育同样面临诸多困境。一部分学者认为社会环境影响了社会主义核心价值观认同教育的效果。其中，刘贝贝和林建成从知识社会学视角出发分析青年价值观形成的影响因素：从宏观层面来看受到社会环境的制约，尤其是处在社会转型期，经济利益、生活方式、交往方式、就业选择等都呈现出多样化发展态势，青年的价值观也就随之呈现出多元化发展；从微观层面来看受到诸如所处环境、思维方式等造成的个人视角的限制；从青年的特殊成长阶段来看还要受到逆反心理的影响。受到这三重因素的影响，青年在认同社会主义核心价值观时，总是存在对社会主义核心价值观认识比较模糊、认同难度大、教育方式落后等问题。③ 刘霞认为我们当前正处在风险社会中。也就是说，我们当前的社会正充斥着由全球化带来的复杂性和不确定性，这使得大学生无法清楚地对认同对象做出分析和判断，要通过培育达成认同也就更加困难。④ 秦程节认为在社会思潮网络传播中，

---

① 邹绍清，郭东方.大数据时代青年社会主义核心价值观培育的现实困境及实践路径探讨[J].马克思主义研究，2016（9）：70-77.

② 申晓玲.社会主义核心价值观的认同困境及突破路径——基于社会阶层分化理论的视角[J].社会科学论坛，2016（8）：215-223.

③ 刘贝贝，林建成.知识社会学视角下青年核心价值观认同探究[J].郑州大学学报（哲学社会科学版），2014（3）：13-15.

④ 刘霞."风险社会"视域下大学生政治认同与教学引导[J].思想政治教育研究，2014（4）：130-132.

社会思潮的多元化、解构功能、追逐名利倾向一定程度上为青年价值观带来功利化色彩。同时，社会思潮在网络传播中利用利益的满足、渗透式的话语和碎片化的信息对青年的价值观形成冲击。这都可能会动摇社会主义核心价值观在青年价值观中的引导作用。①

还有部分学者认为当前的社会主义核心价值观认同教育的方式方法存在缺陷，这成为导致教育低效的原因之一。在赵伟看来，价值观认同教育应该满足受教育者的需要维度。而当前的培育过程中，教育者们对社会主义核心价值观理论优势的宣传教育明显多于对受教育者需要维度的关注，造成难以在教育中与受教育者形成共情、达成认同的困境。②胥海军和敬再平分析了新时期大学生认同存在的一系列问题，包括思想政治教育途径、手段单一带来的理想信念不坚定，政治认同不够；书本理论和现实生活差异造成的社会认同不高；专业设置和课程安排的不合理引发的学生所想与所学的偏差；就业困难，造成专业认同不高；高校硬件设施的滞后影响学生的学校认同；高校教师教学水平和道德水准的参差不齐导致学生对教师的认同不高。③赵欢春直接指出大学生不喜欢、不满意，甚至不接受和反感社会主义核心价值观培育是认同教育的首要困境。而造成这一困境的主要原因是之前价值观培育方式的选择不当。具体来说，是价值观培育方式与受教育者价值观形成之间存在偏差和错位。这种错位表现在国家顶层设计中，社会主义核心价值观的传播任务由政府、学校、主流媒体承担，主要通过灌输的形式进行；大学生的价值观认同规律与学校的培育路径难以匹配；单一的课堂教育形式难以满足实现价值观认同对实践的需求。总而言之，归因于培育过程中的灌输形式、笼统内容、经验式教育与学生主体在多元社会环境中日渐丰富的实际需求的矛盾。价值观认同教育无疑需要改革，可以尝试通过培育制度的优化、社会氛

---

① 秦程节.社会思潮网络传播对青年核心价值观认同的影响及应对[J].学校党建与思想教育，2017（9）：72-76.

② 赵伟.人的需要：社会主义核心价值观认同的现实根基——培育践行社会主义核心价值观的路径探索[J].社会主义研究，2014（5）：36-41.

③ 胥海军，敬再平.新时期大学生认同教育的创新思考[J].社会科学战线，2014（8）：281-282.

围的改善、增强价值观教育的针对性来进行。①

2. 对社会主义核心价值观培育路径的探索

经过梳理,学者们主要从以下几个角度对社会主义核心价值观培育路径进行了探索:

首先,从关注受教育者主体地位出发探索培育路径。学者们对受教育者主体地位的关注大致分为两个切入点。其中之一是认为社会主义核心价值观培育要满足受教育者的现实需要。赵伟从人的需要理论视角出发,认为每个个体的现实需要都是不同的,这种不同导致每个人对社会主义核心价值观实际上都有不同的理解和认识。所以,社会主义核心价值观培育路径的选择不妨从满足人们的现实需要出发,具体有五个切入点:完善经济分配制度、建立健全市场经济体制、建设中国特色社会主义民主法治、打造中国特色社会主义文化、构建社会主义和谐社会与生态文明。②秦程节认为提高青年对社会主义核心价值观的认同度,贴近青年实际生活的话语体系创新、对青年现实需要的关照以及网络媒体资源的整合十分重要。③蔡旭认为不同阶层、不同环境下的人民群众对理论的需求也不同,因此社会主义核心价值观认同教育应该采取不同的、有针对性的教育形式,努力将理论教育融入人们的实际生活、工作中,真正实现认同教育的落细落小落实。④

学者们提出的另一个关注受教育者主体地位的切入点是培育与生活的紧密联系。石海兵和刘继平认为一般的理论教育和情绪性体验虽然可以一定程度上实现大学生的社会主义核心价值观培育结果,却无法使其内化并随之转化为自身观念并形成实际行动。要想达到内化和行动的效果,社会主义核心价值观在实践活动中的实际主导作用很重要。所以,社会主义核心价值观培育的进行是

---

① 赵欢春.大学生社会主义核心价值观认同路径研究[J].江苏社会科学,2014(3):7-11.

② 赵伟.人的需要:社会主义核心价值观认同的现实根基——培育践行社会主义核心价值观的路径探索[J].社会主义研究,2014(5):36-41.

③ 秦程节.社会思潮网络传播对青年核心价值观认同的影响及应对[J].学校党建与思想教育,2017(9):72-76.

④ 蔡旭.移动互联网时代社会主义核心价值观认同教育的策略研究——以厦门市社区书院微信平台为例[J].福建省社会主义学院学报,2016(6):38-45.

不可以与学生的实际生活割裂的，必须实现社会主义核心价值观对大学生生活的解释。① 张宜海认为在促成大众认同社会主义核心价值观的过程中，价值观本身具备的价值性和主体性是认同的动力，而大众化和生活化则是最终达成大众认同需要遵循的基本原则。② 李兵强调将培育和践行社会主义核心价值观融入生活，从个人主体理解的角度将国家、社会、个人三个层面的核心价值观化为愿不愿、要不要、该不该三个问题。③ 赵甲明和董杰把社会主义核心价值观是否与人民群众的日常生活紧密相连看作培育是否有效的关键。④

其次，为了应对社会环境的影响而进行的培育路径探索。面对代际问题，陆玉林指出社会主义核心价值观培育要在关注青年的主体地位上下功夫，着力探索出一条引导青年自觉认知、认同社会主义核心价值观的培育道路，以此来代替以往培育中单纯的、单向的理论灌输。⑤ 刘贝贝和林建成从知识社会学中寻找提升青年在复杂的社会环境中认同社会主义核心价值观的路径，提出促成青年群体的认同既需要发挥中国共产党的典型示范作用，形成对青年价值观的正确引领，又需要积极将社会主义核心价值观融入青年日常接触的文化作品、文化领域中，还需要家庭、学校和社会的联合，在日常生活、学习、工作中为青年营造良好的、正确的舆论氛围。⑥ 刘霞认为，在风险社会中引导大学生的政治认同，要"关注风险案例，加强风险认知；呼唤价值理性，培育责任伦理；加强课堂对话，激励政治参与"⑦。蔡旭分析了新媒体互联

---

① 石海兵，刘继平.论大学生生活与社会主义核心价值观教育[J].思想理论教育，2013（3）：22-25，76.

② 张宜海.社会主义核心价值观的公民认同路径探析[J].道德与文明，2014（6）：74-76.

③ 李兵.培育和践行社会主义核心价值观的逻辑追问[J].学校党建与思想教育，2016（13）：21-24.

④ 赵甲明，董杰.培育和践行社会主义核心价值观三题[J].思想教育研究，2014（10）：36-39.

⑤ 陆玉林.论社会主义核心价值观培育中的代际问题[J].中国青年政治学院学报，2014（1）：19-24.

⑥ 刘贝贝，林建成.知识社会学视角下青年核心价值观认同探究[J].郑州大学学报（哲学社会科学版），2014（3）：13-15.

⑦ 刘霞."风险社会"视域下大学生政治认同与教学引导[J].思想政治教育研究，2014（4）：130-132.

网时代的信息传播特点，认为理论说教已经不能满足社会主义核心价值观认同教育的高要求，顺应时代发展，充分运用新媒体形成立体化教学，是认同教育发展的新方向。①由此，提出利用微信平台加强社会主义核心价值观的认同，具体路径包括"整合微信服务领导团队、提升微信服务意识、优化微信平台后勤支持、强化社会协同意识"②。同样提出应对网络环境影响的培育路径的还有侯劭勋和都晓琴。他们提出一方面要加速、加强社会主义核心价值观的网络培育，以拓宽培育场地和培育空间；另一方面要加强受教育者的网络媒介素养教育，提高受教育者分辨网络中信息的能力。③李若衡认为朋辈之间往往会在交流中无意识地进行自我价值观的交换，并且因为成长背景、兴趣爱好等方面的相同或相似在价值观的选择和评价中也表现出相近的观点。因此，他提出在政治认同教育中必须重视朋辈教育的作用，通过完善班级文化、社团文化和校园文化的建设更好地为朋辈教育提供良好环境和氛围，充分利用朋辈精英进行榜样示范教育，在认同教育中运用好朋辈对话这一有利的教育方式。④在我国社会阶层开始分化的背景下，申晓玲认为社会主义核心价值观认同教育应该做出相应的改变。这种改变仍然需要社会生产力的大力发展，以持续地促进社会公平正义的平衡，同时也要进一步完善我国的政治制度和机制，为社会主义核心价值观获得广大人民群众的认同奠定深厚的基础。在此基础上，认同教育需要与时俱进、与民共进，向人民群众传授具有现实指导意义的价值观念。⑤

最后，还有一部分学者在培育路径的探索中更加注重具体培育方式的改

---

① 蔡旭. 移动互联网时代社会主义核心价值观认同教育的策略研究——以厦门市社区书院微信平台为例 [J]. 福建省社会主义学院学报，2016（6）：38-45.

② 蔡旭. 移动互联网时代社会主义核心价值观认同教育的策略研究——以厦门市社区书院微信平台为例 [J]. 福建省社会主义学院学报，2016（6）：38-45.

③ 侯劭勋，都晓琴. 网络拟态环境下社会主义核心价值观教育的困境与出路 [J]. 社会主义核心价值观研究，2016（1）：64-69.

④ 李若衡. 朋辈教育在大学生政治认同教育中的作用 [J]. 教育评论，2013（4）：81-83.

⑤ 申晓玲. 社会主义核心价值观的认同困境及突破路径——基于社会阶层分化理论的视角 [J]. 社会科学论坛，2016（8）：215-223.

善。胥海军和敬再平认为高校在学生的认同教育中应该推行一套行之有效的教育机制,包括将学生的认同教育纳入学校的工作规划中,把学生认同纳入考核指标,形成学校认同教育机制;引导学生理性的自我认同;注重学生政治理论课的学习,提升政治认同;树立学生的社会责任感,正确看待社会问题,引导学生形成社会认同;加强学校的服务意识和管理理念,促进学生的学校认同。[①]徐绍华总结了美国大学生核心价值观认同教育中的宝贵经验,认为成功的认同教育得益于对课堂主渠道的重视、为学生实际问题提供帮助、创造丰富的社会实践活动以及营造良好的教育环境和氛围。这为我国社会主义核心价值观认同教育的具体路径提供了经验范本。当然,我国的具体路径还需要在中国特色社会主义背景下进行进一步细化。[②]

社会主义核心价值观的凝练至今时间并不长,但是短短几年青年社会主义核心价值观培育、高校社会主义核心价值观培育以及大学生社会主义核心价值观培育已经在学界的共同努力下取得了长足的发展,形成了丰硕的成果。通过对这些研究成果进行梳理发现,社会主义核心价值观培育和践行从最初重视理论研究逐渐开始向重视实践研究发展。这种转向主要表现在三个方面:第一,研究开始关注受教育者在培育中的主体地位。很多学者认为,社会主义核心价值观培育不应该是一个教育者向受教育者单向输出知识性内容的过程,而应更多地被看作一个被受教育者主体接受、内化、践行的过程。由此,关注受教育者主体的实际需求、关注受教育者主体实际的社会生活和社会交往、关注受教育者主体所处的社会环境成为近年来的研究倾向。除此之外,根据不同的受教育者群体对社会主义核心价值观培育做出的分类、分层也逐渐精细。第二,学者们尝试从不同的研究视角、运用不同的研究理论和方法对社会主义核心价值观培育问题进行研究。优秀传统文化、榜样文化、生活视域、葛兰西领导权、消费主义、大数据分析等都被运用到社会主义核心价值观培育的过程分析或路径探索中。第三,社会主义核心价值观培育研究与时代发展的紧密联系。在新时代,社会主义核心价值观培育的内涵已经大大

---

① 胥海军,敬再平.新时期大学生认同教育的创新思考[J].社会科学战线,2014(8):281-282.

② 徐绍华.美国大学生核心价值观认同教育的经验与借鉴[J].未来与发展,2011(3):46-49,8.

丰富，不再是单一的理论灌输，而是与时代背景紧密联系、与青年意识形态动向紧密相关的实践活动。受教育者价值观发展变化的新情况、新问题、新环境都成为学者们在研究中关注的因素。在此基础上，学者们提出社会主义核心价值观培育应该顺应时代的发展，根据影响受教育者价值观变化的因素来调整培育实施的具体方式方法。

　　总的来说，近年来青年和高校社会主义核心价值观培育研究取得大量的研究成果，并且这些成果呈现出不断进步、不断探索的态势，受教育者的主体地位逐渐得到重视，社会主义核心价值观的认同过程和高校社会主义核心价值观培育的路径成为研究中的重点和难点。但是，也可以发现，社会主义核心价值观培育的相关研究一直受困于如何看待受教育者的主体地位、如何分析受教育者在培育中发挥的主观能动性等问题，面临无法厘清作为主体的受教育者对社会主义核心价值观的认同过程的困境。也就是说，社会主义核心价值观是一个"应该"层面的问题，青年受教育者本身的价值观是一个"是"层面的问题。无论是在教学实践中还是在学术研究中，社会主义核心价值观培育惯于在"应该"层面寻求培育路径，而实际上，让青年认同社会主义核心价值观要注重的是青年本身价值观形成的机制。简单来说，社会主义核心价值观培育的研究面临着"是与应该"的理论难题。在社会主义核心价值观培育的研究中，强调社会主义核心价值观培育的认同和内化成为主流研究倾向，但是很多学者在这种研究倾向之下进行的依然是社会主义核心价值观培育脱离受教育者主体内化过程的"应该"对策。也就是说，社会主义核心价值观培育研究始终没有脱离这种困境，依然无法做到真正从主体出发，首先，厘清受教育者价值观形成的过程和机制，再依据这一规律进行社会主义核心价值观培育。

第三节　研究方法和概念界定

一、研究方法

　　在书中主要运用的研究方法有文献分析法和问卷调查法。

（一）文献分析法

本书参考大量社会主义核心价值观培育的研究成果，一方面，借鉴其研究经验；另一方面，也是更重要的一方面，是要对社会主义核心价值观培育研究的现状以及困境进行分析，明确社会主义核心价值观培育研究应该遵循的方向和亟须解决的困境及问题。文献分析法还体现在对研究中运用的理论基础的分析上。根据对皮亚杰基模理论的分析，描绘了人在价值认知基模功能作用下价值认知形成的规律。

（二）问卷调查法

本书在以往大学生和研究生社会主义核心价值观实证研究的基础上，根据实际的研究目的和研究假设，较为科学和合理地设计了专门针对研究生的社会主义核心价值观培育情况调查问卷。并且，通过发放问卷、收集问卷、利用 SPSS 数据分析软件分析问卷，较科学、客观地了解研究生社会主义核心价值观培育的现状和培育的成效，分析研究生价值观念现状和思想状态现状与社会主义核心价值观认知、认同、践行之间的影响关系。

二、重要概念界定

（一）基模理论。本文所运用的基模理论是皮亚杰的一种认知理论，认为人实际上是根据一种特定的认知结构来认识客观事物的。具体来看，认知结构帮助人接收信息、处理信息、分析信息，其发展程度根据人成长阶段的不同而有所不同。在一定条件下，认知结构会自发做出调节，并在调节后形成新的认知结构。

（二）研究生社会主义核心价值观培育。在本研究中，研究生社会主义核心价值观培育特指针对研究生群体进行的社会主义核心价值观培育。教育者和研究生是参与培育的两个活动主体，两者之间围绕社会主义核心价值观发生一系列培育实践活动，构成培育与被培育的关系，并且形成了一定的培育成果。

第四节　本研究的创新之处

一、运用新的研究视角

目前，社会主义核心价值观培育研究成果众多，但是在实际的培育活动中仍存在由于远离受教育者实际生活所造成的认知、认同、践行程度不甚理想的问题。近年来，在社会主义核心价值观培育研究中已经有众多学者提出要尊重受教育者的主体地位、重视受教育者的主体需求。但是，针对怎样真正了解、分析受教育者主体认知、认同、践行社会主义核心价值观的影响因素这一问题，学者们仍然没有给出圆满的解决方案。本研究运用的最主要的研究理论和分析工具——基模理论，是源于认知心理学，广泛运用于传播学和信息学的理论，还很少运用于思想政治教育领域中。将基模理论引入社会主义核心价值观培育研究，以受教育者的认知视角为切入点，分析刻画研究生价值认知基模是怎样主导其价值认知的形成。以此为基础再回到社会主义核心价值观培育的过程中，探讨研究生价值认知基模在其中的运行机制，进而抓住影响培育的关键，寻求培育的新路径。

二、尝试厘清个体价值认知的发生机制

本研究依据皮亚杰基模理论，结合人的现实活动，追溯了个体价值认知的发生，分析了个体价值认知发生的条件，并且明确了个体价值认知的发生、形成、发展和更替都是在个体价值认知基模的结构性功能发挥下运行的。较为完整和实际地总结了人的价值认知发展规律。

第五节　研究思路

本研究在分析当前研究生社会主义核心价值观培育缺乏针对性的主要问

题上，展开了对研究生主体性的分析。运用皮亚杰的基模理论分析了研究生价值认知基模在价值认知中发挥的结构性功能，继而进一步分析了研究生价值认知基模在具体的社会主义核心价值观培育中是如何运行的。在此基础上，回到研究生社会主义核心价值观培育场域中，分析和总结了忽略研究生主体性的原因，据此提出构建培育新场域的必要性和基本原则，探索具体的培育策略。本书共分为八章，第一章为绪论，主要说明本文的选题缘由及研究意义，根据国内外研究成果形成文献综述，阐述研究方法和创新点。第二章为理论基础，对本研究中主要运用的基础理论，包括马克思主义认识论和基模理论进行了梳理。第三章为研究生社会主义核心价值观培育的实质及现状描述，从研究生的特点和研究生社会主义核心价值观培育的重要性两个方面论述了研究生社会主义核心价值观培育的特殊性，对新时代研究生社会主义核心价值观培育的目标、内涵和维度进行了阐释，并且说明了当前培育基本现状中存在针对性不够、对研究生思想动态和形成规律的掌握不准确、研究生参与度不高三个主要问题。第四章为研究生社会主义核心价值观培育现状的实证研究，一方面，对研究生社会主义核心价值观培育情况和培育效果现状进行直观透视；另一方面，则验证研究生价值观念和思想状态对社会主义核心价值观培育效果的影响。第五章为社会主义核心价值观培育中研究生主观能动性的发挥，利用价值认知基模分析了研究生形成价值认知的规律，并且探索了研究生价值认知基模在社会主义核心价值观培育中的运行机制，对研究生的主观能动性进行了充分的了解。第六章为新时代研究生社会主义核心价值观培育的基本原则，在了解研究生主观能动性基础上，从资本、关系构型、主体惯习和竞争四个方面重新审视当前的社会主义核心价值观培育场域，提出建构培育新场域的必要性和基本原则。第七章为新时代研究生社会主义核心价值观培育的具体策略，从提升教育者的精神文化资本优势、形成教育者与研究生之间的精神文化资本竞争、以服务意识促成研究生精神文化资本的再分配三个方面尝试健全研究生的世界观、人生观、价值观，完善研究生的精神文化体系。第八章为结论与展望。

第二章

理论基础

本书以社会主义核心价值观对研究生的较低引领力为切入点，以研究生如何认识或认知客观事物，尤其是如何认识或认知从属于精神文化层面的价值观念为基本的研究内容，从而试图了解和掌握研究生选择、认知、信仰社会主义核心价值观的规律，寻求培育的新思路。人的认识是一个复杂的问题，需要以马克思主义认识论为基础，并且借助皮亚杰的基模理论展开研究，为之后刻画和分析研究生价值认知的形成、发展和变化提供理论支撑。

第一节 马克思主义认识论

认识论是哲学的重要组成部分，简单来说，认识论研究的是客观事物是怎样反映到人的思维中的问题。当然，这里所说的反映只是一种笼统的表达，并不具体代表某一种认识论的观点。反映是认识论中的一个关键问题，往往不同的认识论之间的区别就在于对反映的看法不同。同样，马克思主义认识论较之前认识论的重大变革也在于反映。与本体论执着于探索世界的最终本质不同，认识论是人对于自己如何认识客观事物的一系列讨论，关注的是人对客观事物乃至自身的思考。所以，认识论是具有反思性质的，是关于人自己思维形成的研究。在马克思主义认识论之前，有关认识论的争论主要围绕着"可知还是不可知"以及"怎么认识"两个问题。"世界是否可知"这一问题是认识论的前提。如果对人认识世界的可能性产生怀疑甚至完全否定，那么也就不存在对如何认识的探讨。休谟和康德就是不可知论的典型代表。休谟从根本上回避了对物质世界和精神世界的讨论，只是认为人所拥有的知识都是人的感觉。与之相比，在"可知还是不可知"的问题上，康德则认为存在精神世界和物质世界，但是人对物质世界的认识只能停留于客观存在的表面现象，无法抵达其本质。所以，人的认识构成一个物质世界，而在认识之外还存在一个自在的物质世界，是人类不可能认识到的。除去对认识的怀疑和否定，关于认识论的不同观点首先都是站在"世界是可知的"这一立场之上的，只是在"如何认识"的问题上产生分歧。先验论认为，人的认识是因为先天具有某种认识的体系或集合。这种体系或集合或是人先天具备的，或是人之外存在的某种精神赋予的，无论哪一种都是在它的作用下才产生了物质世界。也就是说，先验的认识论是唯心的，主张意识第一性物质第二性。与之相对的唯物主义认识论将认识看作客观事物在人脑中的反映。但是，这里的反映并没有提及人的主观能动性的作用，只是将认识看作一种单向的反映过程，是直观的、机械的认识论。

马克思主义认识论，首先，当然是以唯物主义作为根本立场的，认为人的意识是建立在物质基础上的。其次，马克思主义认识论也是对直观的、机械的唯物主义认识论的反驳。实际上，在这里马克思主义认识论反驳的仍然是将人立于认识中被动地位的设定。贯穿马克思主义哲学的根本出发点是将人看作现实的人。现实的人是活动的，是实践的，是认识的主体。在认识的过程中，人是主动去探寻客观世界的，而不是等待客观世界直接反映至人脑中。马克思主义认识论主张人的认识是从实践中得来的，所以实际上马克思主义实践论和马克思主义认识论不能被看作孤立的两个部分，而是相互影响、相互作用，并且彼此推动着另一方的发展，二者形成循环上升的发展态势，共同构成马克思主义哲学对人实际生活的指导意义。

一、马克思主义认识论中的人

在马克思和恩格斯看来，历史的产生和发展不能是割裂的凭空想象和任意捏造，而是从其真正起源的地方开始探究。实际上，这里所说的历史，关注者是人，关注的对象也是人，是人类历史，那么，历史产生和发展的第一个要素无疑就是人。历史的发展是从人对自然的改造开始的。人在马克思和恩格斯的眼中，不是单纯生物意义上的肉体，也不是一般的动物种类，而是具备足以使自己与动物区分开来的特征的特殊存在，被称作现实的人。现实的人所具备的特殊性使人成为自己历史的主导者，表现在可以进行生产的人和社会的人两个方面。

首先，现实的人是可以进行生产的人。现实的人有生存和生活需要，这还并不能当作人区别于动物的特殊之处。而当人为了满足这种需要开始对自然进行改造以获得生活物质资料，也就是人开始生产生活所需的物质资料的时候，人就真正与动物区分开来。马克思和恩格斯认为，"人们为了能够'创造历史'，必须能够生活。但是为了生活，首先就需要衣、食、住以及其他东西。因此，第一个历史活动就是生产满足这些需要的资料，即生产物质生活本身"①。由此看来，现实的人最初生产的是直接用于生活的物质。当人们最基本的生存和生活需要得到满足，又会产生进一步有关丰富现有物质生活的需要。这时，人们对更加丰富的物质生活的需求催生了对生产工具的需要，也就是说，人们在生产物质生活的活动中产生了对生产工具的需要。为了满足人们对物质生活的进一步需要，人们在直接生产生活物质的同时也进行对生产工具的生产。如果说现实的人为了自己的生存和生活必须进行物质资料和进一步的生产工具的生产，那么现实的人还要进行人本身的生产，在马克思这里被称作"增殖"。而这一过程也被看作家庭的组建，"这就是夫妻之间的关系，父母和子女之间的关系，也就是家庭"②。现实的人一出生就成为家庭中的一员，从家庭关系开始就不可避免地生活在社会中，作为社会中的人而存在。

其次，现实的人是社会的人。最初，家庭是社会关系的唯一表现形式，"当需要的增长产生了新的社会关系，而人口的增多又产生了新的需要的时候，家庭便成为（德国除外）从属的关系了"③。为了满足人口增长带来的持

---

① 中共中央马克思恩格斯列宁斯大林著作编译局. 马克思恩格斯选集（第一卷）[M]. 北京：人民出版社，2012：32.

② 中共中央马克思恩格斯列宁斯大林著作编译局. 马克思恩格斯全集（第3卷）[M]. 北京：人民出版社，2006：32-33.

③ 中共中央马克思恩格斯列宁斯大林著作编译局. 马克思恩格斯全集（第3卷）[M]. 北京：人民出版社，2006：32-33.

续增长的需要，以家庭为单位进行的物质生活生产已经不能使需求得到满足，合作成为提高物质生活生产的必要方式，物质生活的生产开始以范围更广的群体形式进行。在家庭中，成员已经会因为性别、天赋、能力的不同，在家庭中承担不同的任务和劳动类别形成分工。而在群体中，原本只是作为家庭成员存在的现实的人进而开始与家庭成员之外的人合作和交往。在人们群体范围内的物质生产活动中，总会因为个人天赋的不同、需要的不同、人口的增长和生产效率的提高开始产生分工。不论是最初的由性别产生的分工，还是后来物质劳动和精神劳动分离产生的分工，分工都是根据个人物质生产的条件进行的，都使被分工的人们的物质生产活动局限在一定的特殊范围之内。同时，也因为这种物质生产活动的局限性，产生一定的社会关系和政治关系。分工使现实的人不得不与其他人产生交往。马克思提出，物质生活的生产、生产工具的生产以及人的生产并不是历史起源中逐步进行的三个阶段，而是自历史开始三者就是在同步进行的。同时，这三种生产也将人们的生活导向自然关系和社会关系之中。可以说，人的能力和条件决定了人在一定群体中的分工，也决定了人在群体中与其他人的关系和地位，与此同时，人在群体中的活动就被与自己相关联的关系所限制。人们进行物质生活生产包括自身的能力和经验、自己所能掌握的生产资料和生产工具，它们共同构成对物质生活生产影响的因素，被称为生产力。而人在群体中因为生产力的限制而得到相应的分工，同时也形成相应的交往形式或交往关系，即生产关系。马克思和恩格斯认为，"当分工一出现以后，每个人就有了自己一定的特殊的活动范围，这个范围是强加于他的，他不能超出这个范围"[①]。

随着分工的发展，出现了私有制和国家，生产力和生产关系不仅可以表示个人物质生活生产的能力、经验、掌握的生产资料和生产工具等要素以及个人的交往形式和交往关系，也可以表示某个国家或者某种私有制的整体生产力水平和交往关系的集合。存在于国家之中和受制于某一种私有制的人也就在特定的生产关系限制之下进行自主的活动。起初，人们在生产关系下的自主活动极大地推进了生产力的发展，满足了物质生活的需要，但是当生产

---

① 中共中央马克思恩格斯列宁斯大林著作编译局. 马克思恩格斯全集（第4卷）[M]. 北京：人民出版社，2006：24.

关系制约下的生产力无法满足持续增长的物质生活需要时，提高生产力的要求与生产关系发生矛盾，为了满足物质生活的需要，新的生产关系随之形成。然而，新的生产关系并不会使人存在于社会之外，存在于生产关系之外，而是根据自身的生产力存在于新的生产关系之下。新的生产关系本身是符合生产力发展需求的，"起初是自主活动的条件，后来却变成了它的桎梏，它们在整个历史发展过程中构成一个有联系的交往形式的序列"①。马克思和恩格斯对这种序列作出阐述："已成为桎梏的旧的交往形式被适应于比较发达的生产力，因而也适应于更进步的个人自主活动类型的新的交往形式所代替；新的交往形式又会变成桎梏并为别的交往形式所代替。由于这些条件在历史发展的每一个阶段上都是与同一时期的生产力的发展相适应，所以它们的历史同时也是发展着的、为各个新的一代所承受下来的生产力的历史，从而也是个人本身力量发展的历史。"②马克思和恩格斯的历史观从生产力和生产关系的角度来看，就是一定的生产力形成相适应的生产关系，生产关系又会限制生产力继续发展的需求，从而形成新的生产关系的循环过程。但是，人在这种生产力的需求不断发展，生产关系不断变革的过程中，其社会性是不会改变的，即人始终是生活在社会中，围绕着人始终有一定的社会关系，人的自主活动始终是在一定的生产关系制约下的。

二、马克思主义认识论中的反映

反映是马克思主义认识论中要讨论的一个重要问题。马克思主义认识论是对直观的反映论的批判和反驳，但是不是就可以说，马克思主义认识论是反对反映观点的？也许还不能这么轻易地做出这样的推论。唯物主义认识论普遍持有的一个观点是，认识的前提是客观事物的存在，包括感觉、知觉、观念等人的意识都是客观事物在人脑中的反映，所以唯物主义认识论也被称

---

① 中共中央马克思恩格斯列宁斯大林著作编译局. 马克思恩格斯全集（第3卷）[M]. 北京：人民出版社，2006：81.
② 中共中央马克思恩格斯列宁斯大林著作编译局. 马克思恩格斯全集（第3卷）[M]. 北京：人民出版社，2006：81.

为反映论。在马克思之前的唯物主义认识论是纯粹的反映论,认为人的认识就是客观事物在人脑中的反映。这种反映无异于动物对客观事物的反映,是由客观事物的刺激引起的,常被看作消极的、被动的、直观的反映,是马克思主义认识论批判和反驳的对象。从根本上来说,是因为这种反映论并不能完全代表人对客观事物的认识。当然,人作为动物的一个种类,对于客观事物的认识首先表现为对客观事物的感觉和知觉,主要认识到的是客观事物的表象特征和基本属性。但是,人的认识并不仅仅停留于此,人的反映也并不是对客观事物简单的、直观的再现。马克思主义认识论同样也是一种反映论,只是强调人的反映要与动物出于生物本能和机能的反映区分开来,认为"认识是社会人所特有的高级反映活动"①。

首先,高级反映活动中人的自主选择。动物的反映总的来说是身体的机能为了适应客观世界产生的一种生存本能。但是人的反映,或者说人的认识过程则不同。作为一种高级反映活动,对于认识什么,认识到什么程度,人总是具有选择性的。选择的依据最初主要是人的现实需要和兴趣取向,但是随着人认识的逐步深入,选择的依据慢慢指向人的内在需要和价值追求。

其次,高级反映活动中的反映本质。人的认识与动物的反映不同,不仅是客观事物的表面现象和基本属性在人脑中的反映,更重要的是对客观事物的本质、特征、发展规律等内容的反映。这些内容同样是客观事物在人脑中的反映,但是并不是由客观事物在人脑中引起的直接反射或再现,而是需要人作为认识的主体对客观事物进行分析和加工,从而得出的抽象的概念性认识、观念性认识。所以,在马克思主义认识论中,反映的本质既包括客观事物表象和基本属性的直接反映,也包括作为认识主体的人对客观事物在思维中进行分析和加工形成的概念性、观念性的反映。

最后,高级反映活动中反映的完整性。直观的、消极的反映论在探讨人的认识的时候只是关注了当下的客观事物在人脑中的反映,并没有从实际出发看到人对客观事物的认识远比这一范围宽泛得多。也就是说,这种反映论并没有完整地探讨人的反映活动。人的认识,也就是高级反映活动,通过对客观事物的概念性、观念性再现,探究的不仅是当下事物的概念、本质、性

---

① 欧阳康.马克思主义认识论研究[M].北京:北京师范大学出版社,2017:39.

质，还要进一步认识客观事物的发展变化：一方面，对客观事物进行历史性的溯源认识；另一方面，从历史发展的角度和规律中，人的高级反映活动还要涉及对客观事物未来发展的预见。所以，马克思主义认识论从人实际的认识活动出发，兼顾了人对客观事物历史、当下、未来的反映，保证了人反映活动的完整性。

马克思主义认识论对直观的、消极的反映论的批判，是从对其关于反映的观点进行批判入手的，将人实际的认识活动看作高级的反映活动。这样的反映活动不再是客观事物在人脑中直接的、孤立的再现，而是转向客观事物的观念再现和完整性的反映。而马克思之所以会形成这样的认识论，依然是因为马克思主义认识论研究的前提和基础是将人看作现实的人，是实践的人。

三、马克思主义认识论的实践基础

马克思主义认识论将人的认识活动看作高级反映活动是以人的实践为基础的。首先，从人作为认识主体对认识客体的自主选择来看。自主选择认识客体是高级反映活动区别于直观反映论的第一个特点。然而，人在认识活动中的选择并不是毫无根据的。前面提到，选择的依据可以是现实需要和兴趣取向，也可以是内在需求和价值追求，而这一切都是建立在人的实践基础上的。就现实需要和兴趣取向来说，人需要什么和对什么感兴趣都是通过实践察觉到的。如果没有实践，人就不会发现自己需要解决什么样的现实问题，也就不会寻求解决问题的方法，那么也就无从对选择认识什么做出决定。人在实践的过程中，实际上一直进行着自己认识什么、怎样认识、认识到什么程度的选择。在不断的选择过程中，人形成了自己如何进行实践和怎样进行实践的认识，也就是形成了自己的内在需求和价值追求，从而进一步影响着自己认识对象的选择。人的认识活动一直是根据自身实践下做出的选择而进行的。

其次，人的认识过程是在实践中进行的。马克思主义认识论认为客观事物在人的思维中形成的反映有直观的、表象的，而最主要的还是概念性、观念性的反映。直观的、表象的反映通过人的感觉、知觉等机体功能就可以达到，而概念性、观念性的反映则是一种在思维层面通过对客观事物的分析、加工才能形成的。这种思维的分析和加工仅仅通过表象的反映是不可能形成思辨性的概念和观念的，只有通过实践，人才能对客观事物的概念、本质、规律通过对客观事物的作用和亲身感受形成探索，对这些探索进行思考和总结才能得到对客观事物概念性、观念性的认识。

再次，人的认识是以对实践的指导为目标的。现实的人是有生存和生活需要的人，需要是通过实践得到满足的，但是人的需要呈现出逐渐上升的趋势也使得人的实践从能力方面来说有越来越高的要求。人要提高实践的能力，就要能够掌握更多在其需要范围内的客观事物的本质和规律。也就是说，人的实践要求人不断地认识，同时不断地将认识的成果应用于实践之中。所以，人的认识总是围绕着人的实践活动，发挥着对实践的促进作用。

最后，在实践基础上人的认识对象具有多样性。在马克思主义认识论之前，认识论有时也被看作关于知识的起源、本质、构造等的学说，在此基础上认识论被缩小至知识论的范围。所谓知识论，研究的是知识本身的相关问题，如果一定要与认识论牵扯关系的话，可以说知识论所关注的是人在多大程度上可以认识到知识的问题，也就是知识的效度问题。而认识论的研究对象或者说研究的目的并不停留于对某一客观事物的本质和规律的探究，而是更关注于人的认识的产生和形成的过程以及在人的实践中造成的影响。从这个角度上可以说，人的认识对象是自身在实践中与自身活动形成关联的自然界、社会还有人自身。

人的认识和实践之间总是呈现出一种辩证关系。最初在实践中，人往往形成对一个客观事物的直观的感性认识，通过人思维的分析和加工，这种感性认识开始形成概念的、规律的、本质的观念，慢慢成为理性认识并且试图成为实践的指导。在实践中认识的指导性将得到验证，同样也继续推动对理性认识的进一步认识。这种认识和实践之间复杂的互动关系在毛泽东的《实践论》中被简单而精辟地论述为"实践、认识、再实践、再认识，这种形式，循环往复以至无穷，而实践和认识之每一循环的内容，都比较地进到了高一级的程度。这就是辩证唯物论的全部认识论，这就是辩证唯物论的知行统一观"[①]。

---

① 毛泽东选集（第一卷）[M].北京：人民出版社，1991：296-297.

《实践论》是毛泽东对于马克思主义认识论的经典阐述,以实践为题就已经抓住了马克思主义认识论的精髓,蕴含了马克思主义认识论中实践与认识的辩证关系。具体地说,认识和实践这种螺旋上升的发展分为以下几个步骤。

第一,实践中感性认识的产生。现实的人所进行的实践并非局限在物质生产活动的狭隘范围内,还包括政治生活、文化活动、社会活动等多种实践形式,也就是说人作为社会成员所进行的一切实际生活的活动都是人的实践。这也进一步说明了在实践中,人可以认识的对象不只停留于自然界,还要延伸到社会生活领域,涉及人与人之间的关系,包括对自我的认识。但是,不管是对自然界的认识还是对社会生活的认识都不是一蹴而就的,而是要根据实践的进展而逐步深入的。在马克思主义唯物史观看来,人的活动,包括物质生产和社会生产在内,都是"一步又一步地由低级向高级发展"[1]的过程,那么,依赖于实践而进行的认识也必然是一步一步由低级向高级发展的。虽然马克思主义认识论认为认识是一种高级的反映活动,但是,对客观事物的认识也并不是直接跨越到概念性、观念性反映,而是从对客观事物的感性认识开始的。所以,马克思主义认识论认为认识的第一步是从实践得来的感性认识,而这也正符合人在实践中的认识规律。人在具体的实践中,一开始观察到的和感觉到的只能是实践中接触到的各个事物的表面现象和外部联系,这时候的认识还只是人的感官为其带来的感觉和印象,就是人的感性认识。

第二,实践中感性认识的积累到理性认识的飞跃。在实践中,人的感性认识会随着实践的不断进行而不断累加,客观事物不同的表象和不同侧面,与其他事物的各种各样的外部联系,使人在实践中形成对客观事物越来越丰富、越来越全面的感觉和印象。当这种感觉和印象积累到一定程度,人脑中对这个客观事物的认识就产生了第一次飞跃,感觉和印象转变为概念。概念与感觉和印象的区别不是简单的数量的区别,而是认识到的是客观事物的本质、内在联系还是表象、外部联系的区别,也是全面还是片面的区别。在理性认识的形成过程中,人们往往不能迅速地、直接地从实践中抽象出来,还要经过人的思维对客观事物的分析和加工。也就是说,人的一系列感觉器官

---

[1] 毛泽东选集(第一卷)[M].北京:人民出版社,1991:283.

和机能是不能直接形成理性认识的，需要而且必须经过思维的作用，理性认识的形成才成为可能。这种通过实践从感性认识上升到理性认识的认识论是马克思主义认识论开创的，强调了人的认识能够透过客观事物的表象和外部联系到达于了解客观事物的内部矛盾，了解它的规律性，了解这一过程和那一过程间的内部联系的理性认识阶段，充分将实际中人的认识与之前那种直观和被动的反映区分开来。人的认识不会止步于感性认识，认为认识是由感觉累积而来的是认识论中的经验论，实际中人的认识总会由感性认识上升至理性认识，同时，也不能完全否认人感性认识的存在，理性认识依赖于感性认识，这体现了马克思主义认识论是辩证唯物的。

第三，理性认识运用于实践的飞跃。在马克思主义认识论看来，达到对客观事物的理性认识，厘清了认识的过程并不是认识的终点。马克思认为哲学的意义并不完全在于如何解释世界，更重要的是在于如何改造世界。那么对于马克思主义认识论来说也是一样，人针对客观事物产生了理性认识，知道了事物的本质和发展规律，是要将规律运用于实践中，在把握客观事物的本质和规律基础上使改造世界的实践更好、更优质地进行，得以满足人生存和生活的需要。如果认识不运用于实践，掌握客观事物的本质和规律就毫无用处，认识也就失去了意义。马克思主义认识论肯定人作为认识主体的能动性，既表现为对认识对象的选择方面，又表现为感性认识必须通过人的思维才能完成到理性认识的转变，还表现为人形成的理性认识要用于指导实践的重要飞跃。

第四，实践对认识的检验。如果简单描述一下认识的过程，可以说认识是从实践中得到感性认识开始，感性认识一方面经过感觉和印象的累加，另一方面经过人思维的分析和加工上升为理性认识，而理性认识又重新回到实践中形成对实践的指导。当然，这已经可以看作认识的一个完整过程，但是这不一定代表着认识的完成。因为在认识过程中，人的理性认识是在感性认识的基础上进行的分析和加工，运用这种理性认识有时可以科学地指导实践以达成实践的目的，而有时理性认识并不能对实践起到绝对的促进作用，也就是说，人的理性认识也是可能与实践的需要和正确方向出现偏差的。那么，在这种情况下的理性认识经过实践的检验得出的并不是正确的认识的结论，从认识的目标来看，认识就不算已经完成，而是需要反复的再认识。对某一客观事物的认识只有在实践的运用中促使实践达到既定的目标才能算是认识的完成,而通常这一过程总是要经过反复循环才能达到目标。所以,毛泽东对认识是一个实践、认识、再实践、再认识的循环往复的过程,这无疑是合乎实际的正确论述,而认识是否完成则是以实践来判断的,即"真理的标准只能是社会的实践"①。

第二节 基模理论

基模理论在传播学、教育学、信息学等学科中都有运用,如果将其作为一个孤立、笼统的理论体系去阐释,那么在之后的理论运用中也会因为无法将理论从原学科中剥离并与新的学科合理融合,而呈现出割裂的研究状态。所以,将基模理论放回到其最先缘起和发展的认知心理学中进行阐释就显得尤为重要。基模理论在众多学科的运用中最基本、最一般的解释是基模理论就是认为认知有一定的认知结构。但是在这其中,如果脱离认知心理学的学科背景,对认知、认知结构等一系列其他基模理论中涉及的概念进行理解就难免失去了科学性和准确性,多了一些主观臆断。

一、认知心理学中的基模

认知心理学是20世纪五六十年代间才开始逐渐形成的学科,在此之前,对认知心理活动的研究经历了分别以内省法(introspection)和行为主义(behaviorism)为主的两个阶段。内省法认为利用自我观察的方法可以对心理活动进行研究。这种研究方法依靠经过训练的被试者在限定条件下对自己的意识进行报告形成研究素材,对心理活动的研究成果则是心理学家对这些研究素材的解释。②内省法虽然是对人的心理活动进行研究的大胆尝试,但是

---

① 毛泽东选集(第一卷)[M].北京:人民出版社,1991:284.
② [美]约翰·安德森.认知心理学及其启示(第7版)[M].秦裕林,程瑶,周海燕,等译.北京:人民邮电出版社,2012:6.

实际上它并没有真正对人类认知行为中的心理活动过程形成解释，同时也不能形成统一的理论，它的主观性引来了很大的争议。在这样的背景下，行为主义提出了完全相对的研究理念。行为主义作为心理学的研究范畴完全摒弃了对心理活动的分析研究，转而关注外在行为，认为行为是根据外在环境因素的刺激做出的相应反应。在行为主义的研究中，心理学成为对刺激——反应、环境因素、行为控制进行研究的实验科学。[①]虽然行为主义过分强调实证研究，将研究主要集中在根据环境因素对行为的预测和控制，可以说偏离了心理学的研究初衷，但是其客观实证的研究方法和研究精神也使心理学摆脱了主观性的内省法，重新走向科学严谨的研究道路。认知心理学是在对行为主义的质疑中最先开始形成的，行为主义的刺激——反应理论并不能对语言、记忆等人类内部复杂的心理活动过程形成解释，所以重新回归对人类内部心理活动过程的研究是认知心理学承担的重任。同时，研究计算机信息加工处理智能化的人工智能给认知心理学研究带来新的契机。[②]认知心理学总是跟智能联系在一起，它研究的是人在认知过程中的心理活动。这种心理活动是将分散的、零碎的、复杂的听觉信息、视觉信息、触觉信息接收、分类、储存、整合起来，甚至会在之后的某个活动中再进行选择、抽取和运用。不得不说，计算机人工智能为认知心理学敢于用包括接收、储存、输出在内的信息处理方式作为人类认知过程的研究思路提供了基础，但是认知心理学的研究和发展也证明，人类自身的智能也是人工智能得以发展的有力依据。可以说，认知心理学就是研究人类自身信息加工的心理学，也可以称作信息加工心理学。[③]在认知心理学中，人类信息加工的过程可以大致分为知觉、注意、记忆、知识表征、表象、语言、思维、推理与决策几个部分。但是，这是认知心理学较为狭义的概念，从广义上来看，认知心理学的研究范畴就较为宽泛了。除研究人类认知的具体心理活动过程以外，包含研究人类认知的发生和发展、更高层次的信念和意向等心理活动在内的关于人类认知的研究都属

---

① 徐速.行为主义心理学的衰落和人本心理学、认知心理学的兴起[J].温州师范学院学报（哲学社会科学版），1996（4）：56-58.

② [美]约翰·安德森.认知心理学及其启示（第7版）[M].秦裕林，程瑶，周海燕，等译.北京：人民邮电出版社，2012：9-10.

③ 连榕.认知心理学[M].北京：高等教育出版社，2010：2-3.

于认知心理学。① 其中，基模理论就是广义的认知心理学中的一个理论。

"基模"是基模理论中的核心概念，更准确地说，基模理论中的"基模"特指认知基模。在认知心理学中，基模也被称作图式（schema）②，是在探讨人的知识表征时出现的概念。从狭义的认知心理学来看，人类认知的过程就是人脑对信息进行加工处理的过程。人类认知的信息并不都是处于同一个层级，信息可以是简单的、直接的，可被身体的听觉、视觉、触觉所感知到的信息，如字母"A"；也可以是复杂的，包含众多简单信息的集合，如概念"医院"。当认知的信息不同时，所选择的认知过程也会不尽相同。相对简单的信息大多是通过人的视觉、听觉、触觉直接接收的，这些被人体感知到的客观事物会被人脑进行识别和加工，成为可读信息，这是认知过程中的知觉。相较于知觉，知识表征处理的信息更复杂。知识表征是将信息进行概念化的分类储存，在运用中也是根据信息在人脑中存储形成的表征进行相应的提取。③ 在认知过程中，对信息的加工通常有两种模式，一种是自下而上的信息加工（bottom-up processes），另一种是自上而下的信息加工（top-down processes）。自下而上的信息加工是对简单、直接的信息进行的识别。例如，在看到线条"∕""∖""-"形成图形"A"的时候，人脑将会形成这是英文字母"A"的认知。自上而下的信息加工是根据个体已经形成的特定概念、观念、模式等已有的一定认知，对特定情境下的信息进行识别和加工。例如，在看到概念"医院"时，人脑会形成医院中的医生、病人、病床等相关信息，或是看到医生时，也会将其与医院联系在一起。④ 可以说，自下而上的信息加工过程是知觉的过程，而自上而下的信息加工过程就是知识表征的过程。在人的认知过程中，自下而上的信息加工过程和自上而下的信息加工过程并不是单独作用的，两种信息加工过程往往同时作用促成人类的认知。基模被认为是知识表

---

① 连榕. 认知心理学［M］. 北京：高等教育出版社，2010：2-3.

② 为了保持重要概念的一致性，文章中所有涉及 schema 的阐述，都统一译作"基模"。

③ ［美］凯瑟琳加洛蒂. 认知心理学：认知科学与你的生活（原书第5版）［M］. 吴国宏，等译. 北京：机械工业出版社，2015：109.

④ ［美］凯瑟琳加洛蒂. 认知心理学：认知科学与你的生活（原书第5版）［M］. 吴国宏，等译. 北京：机械工业出版社，2015：30.

征的一种结构,也就是一种自上而下的信息加工过程。这种结构并不是对单一信息的储存,而是对某一个共同指向的信息群中的相关概念、情景、事件、关系、行动等因素的表征。简单来说,基模是将某一事物的关联信息进行储存的分类信息包。① 在基模中,信息的储存往往被抽象为相关概念的属性和属性之间的关系。② 举个例子来说明,说到"上学"人们很清楚其所指,明白是学生去学校进行一系列的学习的过程。同时,人们明白的不仅仅是"上学"这个概念,还清楚"上学"有着固定的特征:有学校作为固定场所,老师作为知识的传授者,学生作为知识的接收者,老师要对学生知识接收提供帮助,学生要完成老师交代的学习任务。也就是说,不管"上学"所指的是去小学、中学还是大学,是全日制还是职业培训,人们对于"上学"都会抽象出一个大概的、有共同特征的模式,其中包括"老师""学生"等概念,也包括师生之间教育与被教育、学习与辅导学习的关系,这就是基模。

二、皮亚杰的基模理论

前面提到基模理论属于广义上的认知心理学范畴,这是因为认知心理学的学者普遍认为最先提出基模理论的瑞士心理学家让·皮亚杰所研究的是个体的认知发展过程。他以婴儿时期为研究起点,关注和探讨个体认知是缘何而起,又是如何发展,最终形成认知或者智力的。这显然并不是狭义的认知心理学中对普遍的信息加工处理心理活动的探讨。实际上,皮亚杰对个体认知发展过程的研究并不局限于认知心理学的范畴中,而更倾向于运用认知心理学从个体心理变化的微观层面探讨和解决长久以来认识论中认知来源的问题。也就是说,并不能把皮亚杰只看作一位心理学家,更应该看到其在认识论研究中利用跨专业知识所做的贡献。

(一)皮亚杰基模理论中的人

在认识论中,对认知来源的探讨最著名的就是经验论和先验论之争。经

---

① 连榕.认知心理学[M].北京:高等教育出版社,2010:11-12.
② 郑全全.社会认知心理学[M].杭州:浙江教育出版社,2008:96.

验论主张人类对于世界的认知都来源于对客体事物的经验，而先验论则认为个体在诞生之时就已具备大量可用于认知的知识或者是结构。前者认为在认识中客体发挥了绝对的作用，后者认为在认识中主体发挥了绝对的作用，二者呈现出截然相反的观点。纵使经验论和先验论之间存在巨大的分歧，而且在这两个认识论的极端观点之间还存在众多其他观点，但是这些观点中却暗含了三点公认的假设：其一，在认知中存在不同水平上指导自身或多或少具备知觉的主体；其二，在认知中存在与主体相对的，作为主体认知的对象而存在的客体；其三，认知的主体和客体之间存在"中介物"作为主体能够对客体形成认知以及客体能够被主体认知到的前提，通常认为知觉或概念就是存在于主体和客体之间，维系认知与被认知的关系作用的"中介物"。①

　　皮亚杰对认知发展的研究，首先是从心理发生学的角度对认识论的三点假设进行反思：如果在认知中存在主体、客体和中介物，认知的起源既不源于认知主体自身，也不源于被主体认知的客体，而是源于主体和客体之间的相互作用。这种相互作用从研究者角度来看是包含了认知主体和认知客体的。但对于这种作用中的处于认知之初的认知主体来说，还未将自身与研究者认为的客体分离开，也并不是以认知主体的身份对客体进行的认知过程，无法通过这种作用就完成对客体的认知，所以这时这种相互作用或者说中介物并不能认为是知觉或概念。如果在认知起源之初并不存在主体、客体和中介物，要追溯认知的起源就要寻找两者之间发生怎样的联系才能使一方被另一方认知，这种认知关系是怎样由身体感受到心理认知建立起来，以至在认知个体内部形成对存在于自身之外的事物的认知。②在皮亚杰的认知发展研究中，不再关注个体的认知是由主体意识开始的，还是由客体对主体的刺激引发的，甚至不再认为在认知的初始阶段先前研究者认为的主体和客体是一定存在的，对认知的研究摆脱了研究者的预先假设，真正遵从人的成长和发展规律，真正回到个体的认知过程本身，将人看作现实的人。

---

①［瑞士］皮亚杰.发生认识论原理［M］.王宪钿，译.北京：商务印书馆，2016：21.

②［瑞士］皮亚杰.发生认识论原理［M］.王宪钿，译.北京：商务印书馆，2016：21-22.

（二）皮亚杰基模理论中的活动基础

从现实的人的角度出发，皮亚杰认为，认知的起源要从认知个体和被认知事物之间的联系开始研究，这种联系让认知个体开始与外界接触并提供认知的机会，也就是活动。

活动是皮亚杰认知发展研究中的着手点，可以分为两个时期：一个是概念出现之前的感知运动性活动时期，另一个是概念出现之后内化了的或概念化了的活动时期。皮亚杰认为，认知个体第一次将自身与外界联系起来的活动来源于遗传性的本能活动和反射活动，这种活动可以看作遗传得来的一种动作基模[①]，如"吮吸"。这时认知个体的活动总是将身体的某部分与外界事物联系在一起，活动呈现出一种无意识的状态，也就无法在活动中看清自己的主体地位和活动中牵涉到的外界事物的客体地位。当认知个体因为自身身体机能的发展和语言的发展使其活动可以进行协调时，就逐渐出现了活动中自身作为主体与认知客体的分离。虽然相较于之前认知个体无意识的本能性活动，此时的活动已经可以根据认知个体的意愿进行，是有意识的活动，但是无意识的活动和此时的活动并没有形成概念化思维，还仅局限于实物动作的水平，属于感知运动活动时期。感知运动活动时期，认知个体的认知是依据动作基模进行和发展的。遗传性的动作基模赋予认知个体通过这一基模认知新的事物的机会，这一新事物通过已有基模被认知的过程叫作同化。在婴儿还没有意识到自己是认知的主体的情况下，本能的活动就成为感受外界事物的通道，成为认知依据的基模。还未参与到婴儿活动中的事物可以通过已有的动作基模被纳入婴儿的认知中，丰富其已有的基模。例如吮吸，具备吮吸这一动作基模的婴儿在遇到一个未接触过的事物，比如奶嘴，也会运用吮吸这一动作来对待奶嘴给予自己的刺激。除此之外，感知运动活动时期还包括一种偶然情况下进行的同化作用。当认知个体开始可以协调自己的活动以进行对事物的认知时，因为依然并不具备概念化思维，此时的动作基模并不能从具体的活动过程中抽象出来，而是连带活动的环境和外在条件。所以，这种情况下所进行的同化作用是简单的、连带活动环境和外在条件的活动类比。

[①] 在皮亚杰的著作中 schema 被译为"格局"或"图式"，为了保证重要概念的一致性，在文中均统一为"基模"。

当遇到相似的情境以刺激主体时，主体会根据已有的动作基模做出相应的动作，并将整个活动情境、外在条件和过程同化至原先的动作基模中，成为补充。比如，认知主体的动作基模中有遇到地上的玩具要迈过去的认识，当遇到地上有一个苹果时，主体也会根据动作基模同样选择迈过去，同时遇到苹果的情境也被吸收入主体的动作基模中。在这种同化中，认知主体的认识只是建立在某一个动作基模之上的，企图引发某一类似结果或者在相似环境和条件中做出的相应活动。不得不说，在感知运动性活动中，认知主体的认知要依靠动作基模的同化作用来进行，这种同化作用更多地偏向于一种本能反应或是在类似环境和条件下的活动类比，还处于一种低级的认知阶段，动作基模也是一种低级的认知基模。

当认知主体的模仿行为和语言能力提高时，其活动已经不局限于感知运动性活动，主体开始对活动中遇到的被认知事物，也就是认知中的客体，进行分类、概括、排序等概念化的加工。活动中对客体的认知不再像感知运动性活动中是连带着特定条件和背景的实在，而是从活动中抽象出来的具有某种特性的客体。这样的活动，已经不单纯是认知主体无意识或有意识的外在动作，而是由外在活动内化了的或是概念化了的思维活动。思维活动的对象，或者说思维活动的结果，并不是感知运动性活动中形成的动作基模，思维使实际活动中的认知客体摆脱了时间和空间的限制，内化为概念，形成概念基模。在活动中进行的认知过程是在动作基模的基础上由低级的概念基模向更高级的概念基模发展的循环往复的过程。概念化同化相对于之前的简单类比型的同化不再关注活动中环境和条件等因素，只关注活动中的认知客体，但是思维的存在使概念化同化"既牵涉到眼前的客体，又牵涉到不在眼前的客体，因而马上促使主体摆脱对当前情境的依赖性，使主体有能力以大得多的灵活性和自由性对客体进行分类、排定序列、建立对应关系等"[①]。

（三）皮亚杰基模理论中基模的结构性功能

前面已经提到，无论人的活动处于感知运动性时期还是思维活动时期，

---

① [瑞士]皮亚杰.发生认识论原理[M].王宪钿，译.北京：商务印书馆，2016：34.

其认知均是通过基模的同化作用形成的。从认知个体开始具备思维起，其基模在活动中不断升级，形成赋有逻辑数学的运演基模、物理基模以及因果关系的基模，认知主体就可以对认知客体进行逻辑化的同化，即把作为认知客体的事物和规律转化为自身的思想形式。同化，是基模的两个结构性作用之一，另一个是自我调节作用。每一次认知基模的升级都是由自我调节或者称为顺应引发的。当然，认知基模的升级并不是随机发生的，自我调节也不是毫无缘由地发挥作用，这要从皮亚杰对智力的属性入手谈起。在皮亚杰看来，智力、认知和思维是同义词，[①]那么，智力的属性也就是认知的属性。皮亚杰认为，认知的属性是适应，是认知主体的行为和客观环境之间形成的相对平衡状态。[②]认知主体根据已有的基模对客观环境做出的行为，无论是简单的活动类比、概念化的组织行为还是逻辑性的转化行为，都属于基模指导下的认知同化作用。此时的认知活动并不会改变认知基模，而只是对认知基模经验的丰富。相反地，当客观环境作用于认知主体，主体并不能根据已有的基模对其进行反应时，认知主体和之前的客观环境之间形成的原有的适应被打破，认知不再处于平衡状态，需要主体的基模作出改变以应对新出现的环境，这种自身基模的改变就叫作自我调节或者顺应。在自我调节之后，认知主体的基模又重新适应了新的客观环境，达到平衡状态。由此看来，认知主体认知发展的过程，是其认知基模由低级到高级循环往复发展的过程，在这一过程中，总是由主体与客观环境相对平衡的适应状态转向新环境出现后的不适应，经过主体的自我调节重新形成适应状态。

皮亚杰对认知发展的考察是从个体出发，探寻个体认知过程的发展规律。虽然认知发展的阶段具有普遍性，但是因为个体自身条件、经验以及社会环境的不同，认知发展的进程往往呈现出差异性，个体所能最终达到的认知水平也不尽相同。一般将影响个体认知的因素看作个体自身条件（遗传性的）、个人经验和社会环境，在此基础上，皮亚杰在认知发展的因素中加入了第四

---

① ［瑞士］皮亚杰.皮亚杰教育论著选［M］.卢濬，选译.北京：人民教育出版社，2015：译者前言2.

② ［瑞士］皮亚杰.智力心理学［M］.严和来，姜余，译.北京：商务印书馆，2015：26.

点,即"渐进平衡",也就是个体的认知基模在活动中不断发展以促成个体认知与外在客观环境相适应的循环过程。①在皮亚杰看来,个体认知基模的循环发展是其认知发展过程中决定性的因素,即使因为个体自身条件、经验或者社会环境可能导致一个具体的阶段出现时间上的压缩或延长,最终个体的认知还是要按照基模升级的规律发展。皮亚杰在社会环境对个体认知造成的影响方面也进行了探索和研究。人作为社会关系的组成部分,无法避免社会环境对自身认知的影响,个体的认知在社会环境的影响下是一个社会化的过程。在感知运动性活动时期,认知个体就已经处在社会关系之中,社会因素在这时表现为认知个体周围的成人对个体进行的以语言和符号为主的价值和规则的引导。认知个体在这种社会因素的引导下可能会产生行为上的遵循,但是并不会与周围的社会环境进行思想上的交流,也就不会将这些规则上升到道德义务的层面,"其周围的社会生活也不对其智力结构有任何深刻的改变"。②随着认知个体周边新的社会关系的出现,个体的认知在一定程度上受到影响和改变,但是也仅仅是"进行复制和模仿而不是加以校正"③。首先,认知个体坚定地以自我角度对社会因素进行同化;其次,认知个体的认知深受来自同伴经验的暗示。皮亚杰认为,直至这个时期,认知个体的认知还没有被社会化。社会因素开始对认知个体的认知产生深刻的影响,也就是认知个体认知社会化的标志是认知个体与他人的合作。合作意味着认知个体之间的认知交流,是观点的相互对话、思考和影响。这种合作一方面使认知个体逻辑化基模的形成成为可能,另一方面认知个体间合作的促成也要求认知个体间就交流的观点达成平衡,而这种平衡只能是在个体间基模统一的基础上形成的。所以,认知个体基模的构建,不仅维持个体自身行为的平衡,同时也使个体的社会化达成平衡。

在认知发展的研究基础上,皮亚杰对道德发展也进行了一系列研究。他

---

① [瑞士]皮亚杰.皮亚杰教育论著选[M].卢濬,选译.北京:人民教育出版社,2015:11-12.
② [瑞士]皮亚杰.智力心理学[M].严和来,姜余,译.北京:商务印书馆,2015:185-186.
③ [瑞士]皮亚杰.智力心理学[M].严和来,姜余,译.北京:商务印书馆,2015:187-188.

认为道德发展与认知发展一样是一个具有阶段性的循序渐进的过程，道德发展要建立在认知发展的基础上。首先，儿童最开始的道德情感的激发和道德判断的选择都受制于认知发展的阶段；其次，对道德规则的理解和消化依赖于个体认知发展的水平；最后，"应该"与"不应该"的价值判断标准是以"是"与"不是"的事实判断标准为基础的。① 同时，除了个体认知发展对道德发展的影响，皮亚杰也注意到了教育对道德发展产生的影响。他认为教育可以有效地加快个体的道德发展进程，但是无法改变或颠倒道德发展的阶段，所以教育对于道德发展的促进作用是有限制的。这种限制一方面要求教育尊重道德发展的规律，另一方面也要求教育实施的手段和措施要在道德发展的阶段中激发个体自身的同化作用。

---

① 陆有铨.皮亚杰理论与道德教育［M］.北京：北京大学出版社，2012：87-88.

第三章

研究生社会主义核心价值观培育的实质及现状描述

习近平总书记在党的十九大报告中作出"中国特色社会主义进入新时代"①的重要论断,并进一步指出"我国社会主要矛盾已经转化为人民日益增长的美好生活需要和不平衡不充分的发展之间的矛盾"②。这为我国新时代各项事业的发展提出了总的要求,指出了总的方向。社会主义核心价值观作为中国精神和中国价值的核心,关系着中华民族伟大复兴中国梦的实现,其培育和践行在中国特色社会主义事业的发展进程中占据重要地位。同时,在新时代背景下,社会主义核心价值观培育也随之进入新征程,需要进一步审视培育面临的新矛盾。

关于新时代社会主义核心价值观的培育和践行,党中央作出了"强化教育引导、实践养成、制度保障"③的重要部署。在这一总指导下,具体到研究生社会主义核心价值观培育工作应该如何更有效地进行,需要进一步更具体和更深入的分析研究。其中,培育目标、培育内涵、培育维度的明确是研究的基本前提,有利于为之后的研究和实践指明方向。而研究生社会主义核心价值观培育的基本现状则是研究的出发点,同样需要在研究之初进行阐述,

---

① 习近平.决胜全面建成小康社会 夺取新时代中国特色社会主义伟大胜利[N].人民日报,2017-10-28(1).
② 习近平.决胜全面建成小康社会 夺取新时代中国特色社会主义伟大胜利[N].人民日报,2017-10-28(1).
③ 习近平.决胜全面建成小康社会 夺取新时代中国特色社会主义伟大胜利[N].人民日报,2017-10-28(1).

之后的一切研究都意在解决，至少是缓解培育现状中存在的问题。

第一节　新时代研究生社会主义核心价值观培育的实质

一、研究生社会主义核心价值观培育的特殊性

研究生社会主义核心价值观培育是当前社会主义核心价值观培育研究中成果偏少的一个研究分支。长久以来，在高校思想政治教育或高校社会主义核心价值观培育中，大学生群体得到了学者们的广泛关注。虽然在日常生活中"大学生"多指代本科生，但是严谨地来讲，在中国教育制度中"大学生"泛指在高等学校进行学习的学生群体，也就是正在接受高等教育的学生，所以，大学生应该包括专科生、本科生、研究生三种受教育者类型。按照国际通行的高等学历标准来看，学士、硕士、博士三个级别则是大学生的主要构成。在目前大学生社会主义核心价值观培育的研究中，较少对大学生的范围进行明确的界定，而从研究内容来看则更倾向于针对本科生进行社会主义核心价值观培育的相关研究。这就体现出当前所谓的大学生社会主义核心价值观培育研究在覆盖面和针对性上存在两个问题：其一，研究对象的不明确，社会主义核心价值观培育研究呈现出相对笼统和忽视研究对象特点的现状，大学生社会主义核心价值观培育研究重点放在了社会主义核心价值观的解读和普遍适用的培育路径探究上面，忽略了对象性的研究，研究缺少针对性；其二，研究对象的不完整，在研究过程中普遍将大学生社会主义核心价值观培育简略化为针对本科生进行的社会主义核心价值观培育，研究生大多数不在研究范围之内。这样看来，无论是在大学生社会主义核心价值观培育研究中，还是在培育实践中，研究生群体都处于边缘化位置。社会主义核心价值观培育不是简单的从教育者到受教育者的知识传授过程，而是受教育者包括世界观、人生观、价值观在内的精神文化体系重塑和完善的过程。处于不同阶段的受教育者，日常活动和目标均有不同，以致其精神文化的发展程度和

具体呈现也不同，在此影响下对社会主义核心价值观的理解、认知、认同和践行都呈现出差异性。习近平总书记在学校思想政治理论课教师座谈会上强调，"在大中小学循序渐进、螺旋上升地开设思想政治理论课非常必要，是培养一代又一代社会主义建设者和接班人的重要保障"①。这就要求在社会主义核心价值观培育中必须关注特定受教育者群体的认知规律和精神文化背景，分析培育的特点，从而找准培育的着力点。

研究生与本科生相比存在自身特点，所以不能以笼统的大学生社会主义核心价值观培育来取代研究生社会主义核心价值观培育。同时，需要强调的一点是，选取研究生作为本研究的研究对象，既不是单纯追求研究创新性的选择，也不是选取一个新的对象做重复性的研究，而是因为研究生精神文化体系的健康和完善是新时代中国特色社会主义事业持续发展的重要保障，同时也是中国梦实现进程中的强大助力。这就决定了研究生社会主义核心价值观培育成为必须进行的学术研究工作和亟须改善的教育实践工作。

（一）研究生的特点

这里所说的研究生特点，具体地指向两个方面，一方面指的是研究生培养阶段的特点，另一方面指的是研究生的群体性特点。在我国高等教育中，研究生培养阶段与本科生培养阶段相比，无论是培养方式、培养机构，还是培养模式、培养方法，都或多或少存在一些差别，这就使研究生呈现出一些不同于本科生的特点。除此之外，研究生作为一种社会角色，其所处认知阶段、具备的知识水平、生活阅历等与其他群体也不尽相同，必然呈现出与其他教育阶段受教育者不同的特点。

1. 研究生教育阶段特点

研究生教育作为我国最高层次的教育阶段，包括硕士和博士两个学位级别。与同属高等教育的本科生教育阶段相比，研究生教育主要呈现出以下特点：

第一，研究生招生。按照研究生教育方式的不同，研究生招生可以概括

---

① 张烁. 用新时代中国特色社会主义思想铸魂育人 贯彻党的教育方针落实立德树人根本任务[N]. 人民日报，2019-03-19（1）.

地分为两类，一类是全日制研究生，指"通过研究生入学考试或者国家承认的其他入学方式，被具有实施研究生教育资格的高等学校或其他高等教育机构录取，在基本修业年限或者学校规定年限内，全脱产在校学习的研究生"[1]；另一类是非全日制研究生，指"通过研究生入学考试或者国家承认的其他入学方式，被具有实施研究生教育资格的高等学校或其他高等教育机构录取，在基本修业年限或者学校规定的修业年限（一般应适当延长基本修业年限）内，在从事其他职业或者社会实践的同时，采取多种方式和灵活时间安排进行非脱产学习的研究生"[2]。也就是说，研究生招生并不局限于应届毕业生，培养方式也并非全脱产形式。

报考研究生，不管是全日制研究生还是非全日制研究生，考生的学业水平都要符合一定的条件。就报考硕士研究生来看，考生的学业水平既可以是应届本科毕业生，也可以是往届本科毕业生，甚至可以是未获得本科学历但是具备同等学力的应试者。[3]博士研究生的招生方式分为普通招考、硕博连读和直接攻博三种。其中，硕博连读和直接攻博都是招生单位从具备资格的在学研究生和本科应届毕业生中挑选博士研究生的招生方式，只有普通招考是以考试的方式进行博士生选拔。普通招考的考生须符合一定的学业水平，与硕士研究生招生考试类似，考生的学业水平既可以是应届硕士毕业生，也可以是往届硕士毕业生，还可以是未获得硕士学历但是具备同等学力的应试者。[4]

总的来说，包括硕士研究生和博士研究生在内的研究生招生基本标准都是具备一定的学业水平，在此基础之上以考试或者资格为依据录取研究生。在这样的招生标准下，是不是应届毕业生、是否就业，甚至是否获得学士或

---

[1] 教研厅〔2016〕2号．教育部办公厅关于统筹全日制和非全日制研究生管理工作的通知 http://www.moe.gov.cn/srcsite/A22/moe_826/201609/t20160914_281117.html.

[2] 教研厅〔2016〕2号．教育部办公厅关于统筹全日制和非全日制研究生管理工作的通知 http://www.moe.gov.cn/srcsite/A22/moe_826/201609/t20160914_281117.html.

[3] 教学〔2016〕9号．教育部关于印发《2017年全国硕士研究生招生工作管理规定》的通知 http://www.moe.gov.cn/srcsite/A15/moe_778/s3261/201609/t20160905_277755.html.

[4] 教学〔2014〕4号．教育部关于印发《2014年招收攻读博士学位研究生工作管理办法》的通知 http://www.moe.gov.cn/srcsite/A15/moe_778/s3114/201403/t20140327_167125.html.

硕士学位已经不再是划定是否可以继续参加研究生教育的绝对条件。与本科生教育相比，研究生教育的受教育人群就包括应届毕业生、非应届毕业生、未参加过工作、已参加过工作、在职、非在职、获得学士或硕士学位、未获得学士或硕士学位但具备同等学力等多个类型，研究生招生呈现出多样化的特点。

第二，研究生培养机构。在我国，本科生培养均由普通高校承担，而承担研究生培养的除了普通高校，还有科研机构。截至2016年，全国研究生培养机构共有793个，其中科研机构达217个。[1]科研机构承担研究生培养任务是我国在特殊历史时期制定的符合我国教育事业发展情况的政策。在新中国成立之初，研究生教育就得到了国家的重视，最初规划大学设立研究部进行研究生培养。但是，由于科学发展需要的高层次人才数量之众，使得国家在着重建设一般大学还是建立中国科学院的问题上选择了后者，投入了大量的人力、财力和物力，使其成为科学技术发展和研究的主阵地。同时，高水平的科研条件和科研人员也成为进行研究生培养的优良条件。在这种背景下，中国科学院所属的各研究机构开始与教育部所属的大学研究部共同承担国家高层次人才的培养，招收研究实习员也为我国高等院校与科研机构共同构成研究生培养机构奠定了基础。在我国研究生教育发展中，科研机构成为扩大研究生教育规模和保证研究生培养质量的重要依靠。作为研究生培养机构的科研机构与高校之间的性质本身就存在差别，同时伴随着部分科研机构的企业化转制，使科研机构、高校以及科研转制企业三种培养机构中的研究生教育在环境和条件方面存在较大的差别。但是，目前国家对于三种培养机构所承担的研究生培养任务并没有作出区别和有针对性的调整，因此使研究生教育环境和条件呈现出多样化的特点。

第三，研究生培养模式。研究生教育设立之初是为了培养具备先进科学技术的高层次人才，尽快提高我国的科技水平。因此，研究生培养主要以科研和学术的模式进行，研究生最终获得学术学位。随着我国对各行各业高层次专业人才的需要日益增长，以学术研究为主的研究生学术型培养模式已经

---

[1] 2016年全国教育事业发展统计公报，教育部，http://www.moe.edu.cn/jyb_sjzl/sjzl_fztjgb/201707/t20170710_309042.html。

不能完全满足高层次专业人才需求，研究生教育中开始设置专业学位，逐渐形成学术学位和专业学位的双培养模式。两种不同的培养模式首先是为了不同的培养目标：学术学位主要是培养流向科研单位、从事科研工作的研究型人才，专业学位则是主要培养在各行各业中具备高水平的知识和应用能力的专业型人才。其次，从培养的侧重点来看，学术学位侧重的是理论和学术研究，而专业学位侧重的是"学术性与职业性紧密结合"[①]。与本科生教育相比，研究生培养模式的不同直接指向培养目标和培养方式的不同，同样呈现出多样化的特点。

2. 研究生群体特点

第一，研究生的认知基模呈现出理性的特点。一方面，研究生的认知能力处于形式运算阶段，可以脱离具体的客观事物，或者具体地说，可以脱离自身具体行为活动中时间和空间上的约束对客观事物进行假设、演绎、推理等形式化的、抽象化的运算，较为客观地认识到事物的本质特征。另一方面，研究生通过自身学术科研方面实践经验的积累，普遍具备较高水平的学术能力和研究能力。无论是本科应届毕业生还是在职工作人员，是学士、硕士学位获得者还是同等学力群体，是参加研究生考试还是具备推免资格，最终能够成为研究生的，都是已经具备一定科研学术能力的优秀人才，并且在某一个专门的领域掌握了较广的知识面、较深的研究层次，取得了一定的研究成果。可以说，能够成为研究生的人，已经具备一定的专业知识基础、研究方法技巧和分析创新能力。综合来看，研究生的认知基模是由高层次的认知能力和丰富、专业的认知经验构成的，呈现出理性的特点。

第二，研究生学习阶段研究方向的明确和学习内容的集中。与本科生以班级、专业为单位进行集中学习不同，研究生教育实行的是导师负责制。所谓导师负责制，是指在研究生学习阶段，由导师作为研究生的指导教师，对于专业课的选择、研究方向、研究内容等给予明确的指导和要求。导师是研究生学习阶段科研方面的主要负责人，对研究生科研方向的选择和科研能力的提高具有重大的影响力。研究生培养中的导师负责制度使研究生的学习状

---

① 专业学位简介. 2009-12-04 http://www.cdgdc.edu.cn/xwyyjsjyxx/gjjl/szfa/263317.shtml.

态大多数呈现出以导师要求和指导为主的分散型学习，人数众多的集中授课减少，多为自由分配时间的自主学习。

第三，研究生校园生活管理的相对自由和松散。相较于本科生，研究生在高校中的人数较少，不是校园集中管理的重点。加之研究生教育以学术研究为重，培养模式亦呈现出多样化特点，所以高校普遍对研究生的校园生活不做过多的干涉和管理。研究生的日常生活时间除学校课程安排外均可以自由支配。除此之外，对于研究生来说，学校统一安排的活动较少，高校组织的校园文化活动通常不对研究生参加与否进行硬性安排和要求。

第四，研究生面临的诸多选择和矛盾。研究生教育作为我国最高水平的教育阶段，国家提供了最高水平的教育资源和科研支持，就个人的科研和发展来说，研究生无疑面临诸多机遇。与此同时也要看到，研究生在这段时期同样面临种种选择和矛盾，形成内在心理状态的群体性特点。首先，研究生面临社会性和学术性的矛盾。与本科生所处的相对单纯的校园生活相比，研究生所处的社交环境则较为复杂，其交际交往不再局限于同学和老师之间，掺杂了更多的校园之外的社会交际关系。其次，研究生面临个人生活和学术研究的矛盾。在本科学习阶段，学生除学业和自己的校园生活外对其他生活问题的考虑较少，而在研究生学习阶段，学生要面对更多现实的生活问题。无论是应届毕业生还是已经就业者，在研究生教育阶段已经面临要组建自己的家庭、照顾孩子和父母的人生阶段，那么，这种现实的生活问题也必然会对研究生的学术和研究造成一定的影响。再次，研究生多重社会身份的矛盾。对于已经参加工作的研究生来说，在研究生教育中时常处于工作身份和学生身份的不断转换中，同时肩负多重责任。最后，研究生面临的多重压力，扮演的多种社会角色，使研究生的心理逐渐趋向成熟，但是也可能使研究生的内心意识在选择和矛盾之间承受过多的压力，与本科生相比更复杂、更矛盾、更纠结。这种复杂的内心意识可能使研究生相对于本科生来说不完全是绝对的成长和成熟，还有可能出现脆弱和无助的状况。

（二）新时代研究生社会主义核心价值观培育的重要意义

自党的十八大将社会主义核心价值观凝练为24个字以来，发展中国特色社会主义就有了明确的价值遵循和精神指引，并且国家层面的价值目标、社会层面的价值取向、公民个人层面的价值准则也为广大人民群众更加清晰地描绘了社会主义现代化强国的理想图景，更加明确地指出了一条通往中国梦的康庄大道。由此，社会主义核心价值观培育不仅是新时代思想文化建设的关键任务，更是新时代中国特色社会主义事业继续发展的战略性任务。其中，研究生群体作为各个领域中的高水平、高层次人才，其对社会主义核心价值观的理解、认可、信仰达到什么程度，更是切实关系着各个领域、各项事业的发展方向，也因此关系着中国特色社会主义的发展进程。无疑，研究生社会主义核心价值观培育在习近平新时代中国特色社会主义发展中具有重要的战略意义。

首先，研究生社会主义核心价值观培育是培养高层次时代新人的重要支撑。"要以培养担当民族复兴大任的时代新人为着眼点"①，这是习近平总书记对新时代社会主义核心价值观培育工作作出的新指示，同时也是就新时代"培养什么样的人"这一问题作出的深刻回答。改革开放40多年来，伴随着经济体制改革，我国除了经济领域的快速发展，科技、文化、教育等领域也取得了长足的进步，培养了大批知识储备丰富、科研水平高、专业能力强的高学历人才。但是，进入新时代，知识和科研能力已经不再是高学历人才培养的唯一重点，时代新人已经成为党和国家人才培养的重要目标。研究生作为我国最高层次的人才，是推动中国特色社会主义事业持续发展的主力军，自然也是时代新人培养的关键所在。

时代新人的核心是能够担当民族复兴大任，这就要求其应当有坚定的理想信念、高尚的道德品质和专业的能力素质。②具体表现为时代新人应该拥有健全的、完善的精神文化体系，其中最重要的就是应该具备正确的世界观、人生观、价值观，具备积极向上的心态和精神动力。这些要求正好与研究生社会主义核心价值观培育目标相契合。一方面，研究生社会主义核心价值观培育聚焦的正是培养高层次时代新人的核心问题，给予研究生群体价值观教

---

① 习近平.决胜全面建成小康社会 夺取新时代中国特色社会主义伟大胜利［N］.人民日报，2017-10-28（1）.

② 冯淑萍.时代新人的基本特质及其培养的着力点［J］.思想教育研究，2019（9）：114-117.

育引导、监督研究生群体道德实践养成、激发研究生群体专业能力运用，助其养成正确的世界观、人生观、价值观，形成完善的精神文化体系；另一方面，高层次、高水平时代新人的培养中，人才的全面发展是核心，理想信念、道德品质等精神文化层面的发展还是需要社会主义核心价值观培育进行集中的、专业的引导和完善。习近平总书记在全国宣传思想工作会议上强调"育新人，就是要坚持立德树人、以文化人，建设社会主义精神文明、培育和践行社会主义核心价值观，提高人民思想觉悟、道德水准、文明素养"[1]。可以说，时代新人的培养离不开社会主义核心价值观培育。只有研究生社会主义核心价值观培育有效发挥其在理想信念、道德品质和能力素质方面的教育和引领作用，才能促使高层次人才在精神、思想、道德上得到进一步提升，成长为更加合格、更加全面的新时代中国特色社会主义建设者和接班人。

其次，研究生社会主义核心价值观培育是高层次人才坚定文化自信的重要保障。"坚定文化自信，是事关国运兴衰、事关文化安全、事关民族精神独立性的大问题"[2]，尤其对将要成为各领域中带头人的研究生群体来说，坚定文化自信更是影响着我国思想文化建设和精神文明状态的发展方向。要想高层次人才能够传承和发扬中华优秀传统文化、革命文化、社会主义文化，坚守和践行中国特色社会主义的道路、理论和制度，就不得不提升其文化自信。构成文化自信的内容、维度和因素丰富多样，而价值观自信占据其中最关键、最核心的地位，能够对诸多文化自信内容、维度和因素形成统领作用。[3] 所以说，提升高层次人才的文化自信，归根结底在于提升其价值观自信，更准确地说是提升对社会主义核心价值观的自信。这种自信既体现在对全球价值观多元化现象的理性判断和辨别，还体现在对中国特色社会主义核心价值观体系的深刻理解和践行。研究生社会主义核心价值观培育正是致力于高层次人才对社会主义核心价值观的内化吸收和外化践行，促成其对价值观的自信，从而保障了高层次、高水平人才对中国特色社会主义文化的自信。只有吸引和聚集了大批高层次、高水平人才，才是把握住了树立文化自信的关键，才

---

[1] 张洋.举旗帜聚民心育新人兴文化展形象 更好完成新形势下宣传思想工作使命任务[N].人民日报，2018-08-23（1）.
[2] 习近平.习近平谈治国理政（第二卷）[M].北京：外文出版社，2017：350.
[3] 沈壮海.文化自信之核是价值观自信[J].求是，2014（18）：41-42.

更有助于在广大人民群众中推进文化自信的树立，也更有利于道路自信、理论自信、制度自信、文化自信的树立和坚定。

再次，研究生社会主义核心价值观培育是高层次人才构筑中国精神、中国价值和汇聚中国力量的重要渠道。所谓中国力量，指的是中国全体人民、所有民族团结在一起的力量。相较于物质力量，中国力量更是一种精神力量。那么，中国力量的汇聚，就是指为了实现中华民族的伟大复兴，将中国全体人民、所有民族的一切爱国、勤劳、勇敢、奋斗、创新、智慧等凝聚起来，形成一股支撑人们构建更美好祖国的强劲力量。[1]这就要求引导广大人民群众拥有共同的精神信仰和价值准则，更好构筑中国精神和中国力量。研究生群体作为高层次、高水平人才群体，如果将其精神力量融入中国力量，那么就会为中国特色社会主义事业的发展注入更加先进的力量和更加新鲜的青春活力，有助于加速中华民族伟大复兴的进程。所以，在研究生群体中构筑中国精神和中国力量就显得尤为重要。而研究生社会主义核心价值观培育作为研究生培养阶段最普遍、最系统的价值观培育体系，担负着培养研究生群体以爱国主义为核心的民族精神、以改革创新为核心的时代精神、以社会主义核心价值观为主导的价值观体系的重任，是充分汇聚高层次、高水平人才的中国力量，继而在全国各族人民中更好地构筑中国精神、凝聚中国力量的重要渠道。

最后，研究生社会主义核心价值观培育是实现中国梦的重要推力。"建设什么样的社会、实现什么样的目标，人是决定性因素"[2]，中华民族伟大复兴中国梦的最终实现，离不开人在其中起的关键作用。研究生社会主义核心价值观培育最根本的工作，就是要完善研究生的思想和灵魂，引导研究生群体将个人人生理想与中国梦联系起来。面对多变的国际形势和激烈的国际竞争，研究生社会主义核心价值观培育要帮助研究生群体筑牢对马克思主义的忠诚和信仰，对社会主义和共产主义的坚定信念，对中国特色社会主义道路、理论、制度、文化的坚定信心，帮助研究生群体练就脚踏实地求真求实的真本

---

[1] 沈壮海. 更好构筑中国精神、中国价值、中国力量[J]. 求是，2018（02）：19-21.

[2] 中共中央宣传部. 习近平新时代中国特色社会主义思想三十讲[M]. 北京：学习出版社，2018：197.

领、勇于创新的真品格,帮助研究生群体明确自身担负的时代责任是要为新时代中国特色社会主义事业不断贡献、不懈奋斗、开拓进取。这样培育出的研究生群体,将成为中华民族伟大复兴路上的排头兵,决定着中国梦实现的进程。

二、新时代研究生社会主义核心价值观培育目标

中国特色社会主义进入新时代,各项事业的发展均进入新的阶段,不断面临新环境、新条件、新情况、新问题。新即意味着变,一系列的变化要求各项事业在埋头苦干的同时,必须重视和关注这些变化,对自身所处的现状进行重新的审视,并且要设立更加合乎时宜、更加顺应发展的新目标和新任务。研究生社会主义核心价值观培育也亟须如此。

回顾近几年来社会主义核心价值观培育的研究成果可以发现,将认知、认同、践行社会主义核心价值观视为培育目标的学者不在少数。当然,这一目标也成为许多研究在进行路径探讨时的重要依据。但是,需要思考的是,受教育者如果完成了对社会主义核心价值观的认知、认同和践行,是否就实现了社会主义核心价值观培育的实践意义。或者换句话说,社会主义核心价值观培育是否要在受教育者形成认知、认同、践行之后就要止步?答案应该是否定的,这在一定程度上是对社会主义核心价值观培育意义的片面化。那么,社会主义核心价值观培育,尤其是当今研究生社会主义核心价值观培育的目标究竟是什么,需要既从头进行回顾,又结合新时代进行思考,还要与特定群体进行紧密联系。

首先,从社会主义核心价值观凝练之初开始寻找培育的目标。在社会主义核心价值观凝练之初,其培育和践行就被纳入国民教育全过程中。而在各种关于培育和践行的指导、意见中,"立德树人"总是经常出现的关键字眼。其中,立德树人或被认为是教育的根本任务[1],或被看作高校教育的中心环

---

[1] 胡锦涛. 坚定不移沿着中国特色社会主义道路前进 为全面建成小康社会而奋斗[N]. 人民日报,2012-11-09(2).

节①，或被视为高校思想政治教育的根本②。立德树人，不仅是我国教育事业的根本任务、中国特色社会主义大学的立身之本，同时也是我国高校社会主义核心价值观培育的核心目标。早在2013年习近平总书记就对青年作出了具体的要求，也是对立德树人是要立什么样的德，树什么样的人做出了具体的阐释。他要求广大青年牢固树立中国梦的远大理想和牢固确立中国特色社会主义的人生信念；要求广大青年掌握真才实学，努力练就一身参与社会主义现代化建设的过硬本领；要求广大青年在探索真知、求真务实的基础上勇于创新创造；要求广大青年在工作和事业上艰苦奋斗；要求广大青年自觉践行社会主义核心价值观，加强思想道德修养，锤炼高尚品格。③有的学者还对立德树人做出了更为具体的解释，主张立的是包括政治品德、社会公德、职业道德、生活美德在内的四德，树的是包括社会责任感、创新精神、实践能力在内的三种人类品格。④由此看来，立德树人作为社会主义核心价值观培育的核心目标可以细化为引导受教育者坚定理想信念、提高政治觉悟、坚守道德品质、优化文化素养，以完善其精神文化体系的具体目标。而受教育者对社会主义核心价值观的认知、认同、践行只能被看作社会主义核心价值观培育的基本目标。

其次，结合当前的时代特点和研究生群体确立培育目标。当前，我国迫切需要具备高水平、高能力、高素质的人才参与到新时代中国特色社会主义事业中挑起发展和复兴的重任，这样的人才就是时代新人。时代新人是在立德树人基础上为了能够按时、保质实现"两个一百年"奋斗目标，并最终实现中国梦而进一步提出的人才培养要求。研究生普遍掌握深厚的科学知识、具备专业的实践技能、代表各研究领域的先进水平，理应成为时代新人的中坚力量。在纪念五四运动100周年大会上，习近平总书记对新时代中国青年提出6点具体要求，即树立远大理想、热爱伟大祖国、担当时代责任、勇于

---

① 张烁.把思想政治工作贯穿教育教学全过程 开创我国高等教育事业发展新局面[N].人民日报，2016-12-09（1）.
② 中共中央、国务院印发《关于加强和改进新形势下高校思想政治工作的意见》[N].人民日报，2017-02-28（1）.
③ 习近平.习近平谈治国理政[M].北京：外文出版社，2014：78.
④ 王建南.把立德树人作为大学的根本任务[J].求是，2014（08）：53-54.

砥砺奋斗、练就过硬本领、锤炼品德修为，①这是在立德树人基础上对青年基于爱国的时代责任感、使命感提出了更高的要求。那么，为了使研究生成长为带领广大青年担当重任、奋勇前行的中国特色社会主义接班人，新时代研究生社会主义核心价值观培育已经不能单纯满足于研究生对社会主义核心价值观的认知、认同和践行，而是应该致力于引导研究生自觉将个人理想同中华民族伟大复兴紧密联系在一起，将个人发展同新时代中国特色社会主义发展紧密联系在一起，将个人幸福同建设"富强民主文明和谐美丽的社会主义现代化强国"②紧密联系在一起，培养一批有理想、有本领、有担当、有品德，③不仅能主动参与还能积极引领我国发展进程的高层次人才，这是进入新时代对研究生精神文化水平提出的更高要求，也是进入新时代一切研究生社会主义核心价值观培育研究和实践应该明确的目标。总而言之，新时代研究生社会主义核心价值观培育应该以完善研究生精神文化体系、提升研究生精神文化水平为目标。

三、新时代研究生社会主义核心价值观培育内涵

社会主义核心价值观不仅是社会主义核心价值体系最关键的内核，同时还是引领中国人民实现中国梦的重要指引，"对内集聚中国精神、凝聚中国力量，对外走向世界、占领价值观制高点"④，是全体中国人民价值愿望和价值期待的集合体。所以，社会主义核心价值观本身蕴含着丰富的内涵。如果简单地将其等同于24个字、"三个倡导"，就难以发挥其在中国特色社会主义价值和文化方面的引领力。至于"三个倡导"的实质早已在《关于培育和践行社

---

① 习近平.在纪念五四运动100周年大会上的讲话[N].人民日报，2019-05-01（2）.

② 习近平.决胜全面建成小康社会 夺取新时代中国特色社会主义伟大胜利[N].人民日报，2017-10-28（1）.

③ 共青团中央书记处.新时代青年和共青团工作的光辉指引——学习贯彻习近平总书记关于青年工作的重要思想[J].求是，2018（14）：24-26.

④ 许海峰.社会主义核心价值观研究需要深入探讨的几个问题[J].社会主义研究，2014（4）：26-32.

会主义核心价值观的意见》中得到明确，它既是社会主义核心价值观的基本内容，又是培育和践行社会主义核心价值观的基本内容。①这实际上已经明确揭示了 24 个字与社会主义核心价值观的关系：在现阶段，社会主义核心价值观的具体内容可以基本、概括地表述为 24 个字；反过来，24 个字较为具体和具象地为现阶段的社会主义核心价值观划定了标准。但是有一点值得重视和强调，即 24 个字并不是社会主义核心价值观的全部内涵。刘建军提出以弹性思维看待 24 个字，"从中央已经对此做出明确规定来说，它是确定的，不能违背的；而从它只是目前人们所能达到的'最大共识'来说，它还有不确定性。从宣传的需要和规律上说，它是确定的，不能随意更动；而从研究的需要和学术的角度上说，它是不确定的，还有继续研究的余地和空间"②。并且，社会主义核心价值观的内容也不是一成不变的，"必将随着中国特色社会主义实践的发展而流淌出更加鲜活的内容"③。尤其是进入新时代，新的国际形势、新的改革态势、新的社会主要矛盾，都可能为社会主义核心价值观注入新的内容。由此，社会主义核心价值观培育，特别是以培养新时代高层次人才为目标的研究生社会主义核心价值观培育，就不能局限于"三个倡导"的宣传教育和实践引导，应该既包括底线的道德教育，又包括顶层的理想教育，既包括个人自我发展的教育，又包括如何处理人与人、人与社会、人与国家，甚至人与世界关系的教育。新时代的研究生社会主义核心价值观培育应该形成更加丰富、更加立体的内涵体系。

首先，理想信念教育是研究生社会主义核心价值观培育的核心内容。树立对中国梦的远大理想和坚定对中国特色社会主义的人生信念，是习近平总书记对当代青年提出的第一位的要求，④强调"青年理想远大、信念坚定，是

---

① 中共中央办公厅印发《关于培育和践行社会主义核心价值观的意见》[N].人民日报，2013-12-24（1）.

② 刘建军.寻找思想政治教育的独特视角[M].北京：中国人民大学出版社，2017：270.

③ 韩东云.深化与发展：社会主义核心价值观的历史演进与新时代内涵[J].河南社会科学，2019（2）：15-19.

④ 共青团中央书记处.新时代青年和共青团工作的光辉指引——学习贯彻习近平总书记关于青年工作的重要思想[J].求是，2018（14）：24-26.

一个国家、一个民族无坚不摧的前进动力"①，同时也是研究生成长为全面发展的高层次、高水平时代新人的关键性标志。所以说，理想信念教育在新时代研究生社会主义核心价值观培育中占据着不可或缺的核心地位。"三个倡导"中的富强、民主、文明、和谐、自由、平等、公正、法治，包括党的十九大报告中提出的"美丽"，均是中国特色社会主义事业发展中始终追求的价值目标，也是追寻中国梦的道路上对社会主义现代化强国的具体描绘，同时也是广大人民群众"对新时代中国特色社会主义的价值期待"②。在国际形势复杂、意识形态竞争激烈的当今世界，理想信念教育承担着重要任务，旨在帮助研究生群体深刻把握中国特色社会主义的先进性和优越性，学会辨清西方意识形态和价值观念，构筑中国精神和中国力量，明确自身担负的民族复兴大任，"从初心和源头上把准了青年成长的正确航向，补足了青年成长的精神之'钙'"③。

其次，政治教育和爱国主义教育是研究生社会主义核心价值观培育的根本内容。社会主义核心价值观是中国共产党在马克思主义指导下，带领广大人民群众在中国特色社会主义道路的探索和实践中逐渐凝练出来的，是符合中国实际、中国社会、中国特点的核心价值观体系，也是马克思主义中国化的重要成果。所以，始终不能离开政治谈社会主义核心价值观，也始终不能离开中国特色社会主义谈社会主义核心价值观。马克思主义、毛泽东思想、邓小平理论、"三个代表"重要思想、科学发展观、习近平新时代中国特色社会主义思想，都为社会主义核心价值观的最终凝练奠定了基础。研究生只有深入学习了这些理论成果，才能厘清中国特色社会主义发展的脉络，才能更好理解中国特色社会主义的核心价值观体系。

爱国是"三个倡导"个人层面中的第一位，是每一个中国人必须具备的价值取向。爱国主义教育负责提高研究生对历史发展规律的正确认识以及对

---

① 习近平.在纪念五四运动100周年大会上的讲话[N].人民日报，2019-05-01（2）.
② 韩东云.深化与发展：社会主义核心价值观的历史演进与新时代内涵[J].河南社会科学，2019（2）：15-19.
③ 共青团中央书记处.新时代青年和共青团工作的光辉指引——学习贯彻习近平总书记关于青年工作的重要思想[J].求是，2018（14）：24-26.

当前基本国情的准确把握。通过政治教育和爱国主义教育，可以激发研究生形成对中国特色社会主义道路、制度、理论和文化的高度自信，这是理解中国特色社会主义背景下富强、民主、文明、和谐、自由、平等、公正、法治、美丽的根本所在，也是最终能够使研究生坚定理想信念的根本所在。

再次，公德教育是研究生社会主义核心价值观培育的基本内容。随着物质生活水平的提高，生活方式的多样以及西方价值观念的流入，研究生个体价值观念以及精神文化面貌越来越呈现出多元化、个性化的特点。但是，人总是要生活在某一个社会中，并且这个社会中的人与人之间总是发生各种各样的联系，从而共同生活于社会中，这是个体价值观出现多元化、个性化趋势也无法改变的现实。每一个人，包括研究生在内，都是社会人，都需要共同生活在社会之中，这就"要求人们交往交流、互相帮助，也需要人们为生活共同体的发展制定目标和行为规范，而价值共识为这些目标与规范提供依据"①。社会主义核心价值观实际上就是这样的价值共识，包括自由、平等、公正、法治、诚信、友善，为人们的共同生活和社会发展提供了基本的价值遵循。当然，针对研究生的公德教育远不止于此，还包括社会责任感、奉献精神、公益精神等都应该属于公德教育的范畴，致力于将研究生培养成为自由、平等、公正、法治的中国特色社会主义社会的引领者。如果说理想信念教育是研究生的顶层教育，那么公德教育就是教导研究生如何融入社会生活、如何参与社会交往的底线教育，注重研究生基本价值准则的养成。也就是说，研究生社会主义核心价值观培育要将公德教育视为底线，保证研究生成长为具备社会公德、引领社会风尚的群体。除此之外，公德教育还应该引导新时代研究生自觉承担在构建人类命运共同体中的责任和自觉恪守人类共同生活与交往的价值准则。

最后，个人素质教育是研究生社会主义核心价值观培育的基础内容。社会主义核心价值观中的敬业、诚信、友善，都可以看作对个人素质的要求。除此之外，针对中国青年，还有更多具体的个人素质要求。一方面，新时代的中国青年要有艰苦奋斗、砥砺前行的精神，"勇做走在时代前列的奋进者、

---

① 杨佩，李建群.后哲学话语背景下价值共识的可能性探究[J].学术界，2018（2）：139-148.

开拓者、奉献者，毫不畏惧面对一切艰难险阻"①；另一方面，新时代的中国青年要努力储备更多的科学知识，努力具备更强的学习能力和专业技能，努力开阔自己的视野、拓宽自己的思维，无论是在认识水平、思想观念上，还是在个人能力、个人品格上都要能够跟上当今时代的快速发展、信息的快速更迭、改革的持续深入和全球的逐渐交融。具备这些素质是研究生成长为新时代高层次人才的基础，所以，个人素质教育不仅是研究生社会主义核心价值观培育的重要组成部分，而且为顺利、有效进行公德教育、政治教育、爱国主义教育、理想信念教育提供重要基础，促进研究生对个人与社会、个人与国家、个人与世界之间关系的更好理解。

四、新时代研究生社会主义核心价值观培育维度

研究生社会主义核心价值观培育目标的进一步明确和培育内涵的进一步挖掘充分展现了新时代培育工作的复杂性和层次性。这就要求对新时代研究生社会主义核心价值观培育合理地划分维度，以落实培育工作的具体任务，指导培育工作的具体方向。可以说，研究生社会主义核心价值观培育维度的划分，就是将明确的培育目标和丰富的培育内涵进行整合，使培育工作的进行更合理、更有效、更具方向性。针对培育维度划分，已经有诸多学者研究并得出结论。有的学者基于社会主义核心价值观具备的真、善、美的本质，为培育和践行社会主义核心价值观提出要求，即揭示"真"、弘扬"善"、展现"美"；②有的学者认为应该在高校建设全面的、完备的社会主义核心价值观培育体系，提出人才培养、科学研究、社会服务、文化传承创新是社会主义核心价值观培育必须包含的四个维度；③有的学者认为在进行社会主义核心价值观培育时，要格外关注中华民族传统文化中蕴含的丰富培育资源，一方

---

① 习近平.在纪念五四运动100周年大会上的讲话[N].人民日报，2019-05-01（2）.

② 肖如恩，程样国.培育和践行社会主义核心价值观的三重维度[J].求实，2017（6）：13-20.

③ 何伟，敖四江，朱必法.高校培育和践行社会主义核心价值观的四个维度[J].学校党建与思想教育，2015（2）：34-36.

面要能够应对西方价值观的冲击和挑战，另一方面要树立坚定的中国特色社会主义文化自信。① 但是，现有的这些维度划分主要还是侧重于解析社会主义核心价值观培育的本质，或者是直接对社会主义核心价值观培育提出要求、提供具体方法，还不能为培育工作的进行提供更加明确、具体的方向。这样看来，从什么角度出发，是研究生社会主义核心价值观培育维度划分的重要问题。研究生社会主义核心价值观培育关键在于新时代高层次人才的培养，这应该是一切有关培育工作问题的出发点。已经有学者从育人的角度出发，认为对青年进行社会主义核心价值观培育就是要以新国家论、新社会论和新公民论来培育青年。② 这实际上还是以社会主义核心价值观基本内容的三个倡导为依据，只不过从育人的角度对三个倡导进行了重新的解读，将社会主义核心价值观还原为人的价值观维度，③ 统一了三个倡导的价值主体。在此基础上，结合将研究生培养为具备高本领、高品德、高素质，对社会、国家乃至世界具有高度责任、高度担当、高度热爱的新时代高层次人才的目标，研究生社会主义核心价值观培育应该是立体的，包括新个人发展、社会、国家、世界四个培育维度，引导研究生对自我、社会中的自我、国家中的自我和世界中的自我的正确认知，自觉承担和践行对社会、国家和世界的责任，树立坚定的理想信念。

新个人发展培育研究生的维度，就是要引导研究生追寻正确、积极的生活方式，遵循五个基本原则，即敬业、诚信、友善、勇于砥砺奋斗和敢于改革创新。社会培育研究生的维度，就是要引导研究生更好理解中国特色社会主义社会的价值要求，担负起维护社会自由、平等、公正、法治，引领社会新风尚的责任。国家培育研究生的维度，就是要持续深化研究生对中国特色社会主义的理解，进而提升研究生对中国特色社会主义国家的认同感、归属感和热爱程度，最终牢固树立对中国梦和中国特色社会主义的理想信

---

① 魏华. 培育社会主义核心价值观的三个维度[J]. 人民论坛，2017（21）：132-133.

② 刘家俊，赵松强. 社会主义核心价值观培育青年的"三个维度"[J]. 中国青年研究，2016（7）：39-43，57.

③ 徐海峰. 社会主义核心价值观研究需要深入探讨的几个问题[J]. 社会主义研究，2014（4）：26-32.

念，积极投身于建设富强、民主、文明、和谐、美丽的社会主义现代化强国。世界培育研究生的维度，就是要引导研究生以人类命运共同体理念为指导，参与建设"持久和平、普遍安全、共同繁荣、开放包容、清洁美丽的世界"①。

第二节 研究生社会主义核心价值观培育的基本现状

习近平总书记在学校思想政治理论课教师座谈会上指出，"在大中小学循序渐进、螺旋上升地开设思想政治理论课非常必要，是培养一代又一代社会主义建设者和接班人的重要保障"②。这就要求我国的思想政治教育，包括社会主义核心价值观培育都应该更加符合受教育人群的认知特点、更加关注受教育人群的实际需要。就目前研究生群体接受的社会主义核心价值观培育来看，虽然从国家和学校层面均表现出高度重视，并投入大量的师资力量，但是，无论是培育的路径和方法、对受教育者的关注和分析，还是研究生实际表现出的参与度，都未能表现出培育对研究生群体足够的针对性。这就是当前研究生社会主义核心价值观培育我们必须面对的基本情况，即研究生社会主义核心价值观培育仍然表现出明显的问题和不足。这些问题和不足大体上可以归为三点，即研究生社会主义核心价值观培育的针对性不够、对研究生思想动态和形成规律的掌握不准确，以及研究生对社会主义核心价值观培育的参与度不高。

一、研究生社会主义核心价值观培育的针对性不够

"培育社会主义核心价值观不能泛泛而谈，针对不同的群体，培育社会主

---

① 习近平. 决胜全面建成小康社会 夺取新时代中国特色社会主义伟大胜利 [N]. 人民日报，2017-10-28（1）.

② 张烁. 用新时代中国特色社会主义思想铸魂育人 贯彻党的教育方针落实立德树人根本任务 [N]. 人民日报，2019-03-19（1）.

义核心价值观应该有不同的侧重点和方式方法"①，关于这点，党和国家已经作出相应的指示。尤其是对研究生思想政治理论课作出的相关调整中就指出，课程的层次性是研究生思想政治理论课课程设置进行调整的原则之一，旨在"着力构建高校思想政治理论课教学体系，形成本科、硕士、博士思想政治理论课基本内容相衔接、层次要求有区别的课程设置和教学体系"②。相较于在本科生思想理论课中教授社会主义核心价值观的基本内容、历史底蕴、现实基础、道义力量以及引导本科生扣好人生的扣子、勤学修德明辨笃实，③研究生社会主义核心价值观培育的相关内容则不再停留于基础知识，而是对研究生对中国特色社会主义的整体把握和理想信念有了更高的要求。在硕士研究生阶段要求设置"中国特色社会主义理论与实践研究"必修课程，在本科阶段学习的基础上，进一步深入了解中国特色社会主义的发展脉络、进一步深入学习和掌握中国特色社会主义理论、进一步深入分析并厘清当前中国特色社会主义实践面临的机遇和挑战、进一步坚定对中国特色社会主义的信心和信念。④与此同时，还开设"自然辩证法概论"和"马克思主义与社会科学方法论"两门选修课程，以分别培养硕士研究生的创新精神、创新能力、理论思维能力和学习研究哲学社会科学的科学方法。博士研究生阶段开设的必修课程"中国马克思主义与当代"则进一步将培育视界扩大至对当今世界范围内重大社会问题、政治问题、经济问题、科学技术热点、社会思潮和理论热点的探讨，而探讨和分析都是在马克思主义基本观点上进行的，以此来提升博

---

① 邱仁富.培育社会主义核心价值观的问题意识［J］.毛泽东思想研究，2015（2）：100-106.

② 教社科〔2010〕2号.中共中央宣传部 教育部关于高等学校研究生思想政治理论课课程设置调整的意见 http://www.moe.gov.cn/srcsite/A13/moe_772/201008/t20100806_108814.html.

③ 本书编写组.思想道德修养与法律基础（2018年版）［M］.北京：高等教育出版社，2018：74-88.

④ 教社科〔2010〕2号.中共中央宣传部 教育部关于高等学校研究生思想政治理论课课程设置调整的意见 http://www.moe.gov.cn/srcsite/A13/moe_772/201008/t20100806_108814.html.

士研究生运用马克思主义基本观点分析问题、解决问题的能力。[①]针对博士研究生开设的"马克思主义经典著作选读"选修课程则致力于通过对经典著作的研读，进一步提升博士生对马克思主义基本原理的理解和领悟。[②]硕士研究生阶段必修课使用的新版教材《中国特色社会主义理论与实践研究》在"中国特色社会主义文化建设"章节中编入培育和践行社会主义核心价值观的相关内容，包括当代中国精神的集中体现，强化教育引导、实践养成、制度保障以及加强思想道德建设三部分内容。[③]博士研究生阶段必修课使用的新版教材《中国马克思主义与当代》在第三章"当代世界文化"的第二节"当代主要社会思潮"中提到社会主义核心价值观应该对当代中国的社会思潮形成引领，是建构当代中国社会价值共识的重要手段和渠道。[④]

但是，实际的培育工作对党和国家的要求并没有实现很好的落实。首先，从培育形式和培育内容来看，面向研究生群体的社会主义核心价值观培育与面向本科生群体的社会主义核心价值观培育在实践中并没有太大的区别。通常采用的培育形式均是以课堂教育、校园活动为主。同样，教育和活动的内容也没有根据受教育者群体所处培养层次的不同作出明确的区分，也没有特别遵照研究生培养的目标和要求，因为研究生群体要成长为新时代的高层次、高水平人才，需要加深其对中国特色社会主义的理解、认同并且加固其对中国特色社会主义、中国梦的理想信念。其次，从培育的效果来看，相较于本科生，研究生群体在个人品德、社会责任、国家认同和理想信念等方面并没有呈现出绝对的优势。当前存在的各类不文明、不道德，或者是有损国家形

[①] 教社科〔2010〕2号.中共中央宣传部 教育部关于高等学校研究生思想政治理论课课程设置调整的意见 http://www.moe.gov.cn/srcsite/A13/moe_772/201008/t20100806_108814.html.

[②] 教社科〔2010〕2号.中共中央宣传部 教育部关于高等学校研究生思想政治理论课课程设置调整的意见 http://www.moe.gov.cn/srcsite/A13/moe_772/201008/t20100806_108814.htm.

[③] 本书编写组.中国特色社会主义理论与实践研究（2018年版）[M].北京：高等教育出版社，2018：135-140.

[④] 本书编写组.中国马克思主义与当代（2018年版）[M].北京：高等教育出版社，2018：98-101.

象、国家利益的事件，其行为人也不乏研究生。也就是说，至少目前还不能说研究生群体的整体素质、社会责任感、国家认同感以及理想信念就优于其他群体，研究生的高知识和高本领没有与高素质、高担当、高理想相匹配，存在知行脱节的现象。

二、对研究生思想动态和形成规律的掌握不准确

经过近些年来的大力宣传和培育，社会主义核心价值观得到了广泛弘扬，普遍加深了研究生群体对社会主义核心价值观基本内容的了解，也促成了研究生群体对社会主义核心价值观的基本认同。但是，这种了解和认同还是流于表面，与研究生社会主义核心价值观培育目标还有一定距离。这是研究生社会主义核心价值观培育面临的现实困境，而很多培育研究和实践忽略或回避了这一问题，一味地在形式的变化和方法的多样上面下功夫，使培育难以"对症下药"，与培育目标渐行渐远。进一步说，进入新时代，发展不平衡不充分是我国社会主要矛盾的根源，而"物质文明与精神文明发展的不平衡不充分"①是其重要表现形式，这在研究生群体中也有较为明显的表现。这一方面是由我国内部经济迅速发展、社会结构分化造成的，另一方面也受到全球化背景下西方价值观念流入的影响，二者均表现为研究生群体中存在个体价值认知缺失的现象，有以下三种具体表现。

第一，存在理想信念消退的现象。马克思认为人本质上具有二重性，人类的生存既受到自然条件的限制，又因为内在精神的引领一步步实现对自然条件限制的超越。可以说，人类发展至今取得的一切成果和成就都是这种二重性内在张力作用的结果。但是，物质文明的极大发展和西方资本逻辑、意识形态"很大程度上消解了人对现实社会的反思与超越精神"②，研究生群体中的一部分人沉迷于物质给自己带来的满足，盲目推崇西方所谓的自由和

---

① 邹广文，田书为. 当代中国的文化自信及其建构路径 [J]. 社会主义核心价值观研究，2017（5）：28-35.

② 王贵贤，田书为. 新时代中国社会主要矛盾的重要表现及其超越——基于培育和践行社会主义核心价值观的视角 [J]. 社会主义核心价值观研究，2018（4）：43-49.

平等，以至于在社会生活和社会交往中不再坚守对中国特色社会主义和中国梦的信念、信仰和理想，成为中国特色社会主义事业的"旁观者"和"反对派"。

第二，存在价值取向模糊的现象。"价值取向是主体在面对或处理各种矛盾、冲突，做出选择时所持的基本价值立场和态度"[①]，为个人的社会生活和社会交往提供总的方向。随着经济的不断发展、改革的不断深化，人们的生活方式越来越多样化。生活方式的多元化，冲破了以往人们价值取向的同一性。一些研究生在物质诱惑、金钱诱惑和权力诱惑下逐渐形成庸俗、消极的价值取向，甚至取得研究生学历也成为其谋取更多利益的渠道，而不是为了接受更高水平的教育以成长为更高层次的人才。任由这种价值取向自由地发展不仅危害研究生个人的精神生活，还影响着研究生群体整体的精神面貌、冲击着我国社会的主流价值取向，为社会主义核心价值观培育的有效进行带来阻力。

第三，存在价值标准混乱的现象。社会结构分化促成人们利益的分化，而个人利益是在社会生活和社会交往中人们最常用的价值标准。但是，在现实生活中，一些研究生对个人利益的实现缺乏正确的理解和态度，不懂得利益的衡量和取舍，造成自身价值标准的混乱，往往为了保全个人的眼前利益不惜伤害他人、集体甚至国家的利益。

一直以来，个体的价值认知、思想状态都被看作影响社会风气风貌、主流价值观乃至社会发展走向的一个因素。尤其是党的十九大以来，随着习近平总书记对社会主义核心价值观培育在培养时代新人方面发挥的作用寄予厚望，提出社会主义核心价值观培育工作的进展要围绕时代新人的培养进行，个人的塑造就与民族的复兴紧密结合在一起，个体的价值认知和思想状态越来越受到关注。社会主义核心价值观培育在人民群众中所要构筑的中国精神和中国价值与其他任何国家追求的文化和精神有着根本不同，这个根本就在于以人民为中心，在于其人民性。[②] 所以，人是实现"两个一百年"奋斗目标和中国梦伟

[①] 韩桥生.当代中国道德价值共识的困境与建设路径［J］.江西社会科学，2017（4）：21-26.

[②] 袁久红.构筑新时代中国文化精神的思想指引［J］.江西社会科学，2018（6）：5-10.

大目标的决定因素,也是中国特色社会主义文化发展的根本,必然影响着社会主义核心价值观培育的效果。"社会主义核心价值观建设,说到底是人的思想建设、灵魂建设,聚焦的是造就具有正确世界观人生观价值观的建设者"①,应该着重发挥社会主义核心价值观在个体发展方面的价值观引领和价值观体系完善的重要作用,从而找到社会主义核心价值观培育的切入点。正如有的学者认为应该重视个人对凝聚共识的影响,提出"人类思维的主观能动性及精神需求的内在冲动为核心价值体系凝聚共识提供了一个无限的可能"②;还有的学者提出中国精神、中国价值的构筑"要求我们更加关注中国精神、中国价值走进人心、深植人心的规律,有效引导先进精神和价值赢得人心、掌握群众"③,使得我们在研究生社会主义核心价值观培育中必须关注研究生群体的思想动态,并且分析和掌握形成的规律,这是进行针对性培育的前提。但是,目前的研究生社会主义核心价值观培育对研究生的思想动态并没有进行细致的了解,也没有投入过多的精力对思想规律进行分析,甚至还对当前研究生群体中存在的个体价值认知缺失缺乏认识,这一定程度上导致了培育效果处于瓶颈期的现状,影响了培养研究生成长为新时代高层次人才的进程。

三、研究生对社会主义核心价值观培育的参与度不高

研究生社会主义核心价值观培育的有效进行不仅受到培育形式、培育内容和培育方法的影响,还很大程度上取决于研究生对培育的参与度。如果研究生能够积极地参与到社会主义核心价值观培育中来,接受教育者的引导并且就自身遇到的价值困惑和价值认知问题进行互动交流,就会扩大培育的作用,反之,培育就难以对研究生的世界观、人生观和价值观形成影响。当前,研究生的低参与度也是社会主义核心价值观培育不得不面临的主要问题之一。一方面,从研究生的主观条件来看,研究生认知水平和认知能力处于较高层

---

① 中共中央宣传部.习近平新时代中国特色社会主义思想三十讲[M].北京:学习出版社,2018:197.

② 柯利.社会主义核心价值观体系凝聚共识的动力因素与影响机理[J].重庆社会科学,2014(5):67-74.

③ 沈壮海.更好构筑中国精神、中国价值、中国力量[J].求是,2018(2):19-21.

次，并且相较于本科生拥有更加丰富的知识储备和实践经验，这决定了研究生群体本身应该具备更加完善和更加稳定的精神文化体系。这意味着研究生群体在价值认知和实践选择方面更有自己的主见，也就更难以受到他人影响。换句话说，在社会主义核心价值观培育中，参不参与、接受不接受，研究生群体都有自己的选择，要想完善或是改变研究生群体的价值观念体系有较大的难度。另一方面，从培育的客观条件来看，在研究生培养阶段，社会主义核心价值观培育普遍还是以课堂教育和校园活动方式进行，但是相较于本科生阶段，承担社会主义核心价值观培育任务的思想政治教育理论课课程设置较少，研究生以科研为重，培养方式比较自由，校园活动参与度相对较低。这两方面共同作用，使社会主义核心价值观培育在很多研究生看来不是研究生培养阶段的重要内容，失去了本该占据的重要地位。

第四章

研究生社会主义核心价值观培育现状的实证研究

上一章在描述研究生社会主义核心价值观培育的基本现状时已经提到，实际的培育活动存在针对性不够、对研究生思想动态和形成规律把握不准、研究生培育参与度不高三个现象，这为研究生社会主义核心价值观培育的推进带来了困难。而致使培育中出现这三个现象的原因实际上只有一个，归根结底就是研究生群体作为参与到培育之中的受教育者，其对社会主义核心价值观培育效果产生的影响被低估，甚至是被忽视了。尤其是研究生业已形成的价值观念或者思想状态在培育中，既有可能与培育传授的社会主义核心价值观基本相符，也有可能不完全相符甚至相悖。那么当研究生的价值观念和思想状态在培育中与社会主义核心价值观相遇时，理解还是不理解、认可还是不认可、接受还是不接受、信仰还是不信仰就有了很大差别。可以说，这切实影响着社会主义核心价值观对研究生世界观、人生观、价值观的引导力。这还只是对这一问题的初步判断，在实际的培育活动中，研究生自身的价值观念和思想状态是否真正影响着社会主义核心价值观的培育效果，还需要做进一步的论证。本研究对1000名在校研究生进行了问卷调查，并且对调查得到的数据结果进行统计分析，以期证实或证伪这一问题。同时，问卷调查还对当前研究生社会主义核心价值观的培育情况，包括培育内容、培育方式、培育方法等具体内容进行了一个基本的、直观的了解。

第一节　问卷调查情况说明

一、研究生社会主义核心价值观培育现状的调查背景

自党的十八大提出社会主义核心价值观以来，随着高校社会主义核心价值观培育实践的广泛开展以及培育研究的不断深入，越来越多的学者对培育的实际成效以及影响培育成效的因素产生关注，并且试图通过问卷调查的方法进行研究，也形成了一定数量的研究成果。要对社会主义核心价值观培育成效进行实证研究，就涉及要对被试者的价值观做相关测量，这一直是价值观研究中的一个难点。关于价值观测量，国外学者已经做了诸多探索，并且发展了几种常用的价值观测量问卷：奥尔波特（Allport）编制的价值观研究量表（Study of Values）可以用来测量理论、经济、政治、社会、审美、宗教6种基本价值观对于个体的相对强度；莫里斯（Morris）编制的生活方式问卷（Ways to Live Questionnaire）通过对13种生活方式的界定和描述测量人们对生活方式的选择倾向；罗基奇（Rokeach）编制的价值观调查表（Values Survey）将18种具体的价值观分为终极性价值观和工具性价值观两类，根据人们对18种具体价值观的排序测量其对于人们的重要性；萨珀（Super）编制的职业价值观量表（Work Values Inventory）分内在职业价值、外在职业价值和外在报酬三个维度考察人们在职业选择时重点考虑的因素。[1]虽然这些问卷在测量中表现出较高的信度和效度，但是因为文化差异、认知习惯等因素，西方的价值观量表可能并不适用于测量中国人的价值观，而是需要以西方价值观量表作为参考发展适用于中国文化和中国人价值观特点的量表。中国社会中由来已久的差序格局决定了相较于西方国家的公民，中国人的价值观除了表现为个人的选择和意愿，更表现为对所处社会的价值和文化的认同。并且，中国人往往是通过这种认同获得自己的社会身份和自我认同

---

[1] 黄希庭，郑涌，等.当代中国青年价值观研究[M].北京：人民教育出版社，2005：18-19.

的。① 从这个意义上来说，对社会主义核心价值观认同度的测量不仅仅呈现了广大人民群众对社会主义核心价值观的接受度和认可度，更重要的是在一定程度上反映了当代中国人的价值观现状。那么，社会主义核心价值观培育实证研究的意义就不局限于对培育成效的考察和对培育现状的分析，而是对中国人价值观现状的考察和分析都具有重要意义。

针对大学生（包括本科生和研究生）进行的社会主义核心价值观培育实证研究已然形成了一定数量的研究成果，其中已经有众多学者不断尝试发展更加科学、合理、完善的价值观量表。设计这些量表的目的，一方面，是为了了解大学生价值观，尤其是理解、认可、接受、信仰社会主义核心价值观的实际情况；另一方面，是为了挖掘影响大学生社会主义核心价值观培育成效的因素。为了达到目的，问卷调查的科学性和合理性是关键，而它是否科学、合理，则是由问卷设计和分析工具二者共同决定的。

首先，已经有众多学者为了了解大学生价值观，尤其是理解、认可、接受、信仰社会主义核心价值观的实际情况，尝试为问卷设计多种维度划分的标准、设立不同的考察指标，并且运用不同的分析工具对所得数据进行分析。在有关大学生社会主义核心价值观培育现状的考察中，学者们提出了多种维度划分的可能。许婵媛等为了考察研究生社会主义核心价值观的认知现状，为问卷设计了三个维度：其一，研究生对社会主义核心价值观重要性和基本内容的认知、认可程度；其二，研究生对自己及周围群体社会主义核心价值观认知和践行的评价；其三，影响社会主义核心价值观传播效果的因素。② 研究结果显示，当前研究生对社会主义核心价值观的重要性是普遍认知和认可的，也普遍表现出愿意维护国家利益和集体利益的意愿，但是相对于国家和社会的发展还是更加关注自身的发展。同时，研究生价值观虽然受到包括社会、家庭、朋辈因素在内的周围环境影响，但是已经具有较强的自我选择意识，相反教师因素和传统的宣传方式并不是影响研究生对社会主义核心价值观认知度的主要因素。在关于大学生社会主义核心价值观的认同研究中，王

---

① 王贺.当代青年社会主义核心价值观认同之测度与评价[J].高教发展与评估，2018（3）：100-112，118.

② 许婵媛，于伟，张颖.研究生对社会主义核心价值观认知的现状分析[J].学校党建与思想教育，2017（22）：40-42.

贺是根据社会主义核心价值观本身的三个层面来划分测量维度的，并且做了相应的可操作性定义，研发出大学生社会主义核心价值观认同量表。[①] 除此之外，在《当代青年社会主义核心价值观认同之测度与评价》中，王贺进一步发展和细化了问卷的测量维度。他将社会主义核心价值观包含的12种具体价值观分为四个内部指标系统。其中富强、民主、爱国构成政治价值观维度；文明、和谐、法治构成社会价值观维度；自由、平等、公正构成人生价值观维度；敬业、诚信、友善构成自我价值观维度。同时，他还将价值目标、价值取向、价值标准设置为外部指标体系，得出当前青年群体社会主义核心价值观的认同水平处于"良"。[②] 邢鹏飞在大学生社会主义核心价值观认同和培育现状的研究中，设置了两个维度，即认同现状和认同影响因素。其中，认同现状维度下设立了知识知晓度、认知认同度、情感认同度、价值践行度四个具体指标，而认同影响因素维度下则设立了政治观、生活满意度、人生观、民主社会主义和新自由主义思潮五个具体指标。[③] 调查数据显示，大学生群体中，对社会主义核心价值观呈现出高度知晓和高度喜好者较少，同时，在日常生活和学习中较少有大学生主动去了解相关理论信息。这就说明，大学生对社会主义核心价值观的认同还不是缘于理性认知和情感喜好，而是一种朴素性认同。同时，在这种认同中除对社会主义核心价值观的知识知晓起直接作用以外，政治观、生活满意度、人生观和社会思潮也对认同形成影响，并且政治观的中介变量作用尤为显著。郭朝辉分别为社会主义核心价值观的12个具体价值取向各设计了两个指标，共计24个指标以测量大学生对社会主义核心价值观的认同现状。调查显示，国家层面、社会层面、公民层面的认同度均分分别为82.40、81.32、82.61，均处于"良好"等级。[④] 在关于大学生社

[①] 王贺.大学生社会主义核心价值观的认同与评价[J].高教发展与评估，2016(5)：108-116，124.

[②] 王贺.当代青年社会主义核心价值观认同之测度与评价[J].高教发展与评估，2018(3)：100-112，118.

[③] 邢鹏飞.大学生社会主义核心价值观认同现状与培育对策调查研究[J].高校教育管理，2018(2)：117-124.

[④] 郭朝辉.当代大学生社会主义核心价值观认同感实证研究[J].西南民族大学学报(人文社会科学版)，2014(9)：210-215.

会主义核心价值观践行状况的调查研究中，郭朝辉将大学生对社会主义核心价值观的践行设为因变量，并且根据大学生的实际生活设置了五个测量维度，分别是诚实守信、仁爱友善、公平正义、正确处理个人与国家集体的关系和遵纪守法。此外，他还设置了五个自变量，分别是个人基本情况、家庭环境、学校思想政治教育情况、传媒因素、社会主义核心价值观的认知与认同。实际上，这五个自变量就是他所预测的，可能对社会主义核心价值观践行情况造成影响的五个因素。调查显示，大学生五个维度的践行状况总体来看均不太乐观，群体内部呈现出较大的差异，而设计的五个影响因素都对大学生社会主义核心价值观的践行形成影响。[1]在对大学生社会主义核心价值观培育现状进行分析时，学者们也尝试运用了多种研究方法。其中，比较常用的就是回归分析和结构方程分析。

其次，在探究和分析大学生社会主义核心价值观培育效果的影响因素方面，也形成了许多基于实证调查的研究成果。闫惠惠利用结构方程模型分析高校社会主义核心价值观认同的影响因素，将价值观认同设置为内生潜变量，现实引导、规范养成、高校教育和舆论宣传为四个外生潜变量，共计五个无法直接观测到的潜变量。每个潜变量又通过可观测变量来进行测量，内生潜变量下的可观测变量为价值观了解、价值观熟知、价值观评价和价值观践行，现实引导下的可观测变量为现实评价、制度引导和法律引导，规范养成下的可观测变量为奖惩导向和规范引导，高校教育下的可观测变量为价值观实践和教育，舆论宣传下的可观测变量为宣传途径和内容。通过结构方程模型分析得出现实引导、规范养成、高校教育、舆论宣传四者对大学生社会主义核心价值观认同影响显著，呈正相关的关系。[2]魏晓文和修新路认为大学生社会主义核心价值观认同的影响因素分为外部因素和内部因素。外部因素包括社会政治经济环境、网络舆情环境、大学文化、教师言传身教、朋辈群体五个具体因素，而内部因素则是大学生认同社会主义核心价值观的主观意愿，这

---

[1] 郭朝辉.当代大学生社会主义核心价值观践行状况及影响因素研究[J].国家教育行政学院学报,2015(1):81-86.

[2] 闫惠惠.基于结构方程模型的高校价值观认同影响因素统计检验[J].统计与决策,2018(15):116-119.

种意愿是建立在自身需求基础之上的。[①]在问卷设计中外部因素被设置为自变量，内部因素被设置为中介变量，而问卷的因变量是大学生社会主义核心价值观培育效果。通过分析调查结果显示，良好的政治经济环境、健康的网络舆情环境以及教师的言传身教都显示出对大学生社会主义核心价值观认同的正面影响，而经常被学者们视为培育重要路径的大学生文化环境，实际上并没有显著地影响到大学生的社会主义核心价值观认同度。除此之外，朋辈群体不仅显著性较低甚至呈现出负向影响。[②]吴俣在微文化视域下试图了解研究生社会主义核心价值观培育的现状，并且试图探究培育效果的影响因素。研究生对社会主义核心价值观的概念认知、情感认同、行为实践被设置为研究的三个因变量，个体特征、目标设置、培育环境被设置为研究的三个自变量。其中，个体特征包括的自我效能感和自我需求，培育环境包括的内容资源、信息搜索、交流协作和载体条件，与目标设置一起被看作影响社会主义核心价值观培育效果的七个因素。调查结果显示，研究生对社会主义核心价值观的知晓度和认同度普遍良好，个体特征、培育环境和目标设置都可以对培育效果产生积极的影响，其中培育环境中的交流协作和内容资源对培育效果形成的影响最大。[③]

总体来看，高校社会主义核心价值观培育的相关实证研究成果虽然数量不算多，但是无论是从维度的划分、变量的设置、研究模型的构建，还是从分析方法的运用上，都逐渐具备一定的科学性和合理性，为之后的实证研究提供了诸多参考。但是，与此同时也存在一些需要进一步发展的方向：其一，在培育成效的影响因素中外部因素的考量较多，而对培育对象内部因素的考量较少，并且内部因素的维度划分和变量设定依然不够完善；其二，在测量社会主义核心价值观认同度的问卷设计中，经常采取李克特量表的形式将"很不认同"到"非常认同"设置为1分到5分，而又普遍较为明显地设置为

[①] 魏晓文，修新路.大学生社会主义核心价值观认同的影响因素与培育对策[J].大连理工大学学报（社会科学版），2018（5）：96-104.

[②] 魏晓文，修新路.大学生社会主义核心价值观认同的影响因素与培育对策[J].大连理工大学学报（社会科学版），2018（5）：96-104.

[③] 吴俣.微文化视域下研究生社会主义核心价值观培育研究[D].中国地质大学博士学位论文，2017.

包含具体价值取向的问题，对于被试者来说"认同"本身就是一个较为专业的用语，难以对是否认同做出明确的选择，这样的问题设置以及测量形式，可能使被试者的结果带有潜意识的认同趋向性，无法测量出真实的认同现状。如在大学生对国家层面价值目标的认同量表中，以"政府应该提倡在各级会议和活动中营造各抒己见、畅所欲言的民主氛围""应把文明作为中国特色社会主义的精神追求""团结和睦的社会环境是实现民族复兴的前提和基础"[1]分别作为民主、文明、和谐认同度的题项并且要以是否认同作为选项时，就较难呈现出大学生的真实认同状况。在本研究中，将尽量完善问卷设计，为挖掘影响研究生社会主义核心价值观培育成效的因素提供实际参考。

二、研究生社会主义核心价值观培育现状的问卷设计

研究生社会主义核心价值观培育现状主要采用问卷调查的研究方法进行。"问卷（questionnaire）是社会调查的资料收集工具，是一套有目的、有系统及有顺序的问题表格设计"[2]，所以本研究中使用的问卷在设计时要满足一定的研究目的。首先，研究生社会主义核心价值观培育现状的调查问卷是要对现实培育活动中的内容、形式、方法等情况进行了解，从而为理论研究提供现实基础，为找准理论研究的着力点和发展方向提供现实依据；其次，调查需要了解研究生社会主义核心价值观培育效果的基本现状，具体来说，就是了解目前研究生对于社会主义核心价值观的认知、认同、践行状况，既要对社会主义核心价值观在研究生群体的价值观体系当中所处的位置做出实际判断，也要对研究生社会主义核心价值观培育至今所取得的成绩做出正确的认识；最后，培育还要对研究生的价值观念和思想状态影响其社会主义核心价值观认知、认同、践行这一论断进行证实或证伪，这有助于还原和刻画研究生在社会主义核心价值观培育中的认知事实，进而为培育方法的改进和培育成效的提升提供新思路。因此，问卷的设计也应该相应地涵盖以上三个目的的内

---

[1] 郭朝辉.当代大学生社会主义核心价值观认同感实证研究[J].西南民族大学学报（人文社会科学版），2014（9）：210-215.

[2] 风笑天.社会调查方法（第二版）[M].北京：中国人民大学出版社，2016：83.

容。此前学者们编制的关于大学生（包括本科生和研究生）社会主义核心价值观培育效果的一系列问卷已经在研究中得到了较好的信度和效度表现，本研究中将在这些问卷的基础上拟制更加贴近研究目的的问卷，主要分为三个部分：

第一，为了了解研究生社会主义核心价值观培育内容、形式、方法的现状，问卷设置了社会主义核心价值观培育情况部分，包括社会主义核心价值观培育内容、培育形式和培育方法三个维度。这一部分为自编问卷，考察当前研究生实际接触和参与的社会主义核心价值观培育情况。虽然社会主义核心价值观的基本内容被明确凝练为三个层面共12个具体的价值取向，但是这并不意味着社会主义核心价值观就是这12个价值取向，也不意味着社会主义核心价值观培育只是12个价值取向的传授和解析。早在《关于培育和践行社会主义核心价值观的意见》中就指出12个价值取向"为培育和践行社会主义核心价值观提供了基本遵循"[1]，而道德教育、精神文明教育、优秀传统文化教育、革命传统教育等都是涵养社会主义核心价值观的重要内容。同样，在全国教育大会上习近平总书记强调要在坚定理想信念上下功夫、要在厚植爱国主义情怀上下功夫、要在加强品德修养上下功夫、要在增长知识见识上下功夫、要在培养奋斗精神上下功夫……[2]实际上，在教育全过程中这些任务较多地落在了社会主义核心价值观培育上。所以，社会主义核心价值观培育不仅包括基本内容，还包括爱国主义教育、优秀传统文化教育等更为细化的内容。考虑研究生培养的实际情况，为社会主义核心价值观培育内容这一维度设计2个题项，一个了解在研究生培养阶段被试者所在院校是否专门设置了以培育社会主义核心价值观为主要内容的课程、讲座或者活动；另一个则是了解被试者所在院校的社会主义核心价值观培育涉及哪些具体的培育内容。由于在研究生阶段，随着科研要求和难度的提高，学术道德经常对研究生科研中的权衡和选择起到约束作用，所以在培育内容中特别加入了学术道德教育选项。社会主义核心价值观培育形式是考察被试者所在院校除了传统的课堂教育以

---

[1] 中共中央办公厅印发《关于培育和践行社会主义核心价值观的意见》[N].人民日报，2013-12-24（1）.

[2] 张烁.坚持中国特色社会主义教育发展道路 培养德智体美劳全面发展的社会主义建设者和接班人[N].人民日报，2018-09-11（1）.

外是否还通过其他形式进行培育。尤其是研究生阶段实行的是导师负责制，在这里设置选项来了解导师是否实际参与到培育当中。这一维度下设计了3个题项。社会主义核心价值观培育方法则是了解在培育过程中被试者是以何种方式参与到培育中，是单纯作为被动的听众，还是参与讨论，或是成为培育内容的宣讲者主动参与其中，共设计2个题项。

第二，为了了解社会主义核心价值观培育效果的现状，问卷设置了社会主义核心价值观培育效果部分，包括社会主义核心价值观认知、社会主义核心价值观认同以及社会主义核心价值观践行三个维度。虽然在本研究的第三章已经提出针对研究生群体进行的社会主义核心价值观培育已经不应该满足于受教育者表现出的高认知度、高认同度和高践行度，还应该进一步深化社会主义核心价值观对研究生的影响，如引导树立坚定的理想信念。但是，认知、认同、践行、信仰是研究生认识社会主义核心价值观的不同阶段，没有认知和认同，就谈不上践行，更谈不上信仰。根据当前研究生对社会主义核心价值观认识程度的实际情况以及学者们的研究成果，在这里对培育效果的测量依然还是选用认知、认同、践行三个指标。杨延圣和陈凯伦在对大学生社会主义核心价值观认同的调查研究中设置了知晓度和接受度两个维度，其中知晓度以社会主义核心价值观知晓比例及质量和知晓渠道两个指标进行考察。郭朝辉则认为除是否知晓社会主义核心价值观、正确认知社会主义核心价值观的情况以及认知渠道以外，关于大学生社会主义核心价值观认知的调查研究中还应该包括认为培育是否有必要的认知。[①] 许婵媛等着重对研究生的社会主义核心价值观认知情况进行考察，设计的题目"主要包括对核心价值观重要性及内容的认知、认可程度、对自己与周围群体认知及践行社会主义核心价值观的评价、影响社会主义核心价值观的传播效果因素的判断与评价等内容"[②]。基于以上研究，选取学者们普遍认可能够呈现出被试者社会主义核心价值观认知情况的指标，同时把对研究生社会主义核心价值观认知没有

---

① 郭朝辉. 大学生社会主义核心价值观的培育和践行研究 [D]. 中国矿业大学博士学位论文, 2015.

② 许婵媛, 于伟, 张颖. 研究生对社会主义核心价值观认知的现状分析 [J]. 学校党建与思想教育, 2017（22）: 40-42.

显著关联性的干扰指标去除，考虑为社会主义核心价值观认知维度设计三个调查指标，即社会主义核心价值观知晓度、社会主义核心价值观重要性评价、社会主义核心价值观培育必要性。社会主义核心价值观知晓度是了解被试者是否听说过社会主义核心价值观以及对基本内容所包含的三个层面、24个字的知晓程度，共设计3个题项。社会主义核心价值观重要性评价实际上是考察被试者所认为的社会主义核心价值观相关内容，包括国家发展、社会环境在内对自身发展的重要程度，共设计3个题项。社会主义核心价值观培育必要性评价则意在了解对于被试者而言，在研究生培养阶段是否还有必要进行社会主义核心价值观的相关培育。

以郭朝辉设计的大学生社会主义核心价值观认同量表[①]、吴俣设计的研究生社会主义核心价值观培育研究的调查问卷[②]以及杨延圣、陈凯伦设计的大学生群体社会主义核心价值观认同度量表[③]为基础，形成社会主义核心价值观认同维度的问卷，分为国家层面、社会层面、公民个人层面三个指标，每个指标下设计4个题项，共计12个题项。采用李克特的5级量表进行测量，但是1~5分分别代表非常不同意、不同意、无所谓、基本同意和非常同意，而不是直接代表从非常不认同到非常认同的认同程度。

在对大学生社会主义核心价值观践行状况进行测量时，郭朝辉为大学生的社会主义核心价值观践行做过操作性定义，认为其指的是"大学生将社会主义核心价值观具体化到自己的日常生活与实际行动中"[④]，并且因为社会活动范围的不同，不同社会群体的社会主义核心价值观践行程度也有所不同。在此基础上，根据大学生群体的日常生活行为和活动范围，他认为其社会主义核心价值观践行状况可以通过诚实守信、仁爱友善、公平正义、正确处理个

---

① 郭朝辉.大学生社会主义核心价值观的培育和践行研究[D].中国矿业大学博士学位论文，2015.

② 吴俣.微文化视域下研究生社会主义核心价值观培育研究[D].中国地质大学博士学位论文，2017.

③ 杨延圣，陈凯伦.大学生群体社会主义核心价值观认同调查研究——基于浙江省的实证调查[J].当代中国价值观研究，2016(6)：111-116.

④ 郭朝辉.当代大学生社会主义核心价值观践行状况及影响因素研究[J].国家教育行政学院学报，2015(1)：81-86.

人与国家集体的关系、遵纪守法5个测量维度来考察。虽然在具体行为和范围上存在细微差别，但是研究生的大致社会生活和社会交往还是与大学生较为相近。因此，在本研究的社会主义核心价值观践行维度下也设置诚实守信、仁爱友善、公平正义、正确处理个人与国家集体的关系、遵纪守法5个指标，并且参考郭朝辉和吴俣的调查问卷，各指标设计3个题项，共计15个题项，采用李克特5级量表测量。

第三，为了验证研究生价值观念和思想状态对社会主义核心价值观培育的影响，设置了对研究生个体价值观念和思想状态的测量。结合学习和生活所处的阶段，研究生群体已经普遍形成一定的价值观，并且能够对某一种观点、观念、思想做出价值评价和价值判断。但是，具体来看，研究生业已形成的价值观念体系不一定涵盖包括人生价值观、政治价值观、道德价值观、知识价值观、职业价值观、人际价值观、婚恋价值观等在内的全部具体价值观念。所以，本研究中研究生的价值观念部分主要是考察被试者是否具备一些作为研究生应该具备的价值观，并且能够对相应的价值观做出正确的评价。本研究中考虑研究生作为高学历群体和高层次人才的特点，选取人生价值观、政治价值观、道德价值观、职业价值观和人际价值观五个指标来测量其价值观念的情况。"人生价值观首先解决的是人为什么而存在的问题，即人活着的意义追寻；其次，它要应对怎样才能达到有意义的人生这样一个问题；最后，它还要回答怎样的人生才是有价值的，亦即人生存意义的判断标准问题"[①]，也就是说，人生价值观包含人生价值目标、人生价值手段和人生价值评价三个基本成分，这三者也就成为人生价值观指标下的三个次级指标，并且参考黄希庭等所做研究共设计5个题项。"政治价值观是一个多维的整体的结构"[②]，包括多达八个方面的要素，问卷中选取政治信任感和对现实的满意程度两个方面作为政治价值观指标的次级指标，各设计1个题项。其中，政治信任感又可称为政治态度，指的是被试者对国家、政府的信赖程度，而对现实的满

---

① 黄希庭，郑涌，等.当代中国青年价值观研究[M].北京：人民教育出版社，2005：47.

② 黄希庭，郑涌，等.当代中国青年价值观研究[M].北京：人民教育出版社，2005：84.

意程度则"主要指对社会现实（现实的物质生活、文化生活、政治生活和改革成效）的满意程度"①。道德价值观指标以万晓红的青少年道德价值观问卷为基础设置集体、利己、个人美德、公德、进取、协调六个次级指标，②并且各选取3个题项，共计18个题项。职业价值观指标根据黄雪娜和金盛华发展的本土化大学生职业价值观结构，分为面子声望、成长发展、务实重利、安逸满足、奉儒守德、集体主义、人际和谐、孝亲敬老八个次级指标，③各选取2个题项，共计16个题项。在人际价值观指标下设置人际价值目标和人际价值手段两个次级指标。其中，人际价值目标"是指人们思考、确定并追求的对其人际关系具有重要意义的人际交往目标"④，回答的是"人际交往是为了什么"⑤的问题。黄希庭等经过研究发现，虽然当代青年进行人际交往的目的普遍是积极向上的，多数是出于共同的理想和兴趣，在交往中也倾向于追求团结、合作、互利，但是也有少数青年在人际交往中表现出极端的自私自利。⑥以这一研究结果作为参考，本研究在人际价值目标这一次级指标下设计了2个题项。人际价值手段"是指人们为了达到人际价值目标而采取的途径和方法。它涉及'人怎样进行人际交往和人际相处'的问题"⑦，在此次级指标下设计3个题项。

研究生所处的需要层次往往影响着其在社会生活和社会交往中的思想状态，而个体需要层次则根据马斯洛需要层次理论分为生理需要、安全需要、

---

① 黄希庭，郑涌，等.当代中国青年价值观研究[M].北京：人民教育出版社，2005：84.

② 万晓红.青少年道德价值观的探索性研究[D].西南师范大学硕士学位论文，2003.

③ 黄雪娜，金盛华.大学生职业价值观结构的本土化研究[J].学习与探索，2013（2）：36-40.

④ 黄希庭，郑涌，等.当代中国青年价值观研究[M].北京：人民教育出版社，2005：202.

⑤ 黄娟.当代中国青年人际价值观发展研究[J].当代青年研究，2010（2）：49-53.

⑥ 黄希庭，郑涌，等.当代中国青年价值观研究[M].北京：人民教育出版社，2005：202.

⑦ 黄希庭，郑涌，等.当代中国青年价值观研究[M].北京：人民教育出版社，2005：203.

归属和爱的需要、自尊需要以及自我实现需要。由此，如果要验证研究生的思想状态对社会主义核心价值观培育有影响，则应该以需要层次为基础设置五个指标，那么如何通过问卷较为准确地测量被试者所处的需要层次，也就是测量被试者的思想状态，就显得尤为重要。黄希庭等在中国青年价值观的测量方面做了大量的研究，其中也包括青年需要结构的测量。他将青年需要分为生理需要、安全需要、交往需要、尊重需要、发展需要和贡献需要六个指标，并在每个指标下又各设置了3个次级指标，通过对每个次级指标进行界定形成了需要结构问卷，通过被试者对18个次级指标的重要性排序完成对其需要层次的测量。① 这与本研究中透视研究生思想状态的需要层次部分调查问卷的需要相契合，只是在这里发展需要和贡献需要两个指标需要合并起来以自我实现需要指标代替，但是这个变化以及其余四个指标只是名称上的不同，其内容和内涵则保持高度的一致。因为青年需要结构问卷设计的科学性，在本研究中研究生思想状态的测量，也就是其所处需要层次的测量将引用此问卷，只对指标的名称做出调整，②即生理需要、安全需要、归属和爱的需要、自尊需要以及由原问卷中的发展需要和贡献需要共同构成的自我实现需要。

在本研究中，通过问卷直观地了解社会主义核心价值观培育的现状只是问卷调查的第一步，除此之外，还要进一步运用SPSS进行数据分析，证实或证伪研究生价值观念和思想状态影响社会主义核心价值观培育效果。在这一部分数据分析中，需要厘清数据模型中的各个变量以便提出研究假设。根据以上的问卷设计，研究生社会主义核心价值观培育现状的实证研究中包含两个自变量，即研究生的价值观念现状和思想状态现状；包含三个因变量，分别是研究生的社会主义核心价值观认知、社会主义核心价值观认同以及社会主义核心价值观践行；还包含两个控制变量，即研究生个人基本信息以及社会主义核心价值观培育内容、培育形式、培育方法。在此基础上，本研究实

---

① 黄希庭，等.当代中国青年价值观与教育[M].成都：四川教育出版社，1994：39-40.

② 黄希庭，等.当代中国青年价值观与教育[M].成都：四川教育出版社，1994：463-463.

际上可以提出 6 个假设：

H1：研究生价值观念现状与社会主义核心价值观认知相关；

H2：研究生价值观念现状与社会主义核心价值观认同相关；

H3：研究生价值观念现状与社会主义核心价值观践行相关；

H4：研究生思想状态现状与社会主义核心价值观认知相关；

H5：研究生思想状态现状与社会主义核心价值观认同相关；

H6：研究生思想状态现状与社会主义核心价值观践行相关。

三、研究生社会主义核心价值观培育现状问卷调查的基本情况

在完成试卷设计之后，首先在太原理工大学通过网络问卷平台"腾讯问卷"发放问卷（附录 A 研究生社会主义核心价值观培育情况调查问卷），并回收 28 份，以此作为问卷调查的预试样本。预试主要考察问卷题目的鉴别力以及题目对相应维度是否具有代表性，也就是说要对每一维度的题目进行项目分析和信度分析。预试运用 SPSSAU- 在线 SPSS 分析软件对数据进行分析，得到结果如下：

首先，是各维度题目的项目分析。项目分析的目的是要确定问卷量表设计中各个题项是否有效合理。其原理是对各维度下的题项结果分别进行求和，然后将其根据 27% 和 73% 分位数界分为高分组和低分组，继而使用 t 检验对比高分组和低分组的差异情况。如果高分组和低分组之间存在差异，就说明量表设计的题项较为合理；反之，如果高分组和低分组之间没有差异，则说明设计的题项无法有效测量出信息，即题项设计存在缺陷，应该进行删除处理。在研究生价值观念现状维度下的各题项中，根据分析结果（附录 B 研究生价值认知水平维度项目分析表），研究生在面对什么样的人生才是有意义的人生、会采用什么途径和方法实现自己的人生目标、面对竞争会优先采取什么手段、依据什么标准来判断人生有无价值或价值意义大小、交朋友的主要目的、交朋友最重要的方面 6 个问题，面对"贬低别人可以抬高自己""宁肯我负天下人，不肯天下人负我" 2 个观点判断，以及面对"为维护自尊，我会不惜一切攻击别人""做官是我工作的奋斗目标""相较于高薪但是竞争激烈，我更愿意选择安稳和清闲的工作" 3 个实践选择方面没有表现出显著性，即 $p>0.05$，

意味着题项的测量能力较差，应该进行删除处理。而这一维度下的其余共 33 项题目均呈现出显著性，即 $p<0.05$，意味着高低两组样本具有良好的区分性，应该予以保留。预试问卷中的题项 23 用于测量研究生思想状态现状，包括 18 个次级指标，根据表 4-1，研究生对这 18 个次级指标的排序呈现出显著的差异性，即 $p<0.05$，意味着题项 23 具有良好的区分性，应该予以保留。

在社会主义核心价值观认知维度下有 4 个题项未表现出显著性，即 $p>0.05$，分别是题项 24 "您听说过社会主义核心价值观吗"、25 "您知道社会主义核心价值观包括哪三个层面吗"、26 "您知道社会主义核心价值观包括的 24 个字吗"、27 "请按照您目前的关注度由强到弱对以下选项进行排序"。也就是说，预试中无论是高分组还是低分组均对这些题项有较一致的答案选择，意味着题项的测量能力差，应该进行删除处理。而预试中的高低分两组样本对于题项 28（1）"社会主义核心价值观与自身发展关系密切"、28（2）"研究生培养阶段必须大力弘扬、培育和践行社会主义核心价值观"、29（1）"当个人利益与国家利益、集体利益发生冲突时，会服从国家利益与集体利益"这三个题项则呈现出显著性，即 $p<0.05$，意味着高低分两组样本对于此 3 项具有良好的区分性，应该予以保留。

高低两组对于在社会主义核心价值观认同维度下的全部 11 个题项均呈现出显著性，即 $p<0.05$，意味着所有题项均具有良好的区分性，应该予以保留。

高低两组对于在社会主义核心价值观践行维度下的全部 15 个题项均呈现出显著性，即 $p<0.05$，意味着所有题项均具有良好的区分性，不需要删除，应该予以保留。

其次，问卷中各维度下的题项是删除还是保留还需要经过信度分析才能做出最终判断。信度分析用于研究定量数据的回答可靠准确性，如果 Cronbach's α 系数高于 0.8 则说明信度高；如果介于 0.7~0.8 之间，则说明信度较好；如果介于 0.6~0.7 之间，则说明信度可以接受；如果小于 0.6，则说明信度不够好。根据信度分析结果（附录 C 研究生价值认知水平维度信度分析表），研究生价值观念现状维度的信度系数为 0.961，大于 0.9，说明维度下各题项信度质量很高。研究生思想状态维度下的题项是排序题，不适用于信度分析，但是在项目分析中已经说明该维度题项应予以保留，所以在此不做信度分析。在社会主义核心价值观认知维度下的题项 27 同样也是排序题，不适用于信度分析，所以此维度的信度分析剔除题项 27。社会主义核心价值观认知维度的信度系数为 0.733，大于 0.7，数据信度质量良好，因此全部题项不应删除，应予以保留。

社会主义核心价值观认同维度的信度系数为 0.975，大于 0.9，研究数据信度质量很高，所有题项应予以保留。社会主义核心价值观践行维度的信度系数为 0.984，同样大于 0.9，表现出很好的信度质量，因而说明维度下的全部题项均应予以保留。

根据上面的分析，总体来看各维度下的题目均表现出良好的信度。在题目的鉴别力方面，通过对各题项进行项目分析发现有些题项在高低两组中的差异不明显。但是结合题项的信度进行综合考虑，在研究生价值观念现状维度下呈现出低差异性的题项 15、16、17、18、19、20、21（5）、21（6）、22（1）、22（2）、22（7）并不影响维度的信度，在社会主义核心价值观认知维度下呈现出低差异性的题项 24、25、26 同样不影响维度的信度。而题项 27 "按照目前的关注度由强到弱对国家经济发展情况和国际地位、社会公平正义、法治建设、环境建设与生态和谐、人际关系、个人素质提高与能力提升 6 个选项进行排序" 不仅在项目分析中表现出较低的差异性，并且无法用信度分析进行考察，所以在预试问卷中删除题项 27，其余题项保留以形成正式的调查问卷。除此之外，根据预试中被试者的填写体验，改用 "问卷网" 网络平台进行问卷发放。最终，本次的实证研究共回收 1000 份问卷，其中有效问卷 982 份，问卷有效率为 98.2%，达到分析要求。

本研究对被试者的性别、学业阶段、专业类型、政治面貌、婚姻状况和工作状况进行了统计，从表 4-1 中可以看出被试者基本信息的统计情况。

表 4-1　被试者基本信息统计表

名称	选项	频数	百分比（%）
性别	男	344	35.03
	女	638	64.97
学业阶段	硕士研究生	774	78.82
	博士研究生	208	21.18

续表

名称	选项	频数	百分比（%）
专业类型	人文社科类	699	71.18
	理工类	149	15.17
	医学类	45	4.58
	艺体类	89	9.06
政治面貌	党员（含预备党员）	491	50
	共青团员（含积极分子）	431	43.89
	群众	60	6.11
婚姻状况	未婚	833	84.83
	已婚	149	15.17
工作状况	从未参加过工作	640	65.17
	曾经参加过工作	283	28.82
	在职研究生	59	6.01
合计		982	100

可以看出，在 982 份有效问卷中，研究生被试者在政治面貌方面党员（含预备党员）和共青团员（含积极分子）明显多于群众，占到总数的 93.89%；在婚姻状况方面未婚占到 84.83%；在工作状况方面全日制研究生，包括从未参加过工作和曾经参加过工作的在内，占到调查总数的 93.99%，其中从未参加过工作的全日制研究生则占到调查总数的 65.17%。这三项数据基本表现出当前研究生培养阶段受教育者的政治高度、生活状态和人生经历的特点。在研究生群体中，普遍对中国共产党和中国共产党领导下的中国特色社会主义持有高度的政治认同。同时，虽然相较于本科生来说，研究生群体中已经呈现出多样化的生活状态和人生经历，但还是以较为单纯、单一的生活环境为主，表现为未婚状态和纯粹的学生经历。

本研究中，既包括简单明了的描述性统计，直观地表现出当前研究生社会主义核心价值观培育的基本情况以及研究生社会主义核心价值观培育效果的基本状况，也包括研究生价值观念现状和思想状态现状对社会主义核心价值观培育效果的相关分析和回归分析，通过 SPSS 数据分析来科学地、明确地揭示研究生自身对培育效果的影响。

第二节　研究生社会主义核心价值观培育情况的直观透视

本研究从培育内容、培育形式以及培育方法三个方面了解当前研究生社会主义核心价值观培育情况。

首先，从社会主义核心价值观培育内容来看，关于"您在研究生培养阶段是否参加过以社会主义核心价值观为主题的课程、讲座或者活动"这一问题，有 86.4% 被试者的回答是肯定的。这也就表明在大多数研究生培养机构中，社会主义核心价值观培育还是重要的培养内容之一。在包括中华优秀传统文化教育、爱国主义教育、法治教育、党史学习教育、社会公德教育、学术道德教育在内的具体培育内容中，被试者选择的接触情况如表 4-2 所示。

表 4-2　社会主义核心价值观培育内容统计表

名称	频数	百分比（%）
中华优秀传统文化教育	684	69.65
爱国主义教育	639	65.07
法治教育	446	45.42
党史学习教育	625	63.65
社会公德教育	417	42.46
学术道德教育	595	60.59

从表 4-2 可以看出，有超过半数的被试者表示在研究生阶段接触过包括中华优秀传统文化教育、爱国主义教育、党史学习教育、学术道德教育在内的培育内容，相较而言，法治教育和社会公德教育的普及率相对较低，分别为 45.42% 和 42.46%，但是也接近半数。由此看来，虽然在大多数研究生培养机构中社会主义核心价值观是必不可少的培育内容，但是对于其包括中华

优秀传统文化教育、爱国主义教育、法治教育、党史学习教育、社会公德教育、学术道德教育在内丰富内涵的认识还不够到位，致使这些具体培育内容的普及率均不是很理想，维持在50%上下。

其次，从社会主义核心价值观培育形式来看，有高达84.83%的被试者选择学校会通过课堂形式来进行社会主义核心价值观培育，此外，也有77.29%的被试者选择学校会以讲座形式进行社会主义核心价值观培育。由此看来，课堂和讲座仍然是研究生社会主义核心价值观培育的主渠道。之后被试者选择的培育形式依次是校园活动45.42%、导师43.89%和辅导员27.29%（见表4-3）。

表4-3 社会主义核心价值观培育形式统计表

名称	频数	百分比（%）
课堂	833	84.83
讲座	759	77.29
校园活动	446	45.42
辅导员	268	27.29
导师	431	43.89

可以看出，除了课堂和讲座，也有接近半数的被试者选择导师培育为社会主义核心价值观培育的形式，导师培育已经逐渐成为主流培育形式之一。本研究中对导师的培育作用进行了着重考察，被试者做出的选择如图4-1所示。

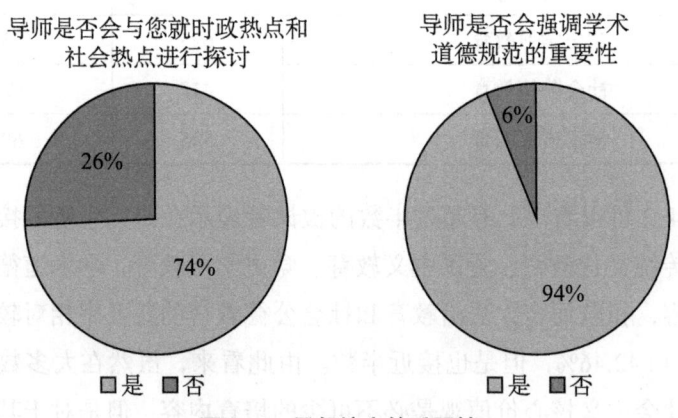

图4-1 导师培育的重要性

高达 74% 的被试者表示导师会与其进行关于时政热点和社会热点的探讨，同时，有高达 94% 的被试者表示导师会强调学术道德规范的重要性。也就是说，导师在日常交往和科研工作中对研究生价值观念的引导已经逐渐成为研究生社会主义核心价值观培育的重要形式。

最后，从社会主义核心价值观培育方法来看，关于"您参加的社会主义核心价值观相关培育是否需要学生参与讨论"和"您是否参加或组织过上述社会主义核心价值观培育内容的宣讲"两个问题，给出肯定答案的被试者分别占有效问卷总数的 69.65% 和 62.12%。这表明，当前的研究生社会主义核心价值观培育已经不再单一地以教师传授为主，而是有多半学生加入培育的互动中。其中，各个高校也开始着手组织以学生作为主讲解人的社会主义核心价值观宣讲和推广活动。可以说，研究生社会主义核心价值观培育方法已经开始呈现出多样化。

第三节 研究生社会主义核心价值观培育效果现状的直观透视

研究生社会主义核心价值观培育效果主要从三个方面进行考察，分别是被试者对社会主义核心价值观的认知现状、被试者对社会主义核心价值观的认同现状，以及被试者对社会主义核心价值观的践行现状。

首先，被试者对社会主义核心价值观表现出较高的认知度。这一方面表现在被试者对社会主义核心价值观的知晓程度上，另一方面表现在被试者基于自身情况对社会主义核心价值观培育重要性的评价上。关于"是否听说过社会主义核心价值观"的问题，被试者全部选择了肯定答案，这充分表明社会主义核心价值观在研究生群体中已经有了广泛的传播范围。进一步通过两个问题来了解被试者对社会主义核心价值观的知晓程度，如图 4-2 所示，分别有 83% 和 74% 的被试者表示知道社会主义核心价值观基本内容的三个层面和 24 个字，表现出对社会主义核心价值观的高知晓率。

而就社会主义核心价值观培育重要性方面，则通过被试者对"社会主义核心价值观与自身发展关系密切"和"研究生培养阶段必须大力弘扬、培育

您知道社会主义核心价值观包括哪三个层面吗？
- 知道全部 83%
- 知道两个 12%
- 知道一个 5%
- 不知道

您知道社会主义核心价值观包括的24个字吗？
- 知道全部 74%
- 知道大部分 20%
- 知道小部分 5%
- 不知道 1%

图 4-2 被试者对社会主义核心价值观的知晓程度

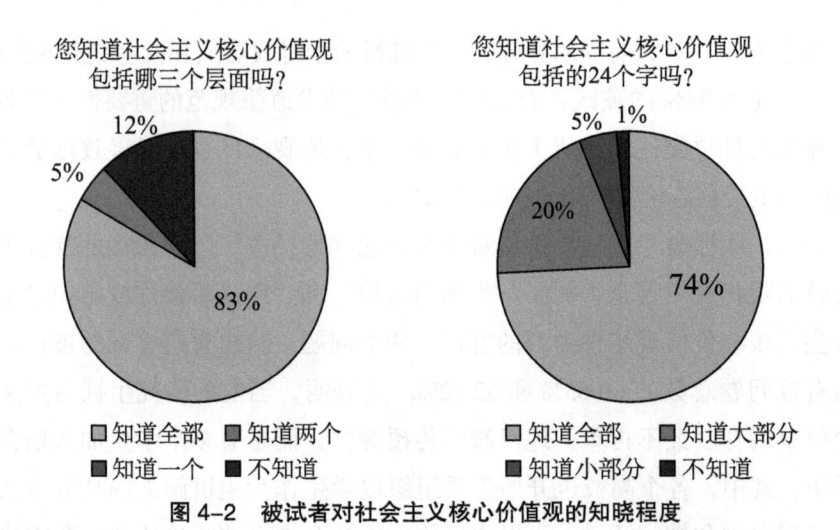

和践行社会主义核心价值观"两个题项的真实感受来进行考察。在982份有效问卷中，如图4-3所示，461名被试者非常同意社会主义核心价值观与自身发展关系密切，占到总人数的46.95%，还有223名被试者对这一观点表示基本同意，而其余的298名被试者或是对这一观点持有无所谓的态度，或是持有反对的意见，其中甚至有60名被试者表示非常不同意这一观点。关于"研究生培养阶段必须大力弘扬、培育和践行社会主义核心价值观"这一观点，有476名被试者表示非常同意，193名被试者表示基本同意，共占到总人数的68.13%，其余的313名被试者表示无所谓或者不同意，其中同样有60名被试者表示非常不同意这一观点。

这样看来，多数的被试者还是承认社会主义核心价值观对于自身发展的重要性的，但是不容忽视的是，认为社会主义核心价值观的重要性与自身发展无关的人也不在少数，这可以看作社会主义核心价值观培育效果难以得到提升的一个重要影响因素。因为受教育者对社会主义核心价值观重要性的评价直接关系到其对培育内容的接受度。

其次，本研究分国家、社会、公民个人三个层面来考察被试者对社会主义核心价值观的认同度。关于社会主义核心价值观认同度共有11个题项，其中国家层面3个题项、社会层面5个题项、公民个人层面3个题项，均要求被试者根据自身情况对题项所述的观点做出从非常不同意到非常同意5个层级的选择。如果将非常同意和基本同意看作被试者对所述观点的认同，将不

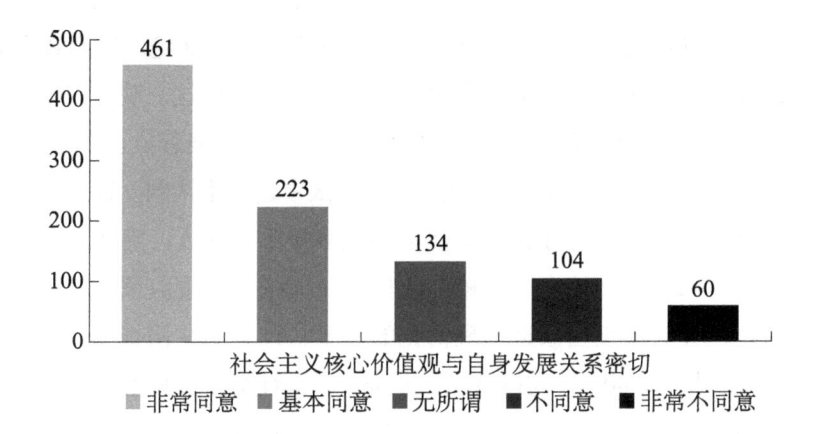

第四章 研究生社会主义核心价值观培育现状的实证研究

社会主义核心价值观与自身发展关系密切
- 非常同意：461
- 基本同意：223
- 无所谓：134
- 不同意：104
- 非常不同意：60

研究生培养阶段必须大力弘扬、培育和践行社会主义核心价值观
- 非常同意：476
- 基本同意：193
- 无所谓：193
- 不同意：60
- 非常不同意：60

图 4-3 被试者对社会主义核心价值观培育重要性的评价

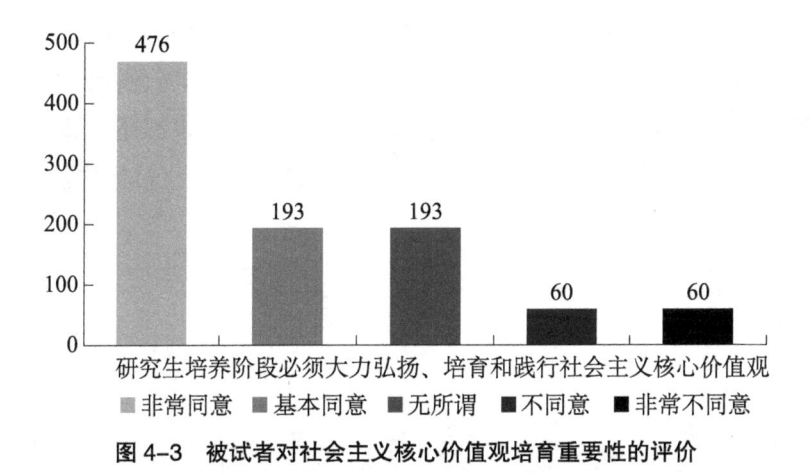

同意和非常不同意看作被试者对所述观点的不认同，那么可以通过图 4-4 直观地看出被试者对各层面社会主义核心价值观的认同情况。

总的来看，研究生社会主义核心价值观认同现状总体良好，其中被试者对公民个人层面的社会主义核心价值观认同度最高，其次是对社会层面社会主义核心价值观的认同和对国家层面社会主义核心价值观的认同，但是良好的状况之下也显示出一些问题。如对公民个人层面 3 个题项"个人要与国家分担发展中的困难、分享发展的喜悦、与祖国共荣辱""科学研究需要艰苦奋斗、积极创新的精神，为科学进步添砖加瓦""科研不端行为败坏学术界声誉，阻碍科学进步"表示认同的被试者分别为 773 名、743 名和 729 名，均达到总数的 74% 以上。虽然被试者对社会层面社会主义核心价值观也多半选择认同，但是在某些题项上认同度明显偏低，如面对"社会应为每一个成员的自由全面发展创造良好环境，但自由是相对的自由，而非绝对的自由"这一题项时，有 208 名占总数 21.18% 的被试者选择并不认同这一观点；面对"学有所教、劳有所得、病有所医、老有所养、住有所居代表着公正安定的生活"这一题项时，也有 179 名占总数 18.23% 的被试者选择不认同。这在一定程度上表明研究生对中国特色社会主义社会的理解还不够深入。除此之外，被试者表现出的对国家层面社会主义核心价值观认同情况，也应该引起关注。富强是中国特色社会主义国家迈向现代化的首要目标，而在调查中，认同这一观点的被试者只有 580 名，占总数的 59.06%，是社会主义核心价值观认同部分所有题项中认同度最低的。通过这部分调查数据可以初步判断出，研究生对社会主义核心价值观的认同情况总体良好，但是表现出不平衡、不全面的问题。也可以说，研究生对中国特色社会主义国家、中国特色社会主义社会、中国特色社会主义公民，包括三者之间的紧密关系的认识都还不够深入、不够透彻，因此还不够形成对自身社会生活、社会交往、人生目标的影响力。

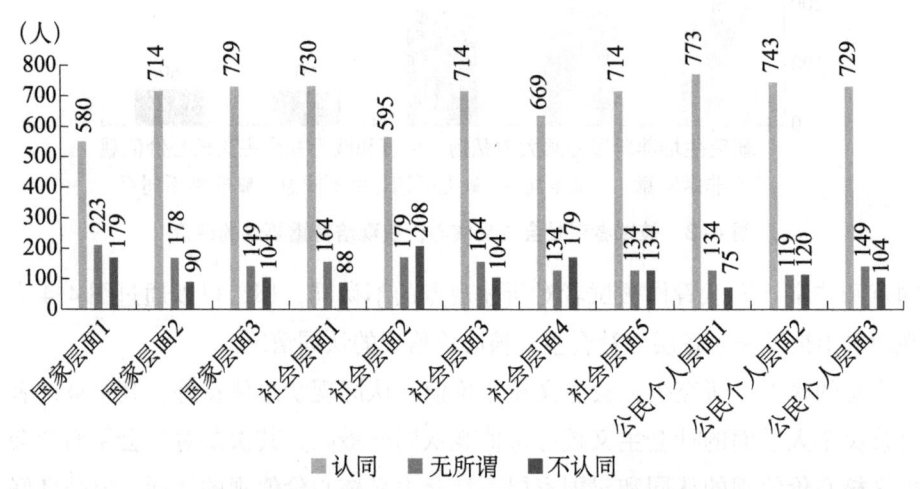

图 4-4 被试者对社会主义核心价值观的认同情况

最后，对被试者社会主义核心价值观的践行情况同样也是从国家、社会和公民个人三个层面进行考察。调查结果显示，被试者普遍能够践行公民个人层面的社会主义核心价值观，尤其是在个人的学习和生活方面表现出更高的践行度。高达 77.19% 的被试者表示"会对自己的学习、生活和工作认真负责、精益求精"，更有高达 77.29% 的被试者表示"会坚决同学术不端行为划清界限"。但是,对于社会层面和国家层面,被试者日常行为与社会主义核心价值观要求的符合程度则比不上公民个人层面的表现。如有59%的被试者选择"会为不公平现象发声",60.6%的被试者选择"会对危害人民生活的行为(如食品安全问题)进行举报、投诉",68.13%的被试者选择"当遇到困惑或逆境时,不会产生'社会排斥'和'政治怨恨'的心理,更不会因释放怨气而报复社会",这一定程度上表现出被试者在社会生活和社会交往中的社会参与度和国家参与度还不够高,社会责任感和国家责任感还有待提高。

第四节　研究生价值观念和思想状态对社会主义核心价值观培育效果的影响

本研究中运用 SPSS 数据分析来验证研究生价值观念和思想状态对社会主义核心价值观培育效果是否存在影响。在前文的问卷设计部分已经提到,为了验证这种影响,将研究生价值观念现状和思想状态现状看作两个自变量,将社会主义核心价值观认知、社会主义核心价值观认同、社会主义核心价值观践行看作三个因变量,提出研究生价值观念现状分别与社会主义核心价值观认知、认同、践行相关,研究生思想状态现状分别与社会主义核心价值观认知、认同、践行相关共 6 个假设。为了能够进行两个自变量和三个因变量之间的相关关系验证,首先要对调查得到的数据进行信效度分析,以证明数据的有效性可以进行之后的相关性分析。信效度分析包括因子分析、信度分析、相关分析和效度分析四个部分。本研究中包括自变量和因变量在内共有 5 个维度,但是因为验证式因素分析只适用于使用李克特量表的连续标量题目,而 5 个维度中的研究生思想状态现状维度使用的是排序题项,所以在这里的分析暂时去除此维度,并且去除其余维度中的非连续变量题目进行验证式因素分析。研究生思想状态现状与社会主义核心价值观认知、认同、践行的关系分析在之后单独进行。也就是说,这里进行验证式因素分析的是研究生价值观念现状、社会主义核心价值观认知、社会主义核心价值观认同和社会主义核心价值观践行 4 个维度。

根据表 4-4，KMO 值为 0.938，大于 0.9，意味着研究得到的数据非常适合用于因子分析研究。Bartlett 球形度检验 $p<0.05$，同样说明研究数据适合进行因子分析。

表 4-4　KMO 和 Bartlett 检验表

KMO 值		0.938
Bartlett 球形度检验	近似卡方	1464.602
	df	120
	p 值	0

在做因子分析时，每一个维度的题项不宜超过 7 个，所以对超过 7 个题项的维度研究数据取平均值进行分析，得到以下结果。

因子分析一共提取出 4 个因子，与设计的维度数目相同。此 4 个因子旋转后的方差解释率分别为 26.29%、24.001%、21.037%、18.349%，旋转后累计方差解释率为 89.677%。使用最大方差旋转方法（varimax）进行旋转，以便找出因子和研究项之间的对应关系，如表 4-5 所示。

表 4-5　转轴后的成分矩阵表

名称	因子载荷系数				共同度
	因子 1	因子 2	因子 3	因子 4	
诚实守信	0.668	0.447		0.422	0.868
仁爱友善	0.869				0.89
公平正义	0.847				0.915
正确处理个人与国家集体的关系	0.506	0.457	0.476	0.413	0.862
遵纪守法	0.658	0.47		0.439	0.904
政治价值观 1		0.662	0.551		0.869
政治价值观 2			0.851		0.841
道德价值观		0.786			0.942
职业价值观		0.772			0.933
人际价值观		0.832			0.935

续表

名称	因子载荷系数				共同度
	因子1	因子2	因子3	因子4	
社会主义核心价值观认知1	0.46		0.623	0.492	0.912
社会主义核心价值观认知2	0.473		0.623		0.831
社会主义核心价值观认知3	0.469		0.625	0.473	0.902
国家层面				0.819	0.912
社会层面	0.426		0.483	0.606	0.897
公民个人层面	0.478	0.448		0.606	0.937

所有研究项对应的共同度值均高于0.4，说明研究项和因子之间有着较强的关联性，因子可以有效地提取出信息。根据删除因素负荷量小于0.6、删除交叉负荷量大于0.4、删除与预设维度不同的题项三个原则，并且结合研究领域和研究的惯用维度，考虑诚实守信、仁爱友善、公平正义、正确处理个人与国家集体的关系、遵纪守法同属因子1，即社会主义核心价值观践行维度；政治价值观1、道德价值观、职业价值观、人际价值观同属因子2，即研究生价值观念现状维度，原本预想属此维度的题项政治价值观2与此因子对应关系弱，故删除此题项；社会主义核心价值观认知1、2、3同属因子3，即社会主义核心价值观认知维度；国家层面、社会层面、公民个人层面同属因子4，即社会主义核心价值观认同维度。

一、信度分析

对价值观念现状、社会主义核心价值观认知、社会主义核心价值观认同、社会主义核心价值观践行4个维度分别进行信度分析，进行内部一致性、题目相关以及修正项目相关的分析。其中，内部一致性的Cronbach's α检定值应大于0.7，项目间相关性应该大于0.3。根据分析得出以下结果：4个维度的Cronbach's α均大于0.9，研究数据表现出很高的信度质量，CITC值均大于0.8，说明每个维度下的各分析项之间具有良好的相关关系，同时也说明信度水平良好。

二、相关分析

利用相关分析研究价值观念现状和社会主义核心价值观认知、社会主义核心价值观认同、社会主义核心价值观践行 3 个维度之间的相关关系，使用皮尔森相关系数来表示这种相关关系的强弱情况。根据表 4-6 可知，价值观念现状与社会主义核心价值观认知、社会主义核心价值观认同、社会主义核心价值观践行 3 个维度之间全部呈现出显著性，相关系数值分别是 0.780、0.782 和 0.829，并且相关系数值均大于 0，意味着价值观念现状与社会主义核心价值观认知、社会主义核心价值观认同、社会主义核心价值观践行之间有着正相关关系。

表 4-6 皮尔森相关表

项目	平均值	标准差	价值认知水平	社会主义核心价值观认知	社会主义核心价值观认同	社会主义核心价值观践行
价值认知水平	4.05	0.827	1			
社会主义核心价值观认知	3.914	1.165	0.780**	1		
社会主义核心价值观认同	4.021	1.02	0.782**	0.895**	1	
社会主义核心价值观践行	3.914	0.965	0.829**	0.845**	0.840**	1
$p<0.05$；$p<0.01$							

在价值观念现状维度下对人生价值观指标的考察是一个关于被试者是否拥有明确价值观的是非题，通过相关关系研究其与社会主义核心价值观认知、社会主义核心价值观认同、社会主义核心价值观践行 3 个维度之间的相关关系，得出以下结果（见表 4-7）。

表 4-7 人生价值观相关表

项目	社会主义核心价值观认知	社会主义核心价值观认同	社会主义核心价值观践行
题目 14	0.225	0.238	0.275**
$p<0.05$; $p<0.01$			

社会主义核心价值观认知和社会主义核心价值观认同与人生价值观指标之间不会呈现出显著性，相关系数值分别为 0.225 和 0.238，并且 p 值全部大于 0.05，说明二者与人生价值观指标之间均没有相关关系。社会主义核心价值观践行与人生价值观指标之间呈现出显著性，相关系数值为 0.275，并且相关系数值大于 0，说明社会主义核心价值观践行与人生价值观指标之间呈正相关关系。

三、效度分析

效度研究用于分析题项是否合理、有意义。其中，KMO 值主要用来判断研究数据是否具有效度，共同度用来进一步帮助排除设置不合理的题项，方差解释率值可以显示出信息提取的水平，因子载荷系数则是用来衡量研究设置的维度和题项之间是否存在对应关系。所有题项对应的共同度值均高于 0.4，说明题项信息可以被有效地提取。KMO 值为 0.939，大于 0.6，说明数据具有效度。另外，4 个维度的方差解释率值分别是 28.216%、24.136%、23.800% 和 14.936%，旋转后累积方差解释率为 91.088%，大于 50%，说明题项的信息量可以有效地提取出来。

在对维度的信效度进行验证式分析之后，就可以进一步进行回归分析，以用于研究自变量对因变量的影响关系，包括两者之间是否有影响关系、影响方向以及影响程度情况如何三个方面。以研究生价值观念现状为自变量，社会主义核心价值观认知、认同和践行分别作为因变量进行回归分析，得到以下结果：

第一，将研究生价值观念现状作为自变量，社会主义核心价值观认知作为因变量进行线性回归分析，模型 R 平方值为 0.608，表示价值观念现状可以解释社会主义核心价值观认知 60.8% 的变化原因。对模型进行 F 检验，发现模型通过 F 检验（$F=99.260$，$p<0.05$），说明价值观念现状会对社会主义核心价值观认知产生影响。价值观念现状的回归系数值为 1.098（$t=9.963$，$p=0.000<0.01$），说明价值观念现状会对社会主义核心价值观认知产生显著的正向影响。

第二，将价值观念现状作为自变量，社会主义核心价值观认同作为因变量进行线性回归分析，模型 R 平方值为 0.611，表示价值观念现状可以解释社会主义核心价值观认同 61.1% 的变化原因。对模型进行 F 检验，发现模型通过 F 检验（$F=100.601$，$p<0.05$），说明价值观念现状会对社会主义核心价值观认同产生影响。价值观念现状的回归系数值为 0.963（$t=10.030$，$p=0.000<0.01$），说明价值观念现状会对社会主义核心价值观认同产生显著的正向影响。

第三，将价值观念现状作为自变量，社会主义核心价值观践行作为因变量进行线性回归分析，模型 R 平方值为 0.687，表示价值观念现状可以解释社会主义核心价值观践行 68.7% 的变化原因。对模型进行 F 检验，发现模型通过 F 检验（$F=140.443$，$p<0.05$），说明价值观念现状会对社会主义核心价值观践行产生影响。价值观念现状的回归系数值为 0.967（$t=11.851$，$p=0.000<0.01$），说明价值观念现状会对社会主义核心价值观践行产生显著的正向影响。

根据调查数据和 SPSS 数据分析的结果，包括人生价值观、政治价值观、道德价值观、职业价值观、人际价值观在内的研究生价值观念现状对社会主义核心价值观认知、认同和践行均会形成正向影响。也就是说，研究生具有这 5 种具体的价值观，并且对这 5 种价值观越是呈现出正向的认知，则越会提升对社会主义核心价值观的认知度和认同度，并且越是能够在实际生活中积极践行社会主义核心价值观。验证了研究假设 H1、H2、H3，即研究生价值观念现状与社会主义核心价值观认知、认同、践行呈现出相关关系，并且均是正相关关系。

接下来对研究生思想状态现状与社会主义核心价值观认知、认同、践行的相关关系进行分析。根据对 18 种需要进行排序的数据，按照生理需要、安全需要、归属和爱的需要、自尊需要以及自我实现的需要 5 个层次重要性的选择分别赋分，取平均值后与社会主义核心价值观认知、社会主义核心价值观认同、社会主义核心价值观践行进行相关分析，得到以下结果：

第一，社会主义核心价值观认知与安全需要、自我实现的需要2项之间的相关关系系数值呈现出显著性。具体来看，社会主义核心价值观认知和安全需要之间的相关系数值为-0.251，并且呈现出0.05水平的显著性，说明社会主义核心价值观认知和安全需要之间有着显著的负相关关系。社会主义核心价值观认知和自我实现的需要之间的相关系数值为0.317，并且呈现出0.01水平的显著性，说明社会主义核心价值观认知和自我实现的需要之间有着显著的正相关关系。除此之外，社会主义核心价值观认知与生理需要、归属和爱的需要、自尊需要3项之间的相关关系数值并未呈现出显著性（$p>0.05$），意味着社会主义核心价值观认知与生理需要、归属和爱的需要、自尊需要3项之间并没有相关关系。

第二，社会主义核心价值观认同与安全需要、归属和爱的需要、自尊需要、自我实现的需要4项之间的相关关系系数值呈现出显著性。具体来看，社会主义核心价值观认同和安全需要之间的相关系数值为-0.317，并且呈现出0.01水平的显著性，说明社会主义核心价值观认同和安全需要之间有着显著的负相关关系。社会主义核心价值观认同与归属和爱的需要之间的相关系数值为-0.249，并且呈现出0.05水平的显著性，说明社会主义核心价值观认同与归属和爱的需要之间有着显著的负相关关系。社会主义核心价值观认同和自尊需要之间的相关系数值为0.299，并且呈现出0.05水平的显著性，说明社会主义核心价值观认同和自尊需要之间有着显著的正相关关系。社会主义核心价值观认同和自我实现的需要之间的相关系数值为0.311，并且呈现出0.05水平的显著性，说明社会主义核心价值观认同和自我实现的需要之间有着显著的正相关关系。除此之外，社会主义核心价值观认同与生理需要之间的相关关系数值并未呈现出显著性（$p>0.05$），意味着二者之间并没有相关关系。

第三，社会主义核心价值观践行与安全需要、自尊需要2项之间的相关关系系数值呈现出显著性。具体来看，社会主义核心价值观践行和安全需要之间的相关系数值为-0.263，并且呈现出0.05水平的显著性，说明社会主义核心价值观践行和安全需要之间有着显著的负相关关系。社会主义核心价值观践行和自尊需要之间的相关系数值为0.320，并且呈现出0.01水平的显著性，说明社会主义核心价值观践行和自尊需要之间有着显著的正相关关系。

除此之外，社会主义核心价值观践行与生理需要、归属和爱的需要、自我实现的需要3项之间的相关关系数值并未呈现出显著性（$p>0.05$），说明社会主义核心价值观践行与这3项之间并没有相关关系。

综上所述，首先，在研究生思想状态现状中，安全需要和自我实现的需要与社会主义核心价值观认知分别呈现出负相关关系和正相关关系。也就是说，研究生的安全感越强，安全需要越低，对社会主义核心价值观的认知度越高。同时，越是对自我实现有较高的需求，也相应地对社会主义核心价值观表现出较高的认知度。其次，安全需要、归属和爱的需要、自尊需要、自我实现的需要与社会主义核心价值观认同呈现出相关关系。其中，安全需要、归属和爱的需要与社会主义核心价值观认同负相关，自尊需要、自我实现的需要与社会主义核心价值观认同正相关。这就说明，研究生的安全感越强，归属感越强，也就是安全需要以及归属和爱的需要越低，对社会主义核心价值观的认同度则越高；同时，越是需要自尊，越是对自我实现有较高的需求，也会对社会主义核心价值观形成较高的认同度。最后，安全需要和自尊需要与社会主义核心价值观践行分别呈现出负相关关系和正相关关系。研究生安全需要越低，自尊需要越高，则越会在实际生活中积极践行社会主义核心价值观。

第五章

社会主义核心价值观培育中研究生主观能动性的发挥

根据实证研究的结果,当前研究生社会主义核心价值观培育无论是培育内容、培育形式,还是培育方法都逐渐走向多样化,并且一直在优化升级。但是,这仍然没有完全解决研究生群体在社会主义核心价值观认知、认同、践行中呈现出的不平衡、不全面的问题。同时,实证研究证实了研究生价值观念现状和思想观念现状与社会主义核心价值观认知、认同、践行的相关关系。这就是说,现实的研究生在社会主义核心价值观培育中不是简单的被动接受者,而是基于其主观能动性有选择、有偏好地参与到培育中。并且,社会主义核心价值观培育的成效如何,研究生的主观能动性最终起决定性作用。接下来的一章,就是探究研究生是如何在社会主义核心价值观培育中发挥这种主观能动性的,也就是探究研究生的价值认知规律。这种探究是在马克思主义认识论指导下,以基模理论作为具体的分析方法进行的。

第一节 研究生的认知与价值认知

一、认知与价值认知

在社会主义核心价值观培育的相关研究中,认知经常与认同、践行一起被看作培育的三个环节。其中,社会主义核心价值观认知普遍被认为是培育中最基础的环节。在这一环节中，人们开始形成有关社会主义核心价值观的基本认识。这些基本认识包括对社会主义核心价值观基本概念、基本内容、重要意义的理解、看法、想象等，大多属于感性认识，是人们之后认同和践行社会主义核心价值观的基石。除此之外，认知、认同、践行也经常被视为评价社会主义核心价值观培育效果的重要指标，上一章的实证研究即是如此。其中，认知是考察被试者对社会主义核心价值观的知晓度和基本评价情况。无论是作为培育环节之一的认知，还是作为培育效果评价指标之一的认知，在以往的社会主义核心价值观培育研究中，认知的内涵都在一定程度上被狭义化了。广义上的认知首先指的是人认识客观世界的心理活动，"描述的是知识的获得、存储、转换和使用"[1]。在人的认知活动中，一方面，来源于客观世界的信息通过各种感官机能被人所接收；另一方面，人整合、加工收到的各种信息，形成了关于客观世界的知识和观念，以此构成人的知识体系和思维方式用以指导人的现实活动。认知是包括知识、观念在内的一切认知活动的结果，是客观世界在人脑中的反映。这种反映既可以是感官的、感性的，也可以是理性的、概念化的。探究研究生在社会主义核心价值观培育中发挥的主观能动性，正是试图分析研究生在培育过程中认识社会主义核心价值观的一系列心理活动及其结果。所以，本书之后所说的认知，区别于一般社会主义核心价值观培育研究中特指的培育环节或培育效果评价指标，是广义上的认知，指人认识社会主义核心价值观的一切心理活动及其结果。

在论述研究生社会主义核心价值观培育的特殊性时已经提到，针对研究生群体的社会主义核心价值观培育应该致力于完善研究生的精神文化体系，提升研究生的精神文化水平。也就是说，研究生对社会主义核心价值观的认知不应该仅仅是对基本概念、基本内容、重要意义等知识的理解和掌握，更重要的是对社会主义核心价值观之于自身价值观层面的影响形成思考和评价。归根结底，研究生对社会主义核心价值观的认知是要实现对其世界观、人生观和价值观的建设和完善。实际上，这已经不同于我们一般意义上谈论的对某种客观事物的认知，而是属于价值认知的范畴。广义上的认知可以更具体

---

[1] [美]玛格丽特·马特林. 认知心理学：理论、研究和应用（第8版）[M]. 李永娜，译. 北京：机械工业出版社，2016：1.

地分为两类，一类是事实认知，另一类是价值认知。事实认知是以客观事物作为认知对象的。作为心理活动的事实认知是对客观事物的现象、本质、特征、规律等进行感受、了解、探究的过程。作为心理活动结果的事实认知则是通过心理活动形成的一切关于客观事物的知识和概念。一般我们在谈论认知时大多指的正是这类认知，包括以往社会主义核心价值观培育研究中被狭义化的认知，也属于事实认知。价值认知并不是以"价值"作为认知对象的，它既不是一个"价值"在人脑中概念化的过程，也不是要对"价值"的现象、本质、特征、规律等形成抽象化认识的过程。作为"人类认识的一种特殊形式"[①]，价值认知同广义上的认知一样，既是一种心理活动，又是心理活动的结果。

  作为心理活动的价值认知在人的现实活动中负责评价和选择。根据马克思主义认识论和实践论的观点，人的认识是实践中的认识，而人的实践又是认识指导下的实践，人的实践和认识并不能明确地分割开来，而是统一于人的现实活动中。人的现实活动，包括人的实践和认识，都是对象性的活动。在人的对象性活动中，人是作为主体存在的，任何客观事物，包括人甚至作为主体的人自身，都可以是对象性活动的客体。如果人的对象性活动只是简单的主体和客体的组合，那么人的对象性活动似乎是有无限可能的。然而实际上，人的对象性活动并不是随意发生和进行的，也不是主体和客体的任意组合。无论是实践还是认识，其活动对象和活动本身，都是人根据主体的尺度形成价值评价和价值判断，进而有意识或无意识选择的结果。这种评价和选择的过程就是人的价值认知活动。

  作为心理活动结果的价值认知则是价值关系在人脑中的反映。"价值"不是一种自在客体，它总是以一种依附于客观事物的状态存在，是一种随着对客观事物的事实认知而产生的观念客体。从实际的认知活动来看，客观事物的价值正是作为认知主体的人通过价值评价和价值判断所赋予的。并且，客观事物的价值都是指向具体的认知主体的。更准确地来说，客观事物的价值实际上都是客观事物对于人的价值。所以，没有认知主体谈论价值是没有意

---

① 袁贵仁. 价值观的理论与实践——价值观若干问题的思考[M]. 北京：北京师范大学出版社，2013：138.

义的。价值从根本上来看是因人而存在的,如果没有人也就不存在所谓的价值。价值的存在必须与人的现实活动,也就是人与客观事物之间的对象性活动联系在一起。既不能把价值看作客观事物本身具有的某种特质,也不能脱离客观事物或者作为认知主体的人空泛地谈论价值。实际上准确地说,价值是以一种连接现实活动中主体和客体之间关系的形态而存在的,这种主客体之间的关系即价值关系。李德顺在论及价值关系时明确提出,"价值关系,是一种以主体尺度为尺度的主客体关系"①。那么,价值实际上就是从这个关系中得出的从主体角度对客体进行认知和判断的结果,即"'价值'是对主客体相互关系的一种主体性描述,它代表着客体主体化过程的性质和程度,即客体的存在、属性和合乎规律的变化与主体尺度相一致、相符合或相接近的性质和程度"②。虽然作为心理活动结果的价值认知同事实认知一样,指向的也是人的现实活动中的客观事物,但是认知到的并不是客观事物本身,而是认知主体以主体的向度为标准得到的客观事物与自身的关系,即价值关系。作为广义上的认知中的一类,价值认知同样既可以是感官的、感性的,也可以是理性的;既可以是对对象性活动中某一具体事物之于主体的意义的反映,也可以是对某类事物的总看法、总态度和总观点,而后者就是价值观念。

二、研究生认知与价值认知的特殊性

在分析研究生认知与价值认知的特殊性之前,首先应该回答的问题是相较于其他群体,研究生的认知与价值认知是否具有特殊性。在第三章中已经从学习阶段、生活状态、认知水平等方面论述了研究生的群体性特点。初步来看,这些群体性特点一方面显示研究生实际进行的现实活动与其他群体相比有所不同;另一方面,因为现实活动的不同,也因为认知水平的不同,研

---

① 李德顺.价值论——一种主体性的研究(第3版)[M].北京:中国人民大学出版社,2013:53.

② 李德顺.价值论——一种主体性的研究(第3版)[M].北京:中国人民大学出版社,2013:53.

究生接收的信息、形成的知识体系和思维方式相较于其他群体也有所不同，并且这些知识和观点将会继续影响其接下来的现实活动。根据马克思主义认识论和实践论的观点，实践是认识的来源和基础，同时认识又反过来指导着实践。所以，虽然还不能做更加详细的分析和阐述，但是从研究生的现实活动具有群体性特征这一点已经可以肯定，研究生的认知，包括事实认知和价值认知应该是具有特殊性的。那么接下来将具体分析研究生认知与价值认知的特殊性。

既然认识来源于实践，那么要想探寻研究生认知与价值认知的特殊性就需要从分析研究生的实践着手。马克思主义认识论和实践论认为人的认识和实践是无法明确分割开来的，是统一于人的实际活动中的。但是为了较为清晰地说明认知和价值认知在实际活动中的功能和作用，从而分析研究生认知与价值认知的特殊性，在这里有必要将认知从人的实际活动中独立出来，对其范围进行界定。因为使用的概念与马克思主义认识论和实践论中惯用的概念容易混淆，所以在这里需要对实践、认知、现实活动的范围做一个说明。这样一来就可以对人在实际生活中进行的活动做一个详细划分。可以发现，前面在对认知和价值认知进行阐释时多次使用"现实活动"这一概念。本研究中用现实活动来代表人的全部活动，包括人的实践和认知。在马克思主义认识论和实践论中，实践被看作现实的人为了生存和生活的需要对客体的改造过程以及对客体的感性把握。也就是说，现实的人为了自身需要的自觉行为和活动都可以被视为实践。认识则被看作在人的实践过程中进行的高级反映活动。这种反映活动在一定程度上可以自由选择认知对象和认知方式，并且发挥了人的主动性，是对客体本质、特征、联系等的把握。从这个意义上来讲，马克思主义认识论和实践论中的实践应该是将认识包括在内的，其范围与本研究使用的现实活动一样。与马克思主义认识论和实践论中的实践相比，本研究使用的是相对狭义的、被包括在现实活动中的实践，指的是作为主体的人因为现实的生存和生活需要对自然界中的自在客体或是人进行的对象性活动，这种活动是主体向外的动作和行为。本研究中使用的认知则是广义上的，包括事实认知和价值认知。同实践一样，认知也是作为主体的人对客观事物的对象性活动。只是这种活动更多的并不是直接表现为向外延伸的动作和行为，而是先表现为内在于人脑中的思维活动，是一种人对于客观事物向内的活动，亦是在人脑中通过思维活动进行的客体的内化。现实活动是人对包括人在内的客观事物向外的动作和行为以及向内的思维活动的集合，也就是实践和认知共同构成了人的现实活动。至此，在本研究中的实践、认知、现实活动就与马克思主义中的实践和认识在范围上区分开来。但是，需要强调的是，本研究中对人的现实活动、实践以及认知所指范围的重新划定并不是为了概念的复杂化，也不是为了无意义的学术创新，而是从对人的价值认知事实进行说明的需要来看，必须对人的现实活动进行细化，以形成对人的价值认知形成和发展的解释。所以，在这里使用的概念与马克思主义认识论和实践论中使用的概念虽然在范围上稍有出入，但是这只是为了更好地说明和分析人的价值认知，并不与马克思主义中的主体、实践和认识相悖，仍然视现实的人、有生存和生活需要的人为所有向外的和向内的行为和活动的主体。所有的分析和探究都将建立在现实的人及其实践事实和认知事实基础上。

依据上面对现实活动、实践、认知范围的重新界定，在本研究中更准确地说，要想探寻研究生认知和价值认知的特殊性，就需要从研究生的现实活动着手。研究生最主要，同时也是相较于其他群体最特殊的现实活动就是科研活动。在科研活动中，研究生向外的实践表现为参加课程学习、实验、调查、讨论以及对知识数据的搜集、整理、统计、分析等。在这个过程中，研究生同时也在进行包括事实认知和价值认知在内的认知。从事实认知来看，研究生是要对一系列较高层次、较高水平的科学内容进行知识性认知和概念性认知。这样的事实认知是具有特殊性的：一方面，能够完成对较高层次、较高水平科学内容的事实认知需要具备一定的事实认知水平和能力，即研究生的认知基模已不单单发展至概念基模阶段，而是已经继续向着更高级的阶段发展，能够对客观事物进行抽象化的推理和演绎，以探索客观事物更深层次的本质和规律；另一方面，在对较高层次、较高水平的科学内容进行知识认知的过程中，研究生进一步丰富了自身的知识体系，同时，其事实认知水平和能力，即概念基模则向着更高层次发展，这使得研究生与其他群体相比更习惯于通过感性认知继续深入地、理性地认知客观事物，并且更容易观察到客观事物的本质和规律，而不是简单地停留在对客观事物表面特点和特征的感性认知上。据此，研究生事实认知的特殊性已经不能简单用"理性"来归纳总结。在这里从两个层次来总结研究生事实认知的特征。首先，如果将事实认知看作心理活动，那么相较于其他群体，研究生普遍参与的事实认知具有认知过程复杂、认知水平和能力要求高的特点。其次，如果将事实认知看作心理活动结果，那么相较于其他群体，研究生的事实认知则具有高度概念化、高度抽象化、高度逻辑性的特点。

价值认知总是以一种依附于客观事物的状态存在的，是一种随着对客观事物的事实认知而产生的意识。可以说，人的价值认知是建立在其事实认知基础上的。从这个角度来看，研究生的价值认知应该受到其高度概念化、高度抽象化、高度逻辑性的事实认知的影响。一方面，相较于其他群体，研究生对现实活动中的某一具体事物之于自身的意义应该脱离了简单的感官评价和感性判断，更加趋于理性；另一方面，研究生的价值认知已经不局限于在现实活动中对具体事物进行价值评价和价值判断，而是可以进一步对抽象的事物形成相对稳定的总看法和总观点，并且构成相对完整的价值观念体系，比如世界观、人生观、价值观就被包括在这一体系之内。这是理论上研究生价值认知的群体性特点。

在对价值认知做出阐释时可以发现，无论是作为心理活动的价值认知，还是作为心理活动结果的价值认知，均与主体的尺度息息相关。作为心理活动的价值认知是作为活动主体的人根据主体的尺度对客观事物进行价值评价和价值判断的过程；作为心理活动结果的价值认知则是客观事物与活动主体的价值关系在人脑中的反映，而这组关系正是依据主体的尺度才得以形成的。李德顺提出，"主体的尺度就是价值尺度，它决定了价值现象的本质和特征，它是价值的根源"[①]。也就是说，价值不仅是始终伴随着作为认知对象的客观事物的，同时，归根结底是起源于作为认知主体的人的。更具体地说，价值起源于并不完全能够被人自身意识到的主体的尺度。虽然每个人都会形成价值认知，但是实际上每个人的价值认知都不可能是完全相同的，价值认知的存在是具备个性的。主体的尺度可以说就是价值认知个性化的关键所在。主体的尺度"具体是指作为主体的人的自身结构、规定性和规律，包括主体的需

---

① 李德顺. 价值论——一种主体性的研究（第 3 版）[M]. 北京：中国人民大学出版社，2013：50.

要、目的性及其现实能力等"①。从这个意义上讲，虽然研究生的价值认知具有群体性特征，但因为需要、目的以及现实能力不同，不仅不同的研究生个体对同样的客观事物会有不同的价值评价和价值判断，而且研究生个体之间在世界观、人生观、价值观等价值观念方面更是存在多样性。综上所述，研究生的价值认知既具有一般性又具有特殊性。一般性一方面表现在对具体事物的理性评价和判断上，另一方面表现在研究生普遍已经具备较为完整的价值观念体系。而特殊性则是依据主体尺度的不同，研究生个体对客观事物的价值评价和价值判断各有不同，并且价值观念也存在个体性。

第二节　价值认知基模主导研究生的价值认知

一、认知基模分析研究生社会主义核心价值观认知的优势

研究生对社会主义核心价值观的认知既包括事实认知，也包括价值认知。前面实证调查部分对研究生是否知道、了解社会主义核心价值观的基本内容和三个层面进行了问卷调查，这实际上是考察研究生对社会主义核心价值观的事实认知程度。结果显示，有74%的被试者基本了解社会主义核心价值观的基本内容，并且有83%的被试者知道社会主义核心价值观包含的三个层面。这表明研究生在对社会主义核心价值观的事实认知中认知率和认知度都很高。同时，实证调查还对研究生社会主义核心价值观的认同情况以及践行情况进行了考察。在以往的社会主义核心价值观培育研究中，认同被认为是人们对社会主义核心价值观的认识已经上升到理性阶段，践行则被认为是认识已经开始指导人们的实践。按照前面对价值认知的概念阐释及范围界定，之前社会主义核心价值观培育研究中的认同、践行都属于价值认知的范围。其中，认同指的是人们能够对社会主义核心价值观蕴含的抽象价值观念进行价值评价和价值判断，践行则指的是人们能够将社会主义核心价值观融入自身的价

---

① 李德顺. 价值论——一种主体性的研究（第3版）[M]. 北京：中国人民大学出版社，2013：50.

值体系以形成对现实活动的指导。前面实证调查的结果显示，研究生对国家、社会、公民个人三个层面的价值观普遍表现出较高的认同度。但是，在社会主义核心价值观践行方面，尤其是在国家层面和社会层面，研究生表现出较低的积极性。这种调查结果符合研究生价值认知的群体性特点。对社会主义核心价值观的高认同度表示研究生确实已经可以对抽象化的价值观念进行较为理性的价值评价和价值判断，而对社会主义核心价值观较低的践行度则表现出研究生还未将社会主义核心价值观融入自身的价值体系。研究生社会主义核心价值观认知除具备群体性以外，还具有个性。从个人来看，每个研究生对社会主义核心价值观的理解、认知、认同和践行都有或多或少的区别，表现出明显的个体差异性。可以说，研究生对社会主义核心价值观的认知呈现出复杂的现状。这种复杂现状要求我们在研究中运用合理的认识分析工具，对研究生认知社会主义核心价值观的事实进行刻画。

马克思主义认识论将认识的发展看作人在实践中从感性认识到理性认识再到实践中进行指导的过程，同时还揭示了人认识客观事物的曲折性，认为认识经常是一个实践、认识、再实践、再认识，循环往复、不断上升的过程，这为研究生社会主义核心价值观认知规律的研究提供了基本遵循。但是，如果用马克思主义认识论来具体地解释造成研究生社会主义核心价值观认知呈现出的复杂现状就显得较为笼统，难以进一步深入分析研究生主观能动性在认知中发挥的作用。无论是国家层面、社会层面还是公民个人层面的核心价值观，研究生都对其基本内容表现出较为广泛的认知和认同，但是就社会主义核心价值观对研究生现实活动、人生目标和理想信念的引导来说，还未表现出绝对的优势。根据马克思主义认识论，研究生对社会主义核心价值观已经完成了从感性认识到理性认识的过程，应该可以顺其自然地形成对实践的引导，然而现实并非如此。除此之外，马克思主义认识论对研究生认知社会主义核心价值观的差异性无法做出较为具体和深入的解释。所以说，马克思主义认识论中感性认识到理性认识再到实践的循环过程并不足够完全刻画研究生对社会主义核心价值观的认知事实。究其原因，主要有二：其一，研究生个体价值观的存在。相较于研究生对其他知识、概念的认知，对社会主义核心价值观的认知不但包括对其概念、内容、本质的把握，还意味着基于其中蕴含的价值准则、价值取向、价值目标对原本自身价值体系的重新思考、审视甚至整合。从实际来看，研究生是有意识的、现实的人，其个体价值观是围绕着个人现实生活建构起来的个性的、丰富的体系，不一定与社会主义核心价值观完全一致，二者可能在一定程度上出现融合和共通之处，但是，也可能存在差别甚至相悖的情况。并且，社会主义核心价值观作为中国精神、中国价值的核心，作为广大人民群众价值观念的主导，无法像个体价值观一样涉及研究生社会生活和社会交往的方方面面。那么，站在研究生的角度来看，认知和认同社会主义核心价值观就不是一个简单的从感性认识到理性认识的循环过程，很有可能也包括对自身原本价值体系的改变和更替。其二，马克思主义认识论的群体性考虑。马克思主义认识论将认识看作一个人在实践中发挥主观能动性，从感性认识到理性认识再到实践运用的过程。在这里，论述的是人遵循的普遍规律。从马克思主义哲学的整体来看，也更倾向于解释无产阶级对客观规律的认识和把握，更倾向于以阶级的群体性解释世界、认识世界和改造世界。然而对于研究生的认知事实，尤其是对社会主义核心价值观这样的价值体系进行认知来说，是具有明显个体差异的认识过程，每个研究生主观能动性的发挥各有不同。在这样的事实下，笼统地以阶级或者群体作为研究对象难以刻画研究生个体的认知事实，也就难以厘清研究生在社会主义核心价值观认知中的规律所在。

由此看来，用以探究研究生社会主义核心价值观认知的分析工具，需要在研究中真正将研究生还原为现实的人，并且可以刻画出研究生对社会主义核心价值观的认知过程、影响因素，还原研究生认知规律。同马克思主义认识论一样，皮亚杰的发生认识论原理中也认为人的认识是一个从低级到高级不断发展的过程。不过，认知结果的形成和发展过程被更具体地分析为是在一定的认知结构，也就是认知基模的作用下产生的。皮亚杰认为，人对事实的认知，是通过内部结构的中介作用来实现的。这些结构总是在"有效的和不断的建构"①，引起了事实认知的发展和变化。这种内部结构就是认知基模。人在最初的感知运动中开始建构自己的认知基模，并在基模的主导下产生认知。随着活动水平的提升和活动内容形式的丰富，人的活动依次进入前运算

---

① ［瑞士］皮亚杰.发生认识论原理［M］.王宪钿，译.北京：商务印书馆，2016：15-16.

阶段、具体运算阶段和形式运算阶段。在不同的阶段认知基模也在不断发生变化,"从一个较初级的结构过渡到一个不那么初级的(或较复杂的)结构"①。在此作用下的事实认知也从感性认知逐渐向理性化、概念化方向发展。可以说,认知基模是人在认知中发挥其主观能动性的原因所在。那么,运用认知基模就可以分析研究生究竟是如何对社会主义核心价值观进行认知,如何在认知过程中发挥自己的主观能动性,也可以解释研究生认知社会主义核心价值观的差异性,并掌握其中的规律,得以还原和刻画研究生认知社会主义核心价值观的事实。

二、价值认知基模在价值认知中的功能

价值认知作为认知的一种特殊形式,其形成同样依赖于内部结构的中介作用。伴随着事实认知的发展,作用于价值认知的内部结构也在不断地建构,从而促成了价值认知的发展。在这里,将这种内部结构称为价值认知基模,是专门发挥价值认知功能的结构体系。与一般的认知基模一样,价值认知基模应该也是作为人的一种内部功能结构而存在的。也就是说,在人的价值认知活动中,人并不会意识到价值认知基模的存在,价值认知更不会是人有意识地按照一个预成的规律和准则才形成的。相反,价值认知基模是基于人的价值认知事实对价值认知遵循的一般性规律进行的总结。同之前所说的一般意义上的认知一样,是先有人实际的价值认知才有了对人的价值认知形成和发展过程进行解释的价值认知基模。在人的现实活动中,价值认知基模只是对人关于价值认知事实的刻画。这一点是遵循皮亚杰对人的认知进行研究的原则,尤其是对心理逻辑在认知中的作用和功能研究,即心理逻辑只是对人在认知中心理活动和规律的形式化刻画,而非为人的认知制定的规则。所以,在明确价值认知的特殊性前提下,对个体价值认知基模的研究,更重要的是刻画人在价值认知过程中的规律,以此来论述在人的价值认知中发挥价值认知功能和作用的功能性结构体系,也就是集中于挖掘价值认知基模为人的价

---

① [瑞士]皮亚杰.发生认识论原理[M].王宪钿,译.北京:商务印书馆,2016:15.

值认知提供的运算逻辑。

价值认知基模的运算逻辑可以分为两个层次：其一是价值认知基模作为认知基模具备的一般性运算逻辑；其二是价值认知基模作为专门作用于价值认知活动的认知基模的特殊性运算逻辑。

第一，价值认知基模的一般性运算逻辑。价值认知，首先是人的认知活动，其形成和发展具备普遍性和一般性。虽然人的价值认知，尤其是研究生的价值认知是本研究中的重点研究对象，但是不得不承认的是，在现实的认知活动中，是无法将其与一般意义上的认知，也就是对客观事物的事实认知剥离开的。同样，价值认知基模也不是单独地作用于价值认知的功能性结构，而是从属于认知基模中的一部分结构功能体。也就是说，价值认知基模发挥的功能作用最先表现为对价值认知对象进行一般性的逻辑运算。人的价值认知总是负责对客观事物的评价和选择，而具体发挥评价和选择功能的则是价值认知基模。人在认知之初建构的基模是发挥动作类比功能的动作基模，随着认知的发展，具备逻辑运算功能的运算基模才被建构起来。这些运算逻辑包括对客观事物的初步表征和表述，根据客观事物的表征进行分类和排序，对客观事物进行分析、推理、演绎等概念化和抽象化的认知，并且在认知功能上呈现出由低级向高级的发展趋势。人的价值认知不是一个孤立的活动过程，而是始终伴随着一般意义上的认知，也就是事实认知。由此，价值认知基模在价值认知中发挥的功能和作用也是与一般意义上的认知基模同步进行的，并且在一定程度上其功能的发挥是建立在事实认知的基础上。但是，不同的是，价值认知起源于人的需要产生和自我意识的觉醒。当人的认知还依靠十分局限的、本能的动作时，还不能被认为开始了价值认知的建构，因为这时的人还不具备将自身与客观事物分离开来的自我意识。所以，价值认知基模一开始就是运用逻辑运算作用于价值认知，并不是从单纯的动作类比开始的，而是与皮亚杰事实认知的四个阶段相呼应，包括前运算阶段、具体运算阶段、形式运算阶段在内的逻辑运算的发展过程。

首先，价值认知基模在价值认知前运算阶段的单纯价值感知。个体最初产生的价值认知，是纯粹出于对自我感官是否得到满足的认知。也就是说，这时的价值认知基模对客观事物的评价和选择运用的是从个体感官出发的逻辑。如果客观事物使个体在某些感官上得到满足，则会将其视作"好的"。与之相反，如果客观事物为个体带来不好的感官体验，则被视作"不好的"。但是，这种单纯的感官逻辑实际上还是价值认知的低级阶段，还不能形成所谓"正确的"价值认知的阶段。在这里，正确的价值认知是一个相对的概念，对于任何一个认知个体而言，其形成的从主体尺度出发的价值认知理所当然都是正确的，符合个人当下价值认知基模的逻辑。然而，当其价值认知水平进入另一个更高级的阶段，或者说建构的价值认知基模具备更高级的运算逻辑时，之前"正确的"价值认知就可能被推翻。当价值认知基模使用的是感官逻辑时，认知结果的感性成分使之在之后真正的逻辑运算阶段很有可能被认知主体推翻。比如，因为糖果可以带来良好的味觉感受，所以在儿童的价值认知中，糖果是好的，有价值的。而往往家长对糖果持有与儿童完全不相同的价值认知，这是建立在对糖果的进一步事实认知的基础上的，并不是以客观事物带来的感官逻辑作为评价和选择的工具。两种认知结果相比较，家长的价值认知运用的是建立在对糖果本身的具体认知之上，是相对理性的评价，也就更接近所谓的关于具体事物的正确价值认知。接下来，随着一般的认知基模的发展，价值认知基模所运用的运算逻辑也被认知主体进一步建构。

其次，价值认知基模在价值认知具体运算阶段的具体运算逻辑。正如上述家长对糖果的价值认知，显然与儿童的价值认知不同。这并不仅仅是因为感官逻辑不同带来的个体之间价值认知的不同，更是一种建构价值所运用的运算逻辑级别的不同。也就是说，家长对糖果的价值认知运用的不是感官逻辑，与儿童价值认知不同也不是因为感官体验的不同，而是并不使用感官作为价值认知的逻辑。在糖果同样可以为家长带来感官享受的情况下，其价值评价并不一定是正向的，也并不一定被选择。那么，当价值认知基模摆脱感官逻辑时，作用于人的价值认知基模伴随着一般意义上的认知，也就是对客观事物的事实认知而得到认知主体的重新建构，继而发展至具体运算逻辑。认知的具体运算阶段，作用于人对客观事物的认知的是具体运算逻辑，可以对客观事物进行分类和排序。实际上，分类和排序意味着在具体认知阶段人对客观事物具体特征的认知。那么，在价值认知的具体运算阶段，价值认知基模的具体运算逻辑从主体尺度出发，根据认知到的具体客观事物的特征进行评价，也相应地依据这种评价对具体的客观事物进行价值排序，继而形成实践中的选择。

最后，价值认知基模在价值认知形式运算阶段的形式化运算逻辑。人的认知发展至形式运算阶段，认知水平不再停留于对具体客观事物的分类、排序等逻辑运算，而是通过对客观事物的进一步概念化和抽象化把握，得以将其从时间和空间中抽取出来进行推测、演绎等逻辑运算。换句话说，形式运算逻辑在认知中的运用使人认识到的客观事物脱离了可能造成影响的外在条件，更接近客观事物本身。在这一认知基础上发挥价值认知功能和作用的价值认知基模是形式运算逻辑。人对客观事物的价值认知已经不仅仅出现在具体关于客观事物的实践中，而是可以依据对客观事物形式化的认知呈现出一种预先评价和判断，从而得以在对客观事物的对象性实践之前形成预先选择。也就是说，在价值认知的形式运算阶段，在价值认知基模的形式运算逻辑作用下，人不仅可以对实践中已经遇到的客观事物进行评价和选择，还可以对未曾在实践中遇到的客观事物根据主体尺度进行带有推测和演绎性质的评价和选择。这是价值认知基模形式化逻辑运算一方面的功能作用，另一方面则是可以对更加抽象化的概念进行价值认知。这时的价值认知对象不一定是具体的客观事物，价值也就不一定是实在的客观事物对认知主体的正向价值或负向价值，还可以从主体尺度出发对一系列抽象的理想信念、精神追求、价值信仰等作出评价和选择。

价值认知基模的一般性运算逻辑可以对人的价值认知事实普遍呈现的阶段性发展形成解释。但是，需要注意的是，与对客观事物的事实认知不同，处于同一认知阶段或者说同一认知水平的认知主体并不一定能形成同样的价值认知结果，而是呈现出很明显的差异性。这是因为在价值认知中，除了人的心理逻辑发展阶段的影响，主体尺度是认知结果的重要影响因素。然而，基模理论并不能解释处于相同价值认知阶段的认知主体对同一客观事物产生多样化价值认知的原因，所以，要刻画人的价值认知事实还需要厘清价值认知基模的特殊性运算逻辑发挥的功能和作用。

第二，价值认知基模的特殊性运算逻辑。人在现实活动中依托于认知基模的建构和发展不断对价值认知基模进行建构，也可以说作用于价值认知的功能性结构处于不断升级之中。正如在人的价值认知之初总是凭自身的感觉和体验对客观事物形成评价和选择，继而可以通过具体客观事物具备的特征从自身出发产生关于客观事物之于自身的价值的认知，而发展到最后，价值对于主体来说已经不一定依附于具体的客观事物而存在，可以是诸如自由、尊严、幸福等抽象的理想、信念。然而，从人的价值认知事实来看，这种价值认知基模结构性功能呈阶段性的发展并不意味着在每一阶段中只有相应阶段的基模在发挥作用，而是一个共同作用的过程。价值认知基模具备形式化运算逻辑的个体在价值认知活动中也会运用感官逻辑和具体运算逻辑对认知对象进行评价和选择，否则发展到一定阶段人将不会对接受到的感官信息形成评价。比如一个价值认知基模发展正常，却不再依靠味道的好坏选择美食，这显然是违背人的价值认知事实的。所以，与对客观事物的事实认知相比，价值认知基模呈阶段性的建构并不意味着人对客观事物的价值认知更接近某个"正确的"客观事实，而只是可用于价值认知的功能性结构在功能作用上的增加和升级。换句话说，价值认知基模功能的升级影响的是人价值认知作用的范围和水平，而影响价值认知结果，造成多样性价值认知事实的运算逻辑还是要回到人的主体尺度去寻找，因为毕竟人的主体尺度是价值的来源，也就是说，价值是对客观事物是否与主体尺度相符的判断。

对于主体尺度的理解从来就是与对主体的理解联系起来的，在马克思主义认识论和实践论中，虽然并没有给出主体的明确定义，但是从对认识和实践的观点来看关于主体总是遵循基于现实的人的实践性原则，即在认识和实践中的人不是被动地接受来自客体的直观反映，而是无论在认识或认知中，还是在狭义的实践中，人总是主动地作用于客体的，是具备主观能动性的。在此为了避免概念上的混淆，需要对在研究中使用的概念与马克思主义认识论和实践论中惯用的概念做一个说明。前面已经提到过，在本研究中，人的全部活动被看作狭义上的实践，即人对客体向外的动作和行为，以及认识或认知，即人对客体向内的活动，也就是在人脑中通过思维活动对客体进行的内化。同时，将人的全部活动统称为人的现实活动。在马克思主义认识论和实践论中，认识是在人的实践中形成的高级反映活动，这种反映活动是在一定程度上可以自由选择认知对象和认知方式并且发挥了人的主动性的对客体本质、特征、联系等的把握。而实践则被看作现实的人为了生存和生活的需要对客体的改造过程以及对客体的感性把握，也就是说只要是现实的人为了自身需要的自觉行为和活动都可以认为是人的实践。由此来看，马克思主义认识论和实践论中论及的认识和实践分别对应本研究中的认知以及人的现实活动。但是，本研究中对人的现实活动、认知以及实践所指范围的重新划定并不是为了概念的复杂化，也不是为了无意义的学术创新，而是从对人的价值认知事实进行说明的需要来看必须对人的现实活动进行细化，以形成对人的价值认知形成和发展的解释，进而厘清个体的价值认知基模在价值认知形成和发展中发挥的作用和功能。所以，在这里虽然使用的概念与马克思主义认识论和实践论中使用的概念稍有出入，但这只是为了更好地说明个体价值认知基模，并不与马克思主义中的主体、实践和认识相悖，仍然视现实的人、有生存和生活需要的人为所有包括外在的和内在的行为和活动的主体。这样一来，个体价值认知基模的特殊性运算逻辑无疑就要从现实的人最初行为和活动开始一直伴随人的活动的主体尺度开始寻找。

在人的价值认知中主体尺度的核心在于人在现实活动中的动机。用于刻画人的多样性价值认知事实的价值认知基模特殊性运算逻辑，一方面必须提供人进行价值认知的动机，另一方面必须提供人形成个性化价值认知的动机。也就是说，这个特殊性运算逻辑既刻画了人普遍需要进行价值认知的事实，又刻画了每一个认知主体形成的价值认知都呈现出特殊性的事实。那么，寻找和描述在认知主体中发挥价值认知功能的特殊性运算逻辑实际上就转变为对个体建构价值认知以及重新建构价值认知动机的考察。这里使用"动机"进行表述似乎将价值认知活动视为一种具有特殊目的性的活动，实际上并非如此。马斯洛认为，从作为一个整体的人和现实的人角度出发，"在一定意义上，几乎机体的任何一个事态（state of affairs）本身都是一个促动状态"[1]，也就是说，虽然人经常无法意识到自己活动的动机，但是动机是触发活动的普遍性要素。价值认知活动也是如此，拥有触发其建构以及进行个性化建构的动机。并且，因为人的价值认知活动总是在变化和发展的，所以，其动机不应该被视为孤立的、限制的、静止的某种目的，而是持续的、变化的、复杂的，是发展变化着的价值认知活动的普遍特征。在马斯洛看来，"动机的研究

---

[1] ［美］亚伯拉罕·马斯洛. 动机与人格（第三版）[M]. 许金声，等译. 北京：中国人民大学出版社，2007：7.

在某种程度上必须是人类的终极目的、欲望或需要的研究"①，据此，对价值认知活动动机的考察也就不能满足于日常欲望或表层动机的描述，而是要追踪隐匿在表面之下的人建构价值认知的终极需要。

首先，人本身拥有基本的价值认知需要。前面提到，价值认知在人的现实活动中是专门对活动对象发挥评价和选择功能的认知。人在现实生活中总是在进行评价和选择，小至在何时何地吃饭，大至自身发展的方向，不管这种选择是不是有意识进行的，都是在对活动对象或者活动手段进行评价和选择，更进一步说，是在建构价值认知。而如果追究人为什么要进行价值认知，归根结底是因为人与生俱来的认知需要，其中当然也包括价值认知需要。"了解和理解的需要在幼年晚期和童年时期就表现出来，并且可能比成年期更强烈。不仅如此，无论怎样解释，这似乎是成熟的自然产物而不是学习的结果"②，人坚持不懈地想要了解世界、了解自己，正是出于人拥有属于类本能的、基本的认知需要。更通俗地讲，现实的人是需要生存和生活的人，如何生存和生活则建立在对人、社会、世界认知的基础之上，那么人具有基本的认知需要无非是为了生存和生活，而人具有基本的价值认知需要无非是以自身的主体尺度对客观事物进行评价进而选择自身独特的各类活动对象，一定意义上就是选择自身作为现实的人的生存手段、生活方式、人生目标。在人的现实活动中，一切存在于世界上的客观事物，不管是实在的还是观念的，有形的还是无形的，已经被认知的还是依然未被认知的，都是潜在的活动对象。但是，并不是每一种客观事物都会成为每一个人的活动对象。在价值认知活动中也一样，人不会对所有客观事物都进行价值认知，而是有选择地进行。价值认知需要作为人的基本需要一方面促成人对具体事物的评价和选择，另一方面引导人的具体实践乃至人生发展，无论是在哪个层面上人都需要以认知到的价值作为依据对自身的活动做出选择。价值认知需要是始终伴随着人的活动的基本需要，不会因为某一次价值认知活动的完成或者对某一种客

---

① [美]亚伯拉罕·马斯洛.动机与人格（第三版）[M].许金声，等译.北京：中国人民大学出版社，2007：6.

② [美]亚伯拉罕·马斯洛.动机与人格（第三版）[M].许金声，等译.北京：中国人民大学出版社，2007：32.

观事物价值认知结果的得出而得到完全的满足。随着人的主体尺度的发展变化，价值认知需要也会呈现出不同的层次和发展状态，也正是在主体尺度的区别下，个体的价值认知需要以及在价值认知需要引导下形成的价值认知也呈现出个性化特点。

其次，需要层次影响下的价值认知。尽管在不同的文化环境中，人的生活方式和风俗习惯不尽相同，甚至存在很大差异，除此之外，同处于一个文化环境中的人们生活方式和行为习惯也有所不同，但是在人行为活动的表面欲望基础上继续探寻背后的原动力，最终很大程度上可以归为人们具有层次性的类本能需要。如前所述，价值认知需要是人进行价值认知活动的原动力，那么，人形成个性化的价值认知的原动力则是人所处的需要层次的不同，也可以说，在此之前一直强调的价值认知建构所依据的主体尺度实际上就是认知主体所处的需要层次。马斯洛需要层次理论是目前对人的行为活动动力研究最合理的模型，在此，人建构价值认知的主体尺度或者说是价值认知基模的特殊性运算逻辑都要从人的类本能——需要层次入手得以阐释。但是对于其究竟分为几层依然存在争议，最为普遍的观点是包括生理需要、安全需要、归属和爱的需要、自尊需要、自我实现需要在内的五层次说和在五层次说基础上加入认知需要、审美需要的七层次说，也就是说，是否在需要层次中加入认知需要和审美需要，并且在什么位置加入认知需要和审美需要是争议的关键。[1]从属于认知需要的价值认知需要实际上是人与生俱来的基本需要，也是人在现实活动中始终在有意识或无意识地进行价值认知活动的原动力，所以在本研究中，认知需要和审美需要虽然是人的需要却无法归入从低级向高级发展的需要层次中，并且是始终伴随着人需要层次发展的各个阶段，也可以说二者是伴随需要。由此，才能合理地解释和刻画由生理需要主导个人行为活动的人也可以对客观事物进行评价和选择，并不是在满足了一定层次的需要之后才开始建构价值认知的，而价值认知需要产生的范围和满足的手段都是由主导人的需要处于哪个层次决定的。在以价值认知需要为原动力的价值认知活动中，由于认知主体需要层次不同，会进行个性化的价值认知建构，

---

[1] ［美］亚伯拉罕·马斯洛.动机与人格（第三版）[M].许金声，等，译.北京：中国人民大学出版社，2007：译者前言3.

从而形成不同的认知结果。需要层次的更迭就可以被看作刻画多样化价值认知事实的价值认知基模特殊性运算逻辑。

与价值认知基模的一般性运算逻辑不同，以需要层次为依据的价值认知基模的特殊性运算逻辑的发展并不一定遵循由低级的生理需要向高级的自我实现需要的顺序，而只是根据人在现实活动中的优势需要进行价值认知活动。马斯洛提出，"当人的机体被某种需要主宰时，还会显示出另一个奇异的特性：人关于未来的人生观也有变化的趋势"[①]，这样的需要就被称为优势需要。理论上来看，每一个需要层次都可能成为人的优势需要，也就可能成为认知主体在价值认知中的特殊性运算逻辑，但是从实际情况，至少是从我国的实际情况来看，作用于价值认知的优势需要被限制在一个比较有限的范围内。

（1）生理需要。如果说某一层次的需要是人的优势需要，并不是简单地代表人有这方面的需求，而是更根本、更主导性地作为人活动的主要原动力存在。那么，就生理需要而言，其作为价值认知主体的优势需要意味着人处于极度缺乏生存所需的物资环境下，而不是一般意义上人对于食物、水分、休息等的需要。比如，饥饿已经使一个人的生命处于危险状态，那么此时生理需要才可以被视为是此人的优势需要，食物对于他比其他任何不相干的财富和名誉都更重要，并且其所有的活动都指向获取食物。对于生理需要为优势需要的价值认知主体来说，与满足生理需要相关的客观事物和行为手段是价值认知中主要被评价和行为活动中被优先选择的对象。生理需要是最基础的需要，如果一个人的所有需要都没有满足，那么生理需要无疑是最亟须满足的需要。

（2）安全需要。当生理需要不再是优势需要，那么安全需要就成为人一切活动的主要原动力，主要包括"安全、稳定、依赖、保护、免受恐吓、焦躁和混乱的折磨、对体制的需要、对秩序的需要、对法律的需要、对界限的需要以及对保护者实力的要求等"[②]。以安全需要为优势需要的认知主体在其价

---

① ［美］亚伯拉罕·马斯洛. 动机与人格（第三版）[M]. 许金声, 等译. 北京：中国人民大学出版社, 2007：20.

② ［美］亚伯拉罕·马斯洛. 动机与人格（第三版）[M]. 许金声, 等译. 北京：中国人民大学出版社, 2007：21.

值认知活动中会倾向于给予促进自身安全、稳定状态，包括社会环境的安定、社会制度的完善和全面等手段较高的评价，其自身活动也会主要地转向安全状态的获取。到这一层次为止，虽然这两层需要作为优势需要是可能发生的，但是在我国生理需要和安全需要已经不是普遍的优势需要。一方面，作为人口大国我国的贫困发生率已经降至较低水平，人们的生活普遍得到改善提升至温饱水平以上，党的十九大报告中明确"贫困发生率从百分之十点二下降到百分之四以下"①；另一方面，虽然我国的各项制度还处于不断完善中，但是自新中国成立以来人民摆脱了被侵略、被压迫的危险处境，并且中国特色社会主义民主法治的持续建设已经为人民营造了相对安全的生活环境。在NUMBEO 网站公布的 2017 全球各国犯罪与安全指数排行榜（Crime Index for Country 2017）中，中国的犯罪指数为 33.90%，安全指数为 66.10%，按照危险指数由高至低的顺序在全球 125 个国家中排名第 92，属于全球范围内较安全的国家。②

（3）归属和爱的需要。在我国，人们的优势需要主要集中在生理需要和安全需要之后的三个层次上，当然这是从相对普遍的意义上说，并不代表个别特例。当安全需要得到满足，随之出现的就是归属和爱的需要。如果人的生存在一定程度上得到保障，即不受到源于温饱和人身安全造成的生命威胁，人的活动会趋向获取爱和归属感，"会渴望同人们建立一种关系，渴望在他的团体和家庭中有一个位置，他将为达到这个目标而做出努力"③。这种归属和爱的需要不仅存在于与最亲近的家人和朋友之间的关系中，也存在于有时被忽略的族群、邻居、同事、朋辈、同乡等与自身貌似不那么紧密的关系中。如果归属和爱的需要是人的优势需要，那么其价值认知就会偏向于对满足这种需要的客观事物和行为活动进行好的评价，并且其活动也将以优先满足这一需要为主导。

---

① 习近平. 决胜全面建成小康社会 夺取新时代中国特色社会主义伟大胜利 [N]. 人民日报，2017-10-28（1）.

② Crime Index for Country 2017. https://www.numbeo.com/crime/rankings_by_country.jsp?title=2017.

③ [美] 亚伯拉罕·马斯洛. 动机与人格（第三版）[M]. 许金声，等译. 北京：中国人民大学出版社，2007：26.

（4）自尊需要。在归属和爱的需要得到一定程度的满足之后出现的是自尊需要。在这里需要强调的一点是，虽然在表述上将人的需要看作一个接一个出现的，呈现出由低级向高级发展的层次状态，但更准确地说，呈层次状态的是主导人活动的优势需要而不是一般意义上的需要。当然，如果一个人为低级的生命维持需要如生理需要或安全需要所困时，谈论之后的需要层次暂时不具有意义。一个生存状态正常的人，即不再以生理需要和安全需要为优势需要的人，基本上应该具有每一个层次的需要。也就是说，他同时拥有生理需要、安全需要、归属和爱的需要、自尊需要和自我实现的需要，只不过每一层次需要的满足程度不同。那么，其中某一个最急切地需要得到满足的就是其优势需要，也是主导其价值认知活动进行的原动力。同时，每一种需要作为优势需要也并不是得到百分之百绝对满足才被另一种需要层次代替。马斯洛已经在其需要层次理论中强调过这一点，"事实上，对于我们社会中的大多数正常人来说其全部基本需要都部分地得到了满足，同时又都在某种程度上未得到满足……至于说到一个新的需要在优势需要（prepotent need）满足后出现这一观点，这种出现并不是一种突然的、跳跃的现象，而是缓慢地从无逐渐到有"①。据此，优势需要的层次性是一种连续缓慢地更迭和联结的状态，如果一个以归属和爱的需要为优势需要的人，其生理需要和安全需要已经得到了较高程度的满足，而自尊需要和自我实现需要虽然满足程度不高，但是这种不满足状态暂时还未被认识到或者被注意到，只有优势需要得到一定程度的满足，接下来这一层次的需要对自身的重要性才会被凸显出来。之所以做这一解释是为了更实际地说明各种需要作为人的类本能的存在状态，重新回到对于自尊需要的探讨，它就不再是一个归属和爱的需要得到完全满足之后才会出现的需要，它在现实的人中的存在是具有普遍性的。也就是说，"除少数病态的人之外，社会上所有的人都有一种获得对自己的稳定的、牢固不变的、通常较高评价的需要或欲望，即一种对于自尊、自重和来自他人的尊重的需要或欲望"②。如果自尊需要作为人的优势需要，那么其一切活动的

---

① ［美］亚伯拉罕·马斯洛.动机与人格（第三版）[M].许金声，等译.北京：中国人民大学出版社，2007：36-37.

② ［美］亚伯拉罕·马斯洛.动机与人格（第三版）[M].许金声，等译.北京：中国人民大学出版社，2007：28.

主要原动力可以来源于两个方面：其一，因为自身可以胜任某些活动或者得到某种成果而带来的成就感、自信感、自豪感、优越感等欲望；其二，因为某种荣誉、成就、地位和身份而获得的来自他人对自身的尊重、尊敬、赞赏等欲望。自尊需要为原动力的价值认知给予使自身产生自信以及被他人尊重的客观事物和行为活动较高的评价，并认为是自我追求的目标和人生发展的方向。

（5）自我实现需要。人的需要是不断增长并且永远不会完全满足的，这与马克思所持有的关于现实的人的观点是一致的。那么，在人的自尊需要得到一定程度的满足，已经不再是主导包括价值认知在内的活动的主要原动力时，人对自我实现的欲望和要求逐渐成为优势需要。相较于前四个层次的需要，自我实现需要更加具备多样化和个性化。对于不同的人来说，实现自我的方式或者手段各不相同，甚至存在很大的差异，好比一个人认为当一名优秀的厨师是自我的实现方式，而另一个人则认为当一名画家进行艺术创作是自我实现。但是自我实现也并不是全然主观的东西，人人都想成为艺术家而不可能所有的人都可以实现，或者说也并不是所有人都能在努力成为艺术家的过程中或者是成为艺术家之后的结果中满足自我实现的需要。也就是说，自我实现的需要只有在真正激发自己潜能的活动中才能得到满足，正如马斯洛所说，"一个人能够成为什么，他就必须成为什么，他必须忠实于他自己的本性"[1]，只有基于自己本性产生"自我发挥和自我完成（self-fulfillment）的欲望，也就是一种使人的潜力得以实现的倾向"[2]时，才能称之为自我实现需要。在这一需要作为优势需要时，人已经逐渐成为最独特和最应该是自己的自己。在自我实现需要成为价值认知活动原动力时，人的价值认知更着重于对有可能满足自我实现需要的客观事物和行为活动进行评价，并且人生轨迹也会随着自我实现目标的明确进行规划。

虽然动机是主体尺度的核心，但是任何一个人所处的任意一个需要层次都不是个人所决定的，而是多个因素共同作用的结果，并且这些因素使抽象

---

[1] [美]亚伯拉罕·马斯洛. 动机与人格（第三版）[M]. 许金声，等译. 北京：中国人民大学出版社，2007：29.

[2] [美]亚伯拉罕·马斯洛. 动机与人格（第三版）[M]. 许金声，等译. 北京：中国人民大学出版社，2007：29.

的需要层次表现为一个个具体的、现实的需要。

第一，家庭因素。人的认识，无论是对客观事物的认识，还是对有关价值的认识，总是在人的活动中产生和形成的。由此来看，能够影响到个体活动的因素随之也会对人的认识产生影响，价值认识也不例外，而这些因素往往因人而异，影响到人的主体尺度。人成长初期对价值的认知，包括自身价值认知基模的形成总是伴随着个人家庭的影响，这主要是因为家庭对个人成长初期的活动有着重大的影响。在家庭因素的影响下，处于成长阶段的个人总是被限制在一定的范围内有选择地进行活动，比如接触什么样的人、进入什么样的环境、进行什么样的具体活动。虽然这种限制无论是从被限制的个人来看，还是从其家庭来看很大程度上都属于无意识的行为，但是从对认识形成的过程来看，个人的价值认识确实受制于这种有限制的活动，因为个人的价值认识是不可能超出于其活动范围以外的。所以，个人的家庭以对个人活动的限制影响着其价值认识的形成，也就影响着价值认知基模的建构。除此之外，家庭对于个人价值认知基模更为直接的影响是家庭成员作为个体最为亲密的关系存在，以其行为和潜在的价值认识对个人价值认知基模产生直接影响。

第二，社会因素。当个体在一定程度上掌握了自身活动的选择权，家庭因素对个体价值认知基模的影响虽然不会被完全取代，但是社会因素对个体价值认知基模的影响确实是不容忽视的，甚至逐步成为影响个体价值认知基模的重要因素。社会因素主要指的是社会关系和社会环境，也就是说，个体价值认知基模的形成和发展总是要受到个体的社会关系和社会大环境的影响。而在当今的新媒体时代，社交媒体在人们生活中的广泛使用，不但对个人活动方式产生影响，一定程度上改变了人们的活动，更重要的是社交媒体重构了人们的社会关系。这种重构一方面体现在社交媒体改变了人们实际的社会关系维系和沟通的方式，另一方面体现在社交媒体为人们构建了新的、虚拟的社会关系。

在个体使用社交媒体的活动中，个体与实际社会关系的交流互动以及与新的、虚拟的社会关系的交流互动实际上都建立在与对方拥有共同的价值共识，或者是对方的价值认识相较于自身的价值认识更具有优势和指导性。在社交媒体中的行为活动包括个人观点的发表、个人信息的分享以及社交媒体中社会关系的自主选择。那么，价值共识的形成可以是他人对自身信息中价值认识的认同，也可以是自身对他人所发表的价值认识的认同。当这种认同在社交媒体中通过符号、文字、语音、图片等形式表现出来时，就产生了双方进行互动和沟通的可能。当双方真正进行互动和沟通，并使这种关系的增进以一种社交媒体特有的方式加以稳固之后，社会关系就已经形成。社交媒体为使用者提供多样化的价值取向以供选择，有可能对个体价值认知基模形成影响。这种可能性往往出现在个体原有的价值认知基模指导的活动无法满足个体的利益和需要时，而社交媒体中其他使用者发表的带有价值认识的信息恰巧被个体认为更符合其利益和需要。

第三，个人实践经验。个人实践是人的认识，包括价值认识形成的重要因素。就价值认识来说，只有在实践中，人才能对什么样的客观事物更符合自身的利益以及怎样做更符合自身的利益做出判断，而这些判断标准实际上就是人对客观事物和自身行为做出的关于价值的取舍和选择，也就是价值认知基模的建构过程。皮亚杰的认识论中倾向于使用活动来作为人们认识的基础，但是，在价值认识的探讨中，使用活动的概念未免太过于宽泛，包括马克思所指的实践，同时也包括简单的肢体活动。当然，活动仍然是人们价值认知基模形成和发展的重要基础，因为就价值认识的起源来看是无法脱离活动谈价值认识的发生的，但是，要说到个体价值认知基模的影响因素，运用马克思的实践概念则更为准确并且有利于对价值认知基模建构的探讨。马克思的实践，是现实的人的实践，是包含了人的需求和利益的实践。所以，个人的实践不仅是价值认知基模的影响因素，而且是价值认知基模发生改变的决定性因素和条件。

总而言之，价值认知基模得以在价值认知中发挥使人选取不同的对象进行认知，并且对同一认知对象形成不同评价的作用，缘于需要层次作为价值认知基模的特殊性运算逻辑。也可以说，价值认知依据的标准就是人的需要层次和家庭因素、社会因素、个人实践经验共同影响下形成的在现实生活中的具体需要。

至此，人的价值认知事实通过包含一般和特殊两种运算逻辑在内的价值认知基模进行刻画。一方面，人的价值认知事实具有共性，价值认知的能力呈现出由单纯感官评价到具体事物评价再到抽象化对象评价的发展趋势，这是由价值认知基模一般性运算逻辑结构性功能的发挥决定的；另一方面，人的价值认知事实同时也具有个性，从对价值认知对象的选择到价值认知的评价再到评价之后的对象性实践都充分呈现出个性和多样性特点，这就是由价值认知基模特殊性运算逻辑结构性功能的发挥决定的。两种运算逻辑在价值认知活动中共同发挥作用，也充分刻画了人价值认知活动的复杂性。

三、研究生对价值认知基模的依赖

研究生的价值认知作为认知中的一个重要组成部分，是与对客观事物的知识性认知、概念性认知，即事实认知共同在现实活动中发挥指导作用的。也就是说，研究生的认知既影响着其对客观事物向外的动作和行为，也影响着其对客观事物的进一步认知。虽然在研究生实际的现实活动中，对客观事物的动作和行为以及认知并不能完全地分离开，通常是在现实活动中同步进行的，但是，也正是因为认知不仅影响研究生的动作和行为，还要影响对客观事物的继续认知，才能明确价值认知的功能和作用与事实认知仍有区别。事实认知是对客观事物本身的认知，这种认知是对客观事物内在本质和规律的认识和把握，也就是以本质和规律指导着研究生对具体客观事物进行的动作、行为以及认知。这种认知一定程度上呈现出普遍性。比如，研究生对某种研究方法或科学规律的认知和把握，就会使研究生在科研中使用同样的方法或者遵循统一的规律。但是，价值认知是从研究生的主体尺度出发的，也就是从研究生自身条件、所处环境等出发的，所以价值认知是研究生的实践和认知总是在一定的普遍性之上呈现出个性的原因所在。研究生现实活动的个性化，最初表现为对具体客观事物的评价和选择不同。具体来看，这种评价和选择既包括对客观事物本身的评价和选择，也包括研究生对客观事物进行什么样的实践和认知的判断和选择。研究生的价值认知就是在现实活动中负责这种评价和选择的认知。所以，价值认知在研究生现实活动中的根本作用是从主体尺度出发为研究生提供评价和选择。这种评价和选择一方面作用于活动对象，另一方面作用于活动本身。换句话说，出于主体尺度的价值认知从根本上解释了研究生对客观事物的对象化活动中呈现出差异的原因。

研究生价值认知的评价和选择作用既作用于对客观事物的现实活动之前，

也作用于现实活动中和现实活动之后。首先，研究生的价值认知作用于现实活动之前的选择。这种选择既可以是对作为现实活动对象的客观事物进行什么样的动作和行为的选择，也可以是是否要继续对客观事物进行认知的选择。其次，研究生对客观事物的现实活动的价值认知也在同时进行。通过研究生对客观事物的现实活动，包括实践和事实认知在内，客观事物的本质、特征、内在联系等将被进一步认知，研究生将会在新的事实认知基础上对客观事物进行重新的评价和判断。最后，对客观事物形成的价值认知成为研究生进一步实践和认知的标准。也就是说，决定研究生认知对象、对认知对象进行什么样的实践和认知的，都是研究生根据主体尺度建构而成的价值认知。研究生的价值认知与事实认知并不是简单的单向作用，也就是说，并不是价值认知单向地作为认知前提作用于对客观事物的事实认知，而是二者相互的作用，即研究生对客观事物的事实认知的深入也影响着研究生对客观事物的进一步价值评价和判断。同时，研究生对客观事物的认知又是在研究生的实践中进行的，所以说，研究生的价值认知的形成也无法摆脱研究生的实践独立完成，研究生的实践和价值认知之间也呈现出双向作用。由此看来，研究生的价值认知、事实认知以及实践都是相互影响不可分割的现实活动的组成部分。综上所述，研究生的价值认知既是实践和事实认知的前提，其形成也受到实践和事实认知的影响。

第三节　价值认知基模主导下的研究生价值认知生成机制

一、研究生价值认知的形成

研究生价值认知是在价值认知基模结构性功能的作用下形成的，但是在实际的认知活动中，研究生不一定能够意识到价值认知基模的存在，也不会深究价值认知基模对自身现实活动的影响，价值认知更不会是研究生有意识地按照一个预成的规律和准则进行评价和选择才形成的。在研究生的现实活动中，价值认知基模只是对人关于价值认知事实的刻画。所以，对价值认知基模的研究，更重要的是刻画研究生在价值认知过程中思维活动的规律，以此来探讨发挥认知功能和作用的功能性结构体系。也就是集中于挖掘价值认知基模为研究生的价值认知提供的运算逻辑，从而揭示个体价值认知的形成和发展。

价值认知基模的建构实际上是两种运算逻辑的发展和组合，即一般性运算逻辑和特殊性运算逻辑。反过来说，这两种运算逻辑共同构成了研究生的主体尺度。价值认知基模通常是从低级到高级不断发展的，但是当一般性运算逻辑和特殊性运算逻辑的组合在一段时间内保持稳定状态时，价值认知基模会呈现出一种平衡状态，在其作用下研究生得以在现实活动中形成一定的价值认知。这种作用主要是指同化作用，具体来说包含两个方向：一是价值认知基模对价值认知活动的作用方向，即当研究生在现实活动中需要对某一客观事物进行价值评价时，总会使用已经建构成的价值认知基模评判客观事物的好坏，或者是对怎样实践进行选择；二是价值认知活动对价值认知基模的作用方向，即研究生把在现实活动中形成的具体价值认知纳入原本的价值认知基模中，使原本基模内容得以丰富。值得注意的是，这时的价值认知虽然是相对新的内容，但是依然是符合原本的价值认知基模的，其融入并没有打破价值认知基模指导研究生现实活动的平衡状态，只是丰富了内容。从一定意义上来说，这也属于研究生价值认知基模的建构，但只是横向的建构，并没有向更高层级发展。只要研究生的价值认知基模在一定层级和水平上保持平衡，它在价值认知活动中，甚至是一切现实活动中发挥的就只能是同化作用，形成的价值认知结果也必定符合价值认知发展的阶段和研究生的个体需要。

当价值认知基模在价值认知活动中的平衡状态被打破时，按照原有价值认知基模形成的价值认知便无法对研究生的现实活动形成符合自身实际的指导，也就无法对客观事物的价值认知发挥同化作用，需要并且已经进入重新建构的进程。价值认知基模的重新建构是一个结构性功能自发调节的过程。当研究生在现实活动中构成价值认知基模的一般性运算逻辑或者特殊性运算逻辑发生变化时，作用于现实活动的价值认知基模就被重新建构从而构成新的价值认知基模，继而又形成新的平衡状态，作用于研究生价值认知的形成。研究生的价值认知正是在自身价值认知基模建构、平衡、重新建构、再平衡的循环过程中不断形成、变化和发展的。

二、价值认知基模一般性运算逻辑决定研究生价值认知发展阶段

价值认知基模的一般性运算逻辑，规定了研究生的价值认知水平，包括感官逻辑、具体运算逻辑、形式运算逻辑三个阶段，价值认知水平依次呈现出由低级到高级不断上升的发展趋势。

价值认知发生之初，价值认知基模对客观事物的价值评价和判断，主要依赖于从个体感官出发的较为低级的感官逻辑。如果具体的某个客观事物使个体在某些感官上得到满足，则会将其视作"好的"；相反，如果客观事物为个体带来不好的感官体验，则被视作"不好的"。停留于这种单纯、简单的感官逻辑层面的价值认知只能称作最低级的价值认知，其活动结果往往包含更多的感官体验，很多时候缺乏理性。这时的认知主体还远远没有形成自身成体系的世界观、人生观和价值观。但是，价值观的形成本就不是一蹴而就的，而是从低级的感官价值认知开始发展的。价值认知基模的具体运算逻辑是建立在事实认知的具体运算逻辑基础上发挥作用。此时的认知主体对客观事物可以进行分类和排序的逻辑运算，也就意味着认知主体可以对客观事物的具体特征进行认知。那么，价值认知具体运算逻辑根据认知到的具体客观事物的特征进行评价，也相应地依据这种评价对具体的客观事物进行价值排序，继而形成现实活动中的选择。虽然相对于感官逻辑运算阶段来说，此时形成的价值认知已经趋于理性，但是仍然停留于对具体客观事物之于自身意义的评价和判断上，还不能算是价值观念的范畴。随着人的事实认知发展到形式运算逻辑，就会通过对客观事物的进一步概念化和抽象化把握，进而将其从时间和空间中抽取出来进行推测、演绎。换句话说，形式运算逻辑使人认知到的客观事物脱离了其外在条件，更接近客观事物本身。在这一认知基础上发挥价值认知作用的是具备形式运算逻辑的价值认知基模。这时，人的价值认知就会上升到对某类客观事物或者是某些抽象观念之于自身社会生活和社会交往的意义进行评价。相对于感官运算逻辑和具体运算逻辑下的价值认知，它不是在以某个客观事物为对象的活动中才被动形成的，而是一种在现实活动中自觉形成并且自觉指导实践的价值认知；它不受主体较多感官、情感、兴趣因素的影响，而是一种较为理性并且相对稳定的价值认知。这种价值认

知是个体价值认知的最高级形式,即价值观念,本质上"是对客观事物的认识、人的自我认识,包括人的需要和人的能力的认识的有机整合基础上形成的实践观念"[①]。也就是说,当个体的价值认知水平进入形式运算逻辑阶段时,价值观念的形成终于成为可能。

价值认知基模一般性运算逻辑是伴随着人的事实认知水平的发展而发展的,是现实的人普遍遵循的认知发展规律。从这个意义上来看,处于研究生培养阶段的受教育者,其价值认知基模普遍发展至形式运算逻辑阶段,也就是说,研究生已经形成了包括世界观、人生观、价值观在内的价值观念体系。但是,与事实认知相比,价值认知基模呈阶段性的建构并不意味着人对客观事物的价值认知更接近某个"正确的"客观事实。对研究生而言,具备价值观念体系并不意味着可以对一切客观事物和现实活动作出更理性、更正确的评价和选择,而只是可用于价值认知的功能性结构在认知功能上的增加和升级。价值认知基模的一般性运算逻辑对价值认知事实普遍呈现出阶段性发展形成解释,但需要注意的是,与事实认知不同,处于同一认知阶段或者水平的认知主体并不一定能形成同样的价值认知结果,而会表现为明显的差异性。也就是说,研究生虽然已形成价值观念体系,能够更加理性地评价和选择客观事物和现实活动,但是对特定的客观事物或者活动,研究生的评价和选择会有所不同,甚至有很大的差异,这是由价值认知基模特殊性运算逻辑的运行造成的。

三、价值认知基模特殊性运算逻辑规定研究生价值认知标准层次

价值认知基模的特殊性运算逻辑根据研究生的优势需要制定其价值认知标准。人的需要可以分为五个层次,分别是生理需要、安全需要、归属和爱的需要、自尊需要以及自我实现需要,当其中任意一个层次成为研究生的优势需要层次,并且在家庭因素、社会因素和个人实践的共同作用下形成具体的优势需要时,并不意味着研究生对其简单的需求,而是包括价值认知活动

[①] 郭凤志. 价值、价值观念、价值观概念辨析 [J]. 东北师大学报(哲学社会科学版), 2003: 41-46.

在内的一切现实活动的进行都优先指向优势需要的满足。如果当前的优势需要得到一定程度的满足，研究生的一切现实活动将不再优先指向这一需要的满足，而是转向更高一层次需要的满足，那么相应的，更高一层的需要结合个人家庭因素、社会因素和个人实践就成为研究生新的优势需要。从这个意义上说，研究生的优势需要可以被看作其价值认知的标准。无论研究生的优势需要处于哪个层次，特殊性运算逻辑均是以认知主体的优势需要为价值认知标准进行价值认知活动的，认知主体认为可以满足自身优势需要的具体客观事物和现实活动往往被给予较高的价值评价；相反，被认知主体依据优势需要边缘化的客观事物和现实活动则被给予较低甚至负向的价值评价。特殊性运算逻辑的发展不是绝对按照从生理需要到自我实现需要逐层进行的，而只是根据研究生的实际优势需要进行变化和更替。同时，在同一需要层次，一方面，特殊性运算逻辑会因为不同认知主体自身认为的满足需要的具体客观事物和现实活动的不同而不同；另一方面，对于同一认知主体来说，特殊性运算逻辑不一定始终促成其价值认知顺着正向价值认知发展，还可能出现价值认知负向更替的事实。比如，以自尊需要为优势需要层次的研究生个体，其价值观念可能会由踏实肯学、努力奋斗取得成就感来满足需要转向片面追求金钱和个人利益作为满足需要的活动。

第四节　研究生价值认知基模在社会主义核心价值观培育中的运行机制

一、研究生价值认知基模动力系统在社会主义核心价值观培育中的运行

社会主义核心价值观教育本来应该是完善受教育者价值观体系和精神文化体系的过程，但从当前实际培育活动中的培育内容、培育形式和培育方法来看，社会主义核心价值观培育更像是进行理论宣传和知识讲授的过程。在这种潜在的研究意识和实践意识下，受教育者对社会主义核心价值观产生的所谓的认知更倾向于是认识和了解社会主义核心价值观的基本内容，而所谓

的社会主义核心价值观认同则更倾向于是对社会主义核心价值观理论高度、理论意义以及重要性的认同。这种培育造成的直接后果就是研究生知道社会主义核心价值观是正确的，是具有重大意义的，但是在现实活动中并不一定会以此作为自身的价值目标和价值准则，也不会将人生目标与其联系在一起，更不要说树立坚定的理想信念。如果跳出纯粹的教育者视角，从研究生价值认知规律出发，观察其在社会主义核心价值观培育中进行价值认知的过程，就会发现大多数研究成果都忽略了一个重要的步骤，即研究生并不是直接开始认知社会主义核心价值观培育中提供的信息，而是首先根据自身的价值认知基模进行了一次选择。这个选择中既包括是否将这些信息看作认知对象的选择，也包括为这些信息选取合适的具体认知基模的选择，这就是研究生价值认知基模动力系统运行的结果。

动力系统为认知主体选择的认知基模不同，之后认知基模运行下形成的认知结果也会产生很大的差异。实际上，可以将价值认知基模的动力系统看作基于认知主体的需要对信息进行的一次预认知和预判断。就研究生群体的价值认知基模来说，其价值认知水平普遍已经发展至形式运算阶段。也就是说，研究生群体不仅能够对现实活动中遇到的具体事物作出价值评价和价值判断，而且可以运用价值认知基模的形式运算逻辑，一方面，对客观事物的价值在对象性活动之前形成预先评价和判断，或者对对象性活动中的客观事物形成较为长远的价值评价和判断；另一方面，相较于具体的客观事物，已经可以对抽象的意识、观念、精神、信仰等作出价值评价和选择。据此，从理论层面来说，研究生群体是完全有能力运用自身的价值认知基模对包括社会主义核心价值观在内的一切属于价值观范畴的认知对象作出价值评价和价值判断的。虽然研究生群体的价值认知水平基本处于同一层次，但是因为个体之间的优势需要常有不同，即使优势需要相同，因为个体自身条件和所处环境的不同，表现在实际生活中的具体需要也不尽相同。所以，任何一个价值认知对象，包括具体事物和价值观念在内，对于不同的价值认知主体都有不同程度的意义，甚至有正负价值之分。换句话说，处于研究生培养阶段的受教育者无论是从人体认知机能的发展来看，还是从人生经验和经历来看，都已经形成一套较为稳定的世界观、人生观、价值观体系，而在价值认知中，这套体系就具体地表现为价值认知基模的动力系统对认知对象进行预认知和预判断。

在社会主义核心价值观培育过程中，研究生的价值认知基模动力系统首先要面临的选择，就是回答是否要开始认知教育者传递而来的社会主义核心价值观相关信息。对于研究生来说，其动力系统普遍会选择对社会主义核心价值观进行认知，但实际上并不完全是出于社会主义核心价值观相关信息本身符合或满足研究生的某些具体需要或优势需要。当然这也是选择所必须考虑的因素，但是就目前培育的实际情况来看，研究生作出这种选择更主要的原因是社会主义核心价值观培育是研究生培养阶段的重要组成部分，社会主义核心价值观也是研究生考核的重要内容。是否选择对社会主义核心价值观相关信息进行认知，切实地影响了研究生完成学业的需要。

其次，研究生的价值认知基模动力系统还要为认知社会主义核心价值观相关信息选择合适的认知基模。在是否要对社会主义核心价值观进行认知这一问题上，大多数研究生的回答是肯定的，这是其动力系统选择的结果。但再进一步，是将社会主义核心价值观看作知识性内容进行认知，还是看作蕴含丰富价值观念指导来进行认知，则是不同认知主体根据自身的具体需要进行的具体认知基模选择，他们之间极具差异性。在研究生看来，如果社会主义核心价值观仅仅是研究生培养阶段的众多培养内容之一，实现和满足的也仅仅是完成学业的需要，那么认知社会主义核心价值观之于研究生的意义就在于认知有利于学业的完成。在此基础上，动力系统为研究生选择的只是一般地对具体事物进行价值评价和判断的价值认知基模，社会主义核心价值观对于研究生来讲只不过是一般性的知识而已。这种情况下，无论研究生在后续的认知系统阶段如何深入了解和把握社会主义核心价值观的实质、内涵和先进性，对其而言也只停留于一种需要掌握的知识层面，社会主义核心价值观对研究生行为活动、自我实现和人生目标的引领和导向作用难以得到发挥。如果社会主义核心价值观相关信息对于研究生来说是以价值目标、价值取向、价值准则的样态影响着其现实生活中具体需要的满足，那么动力系统就会选择作用于价值观念认知的价值认知基模，继而对社会主义核心价值观相关信息形成价值认知、价值认同甚至价值信仰。在这种情况下，社会主义核心价值观才有可能在后续的认知系统运行中被评价和判断为是影响研究生自身行为、自我实现和人生目标的价值观念体系。

在动力系统的运行中是将接收到的信息与认知主体的需要相结合作出选

择，所以，除研究生的需要以外，研究生群体所处的社会主义核心价值观传播环境也影响着选择结果。社会主义核心价值观的传播环境包括传播方式和传播内容，是研究生群体动力系统开启的客观前提。没有社会主义核心价值观信息，研究生价值认知基模动力系统接收或者不接收，继而选择什么样的具体价值认知基模作用于信息的评价和判断，形成认知、认同还是信仰也就无从谈起。由此看来，在社会主义核心价值观培育中影响研究生动力系统具体价值认知基模选择结果，除了研究生自身的需要，还有一个重要的因素即社会主义核心价值观的传播环境。

分析社会主义核心价值观的传播环境，实际上就是分析为研究生提供社会主义核心价值观信息的一切传播方式和传播渠道。所以，传播环境的分析，可以说是社会主义核心价值观信息供应情况的分析。社会主义核心价值观的传播大体可以分为三个层次，分别是直接传播、解释性传播以及隐性传播。

首先，新闻、报纸、公益广告、公共区域宣传标语等传播渠道的直接传播。这是在社会主义核心价值观提出之后，最先向广大人民群众传递的传播方式，同时传递的内容也是最基本和最直接的24个字。社会主义核心价值观的基本内容是在党的十八大上第一次被凝练为24个字的，在之后的新闻和报纸相关报道中，24个字首次被传递给广大人民群众。随后，迅速通过公共区域宣传标语以及电视公益广告直接传播给公众，这也是最简单直白地向人们传递社会主义核心价值观的方式，不断加强24个字在人民群众中的曝光度。如"爱国、敬业、诚信、友善，是每个公民都应树立的道德规范和价值追求""弘扬社会主义核心价值观、为国家发展助力，为民族进步铸魂""守信光荣、失信可耻、真诚做人、守信做事"等都是常见的城市宣传标语。电视公益广告，包括高铁、地铁、公交等多媒体公益广告也为24个字的广泛传播发挥了重要作用，如中央电视台播出的一系列公益广告片就以各种表现形式向人们传递公民价值准则的基本内容：2014年开始播出的"社会主义核心价值观认知认同践行"以中国传统的印章、剪纸和书法三种艺术形式分别呈现出国家层面的"富强、民主、文明、和谐"、社会层面的"自由、平等、公正、法治"以及公民层面的"爱国、敬业、诚信、友善"[①]；2017年开始播出的以中国

---

① 央视网新闻频道．http://news.cntv.cn/2014/03/10/VIDE1394420952343350.shtml．

春节传统活动猜灯谜形式表现的社会主义核心价值观基本内容，十二个谜面对应十二个词，"曲径虫鸣牡丹开"——富强、"岷山远游住人外"——民主、"一义贯成并日月"——文明、"百姓饭足言皆彩"——和谐、"眉下心头田出垄"——自由、"天上斗转且以待"——平等、"山聚眉峰思无邪"——公正、"大江东去润高台"——法治、"城西欲语淮阴侯"——诚信、"喜上羊羊取发钗"——友善、"独受易友玉关情"——爱国、"令公为尊畅饮怀"——敬业①。

其次，多渠道同时进行的解释性传播。随着社会主义核心价值观基本内容在全国范围内的广泛传播，人民群众知晓24个字已成了普遍现象。但是社会主义核心价值观的传播并不止于此，其基本内容的解释性传播也随即展开。解释性传播的渠道具有多样性的特点，对于研究生群体来说主要可以分为两个大类，一类是学校传播，另一类是社会传播。研究生思想政治理论课的课程设置和内容必须具备导向性，这是教育部对研究生培养做出的要求。②在硕士研究生阶段开设必修课程"中国特色社会主义理论与实践研究"课，在博士研究生阶段开设必修课程"中国马克思主义与当代"课，自2012年版本的教材《"中国特色社会主义理论与实践研究"专题讲义》增加"推进社会主义核心价值体系建设"内容以来③，每一版本的教材中都有社会主义核心价值体系和社会主义核心价值观的相关内容。虽然无法全面调查和了解所有高校研究生思想政治理论课关于社会主义核心价值观解释性传播的开展情况，但是可以从研究生对社会主义核心价值观的了解状况得出大致判断：其一，思想政治理论课关于社会主义核心价值观的解释性传播不成系统。学者们通过调查得出结论，虽然大部分研究生已经了解或知道社会主义核心价值观，并且其中大部分人都愿意在社会生活和社会交往中践行社会主义核心价值观，但是，深入理解和认识社会主义核心价值观的人并不在多数，甚至只有不到半

---

① 央视网新闻频道. http://tv.cctv.com/2017/03/11/VIDEIhExeuT9C5CHshj7UFGi170311.shtml.

② 教社科〔2010〕2号. 中共中央宣传部 教育部关于高等学校研究生思想政治理论课程设置调整的意见. http://www.moe.gov.cn/srcsite/A13/moe_772/201008/t20100806_108814.html.

③ 顾海良."中国特色社会主义理论与实践研究"专题讲义［M］.北京：高等教育出版社，2012：170.

数的人能够完整说出社会主义核心价值观的基本内容和基本内涵。①还有类似的调查结果显示，除了相关专业的研究生，大部分研究生对社会主义核心价值观基本内容、基本内涵知之甚少。②因为研究生教育开始偏向科研能力和专业能力的培养，并且经过本科阶段研究生已经接受过相关的基础性教育，研究生培养阶段的思想政治理论课已经不会对社会主义核心价值观的基本内容作出逐一的、系统的解释和讲授，而是根据研究生的学科、专业和阶段需要有选择地进行。其二，公民个人层面的社会主义核心价值观是思想政治理论课的重点内容，主要围绕研究生学术道德规范展开。而通过社会传播渠道进行的社会主义核心价值观解释性传播则主要通过传统媒体和新媒体展开，如电视公益广告在基本内容的基础上作出阐释，使传播的内容从理论转化为更便于人们理解且更贴近人们日常生活和行为习惯的生活化语言和朴素内容。如2015年开始在中央电视台播出的公益广告"梦娃送吉祥 梦娃送美德"中，以"国是家、善作魂、勤为本、俭养德、诚立身、孝当先、和为贵"③为宣传语，实际上是围绕"爱国、敬业、诚信、友善"对公民价值准则作出的更为具体的解释。在新媒体方面则有官方微博、官方公众号等对社会主义核心价值观的基本内容作出解释。

最后，社会主义核心价值观基本内容的传播也逐渐走向隐性化。虽然没有直白和集中出现社会主义核心价值观基本内容，但是目前在越来越多的影视剧、综艺节目、新媒体的传播中以丰富和多样的内容传递某一个或某几个核心价值观。如电视剧《最美的青春》主要讲述20世纪60年代为了减少风沙危害，大学生在塞罕坝荒漠植树造林、奉献青春的故事，凸显了大学生爱国、敬业、诚信、友善的高尚品德并且以奉献国家、报效祖国为自己的人生目标和理想信念。又如综艺节目邀请文艺工作者、科研工作者、体育工作者、成功商人、公益爱心人士等讲述个人经历、情感体验，既展现国家的富强、和谐，社会的自由、平等，又表现出我国各界人士的爱国、敬业、诚信和友

---

① 王天兵，韩蒙，何峰.研究生社会主义核心价值观培育的现状、内容与路径[J].学位与研究生教育，2016（10）：34-37.

② 蒋道平，陈文，张丁杰.研究生社会主义核心价值观现状及培育路径探究[J].研究生教育研究，2016（6）：49-53.

③ 央视网公益频道.http://gongyi.cctv.com/2015/03/04/VIDE1425451323679961.shtml.

善。再如新媒体中以官方和网络大 V 引领的对时政热点和社会热点的讨论，通过实际生活中的实例引导人们以社会主义核心价值观进行评价和判断。除此之外，国家设立和重视各种形式的国家纪念日，如设立南京大屠杀死难者国家公祭日，强调端午节、中秋节文化等，都是以纪念日的形式促使人们将中华民族的优秀品质和传统文化铭记于心。

  实际上，研究生群体普遍都处于上述的三种社会主义核心价值观传播环境之中，关键在于研究生在哪一种传播环境中意识到自己接收到了社会主义核心价值观的相关信息。如果研究生只是在直接传播和解释性传播中意识到自己接收到了社会主义核心价值观的相关信息，并且仅停留于完成学业，动力系统就不会为其选择价值观相关认知基模，而是选择一般的具体事物价值认知基模。如果研究生能够从直接传播、解释性传播和隐性传播中意识到自己正在接收有利于实现自我价值和人生目标，或者仅仅是引导自己生活方式和行为方式的价值准则、价值取向，那么动力系统就会为研究生选择价值观认知相关的价值认知基模。反过来讲，如果社会主义核心价值观最终要内化为研究生的主导价值观，那么其至少要在各种传播环境中被研究生看作有利于指导自身活动和引领人生目标的价值观领域的认知对象。到这里为止，在社会主义核心价值观培育中研究生价值认知基模动力系统的运行就结束了，无论动力系统最终为研究生选择一般的具体事物价值认知基模还是作用于价值观认知的价值认知基模来认知社会主义核心价值观，其具体的认知过程都要在认知系统的运行下继续进行。

二、研究生价值认知基模认知系统在社会主义核心价值观培育中的运行

  在社会主义核心价值观培育中，研究生价值认知基模的动力系统决定了他们是否接收培育中提供的信息，以及具体使用哪种价值认知基模来进行信息认知。不同的选择结果在认知系统的运行下必然形成不同的认知结果，这也就是为什么在前文中提到忽略研究生价值认知基模动力系统的运行时培育成效不理想的一个关键所在。

  所谓认知系统，有的学者认为是"个体根据以往成型的价值取向以及知

识图景引导人们如何进行信息的选择与加工,告诉人们信息的介入应该遵循何种个体价值框架"[1],有的学者则认为"在认知系统中,价值观起着导向的作用,引导主体运用恰当的思维方式和方法对信息客体进行分析和筛选,为主体评价和筛选信息客体提供标准"[2]。虽然具体的表述不同,但是总体来看,认知系统的运行被看作认知主体参照自身已形成的一定标准对信息进行的分析和加工,而这个标准就是价值取向、价值准则或者说是价值观。在本研究中,认知系统同样具体负责对接收到的社会主义核心价值观培育信息进行分析和加工,但是其依据的标准已经不再是笼统的价值取向或是价值观,而是由研究生价值认知水平和需要层次共同决定的价值认知基模,并且是经过动力系统选择的具体价值认知基模。所以,在这里分析的研究生价值认知基模认知系统在社会主义核心价值观培育中的运行要相对具体得多,其运行因为所选价值认知基模的不同而不同。

首先,如果研究生的动力系统选择了具体事物的价值认知基模来对社会主义核心价值观培育提供的信息进行价值评价和价值判断,那么也就意味着研究生选择对相关信息进行认知只是为了满足完成学业的需要。这种情况下,研究生对社会主义核心价值观培育传递的信息的认知实际上被归为一般性的知识认知,失去了价值指导的意义。只要是有利于满足完成学业的需要,研究生就会选择学习和了解在社会主义核心价值观培育过程中所传递的基本内容、重要意义、内涵以及实质等相关知识。当这些知识进入研究生的具体事物价值认知基模的时候,对其的分析和加工只是围绕是否与之前已经形成的相关知识体系相符。如若不符,则按照新接收到的知识进行学习是否有助于学业的完成这一标准展开分析过程。简单来说,新接收到的知识更有利于社会主义核心价值观培育相关考核的通过,则按照新的知识进行学习。这种情况下,研究生并没有将社会主义核心价值观培育传递的相关信息与自身的价值准则、价值取向、价值目标联系在一起。

其次,如果研究生的动力系统选择价值认知基模对社会主义核心价值观

---

[1] 贾凌昌,杨剑.社会主义核心价值观的人内传播[J].华中科技大学学报(社会科学版),2017(3).

[2] 李木柳.基于认知基模理论的思想政治理论课受众信息接受分析[J].重庆交通大学学报(社会科学版),2014(1).

培育传递的信息进行认知，那么也就意味着研究生在社会主义核心价值观的直接传播、解释性传播和隐性传播中已经意识到其中蕴含着可以指导自身行为活动、生活方式、人生目标以至信仰的价值准则、价值取向和价值目标，并且有利于自身需要的实现。在这一认知系统运行的过程中，无论研究生的优势需要处于哪一层次，也无论其在现实生活中为什么样的具体需要，都是将社会主义核心价值观培育传递的信息视作可以指引自身活动的价值准则、价值取向、价值目标来进行认知。这样的认知并不是要深究社会主义核心价值观的根本性质，而是对其是否符合自身需要的满足进行价值认知。认知系统的运行过程如图 5-1 所示。

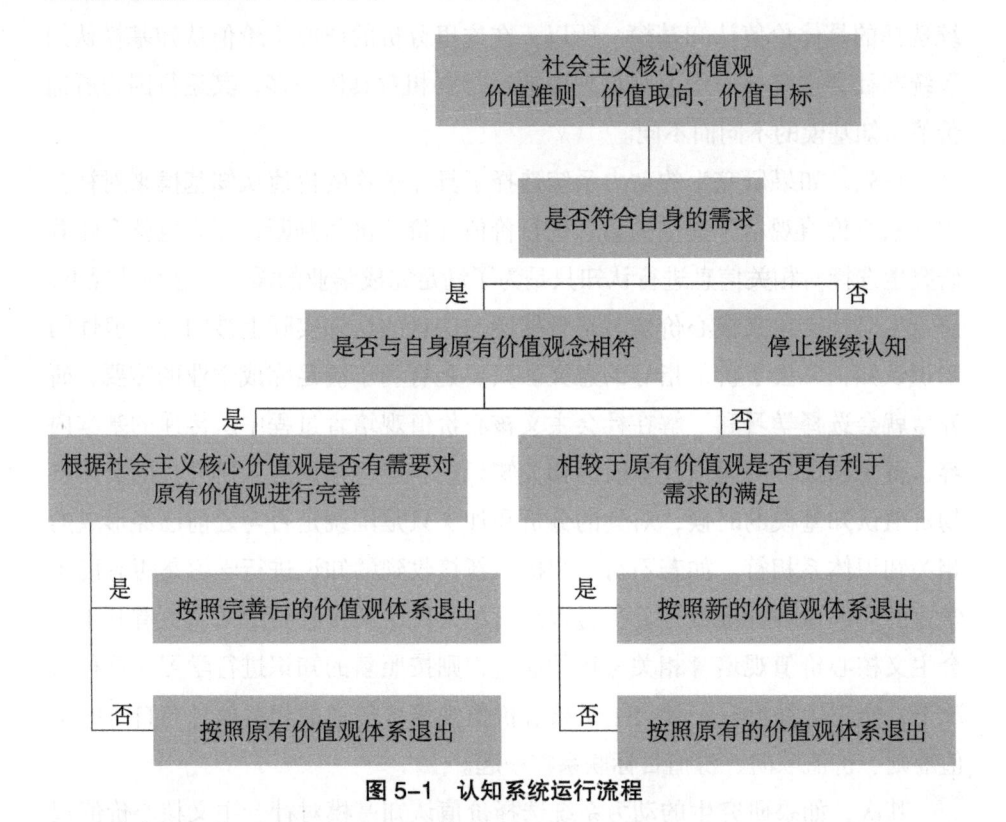

图 5-1 认知系统运行流程

人的需求"是指需求者对具体对象的获得（占有）或享用（消费）的愿望"[1]，如果社会主义核心价值观中的价值准则、价值取向、价值目标被认为有

---

[1] 石明.价值意识[M].上海：学林出版社，2005：10.

利于这种主观愿望的最终满足，那么将被进一步与原有的价值观念进行比较。当接收到的价值观念与原有的价值观念相符时，价值认知基模将判断社会主义核心价值观是否对原有价值观念形成补充和完善。如果是，则融合认知到的社会主义核心价值观形成自身新的价值观体系，如果不是，则说明自身原有的价值观体系已经涵盖目前认知到的社会主义核心价值观，暂时无须再进行完善。当接收到的价值观念与原有价值观念不符时，价值认知基模将判断相较于原有价值观，新认知到的社会主义核心价值观是否更有利于需求的满足。如果是，则认知到的社会主义核心价值观成为自身新的价值观体系；如果不是，则依然保留原有的价值观体系。

在这个过程中，研究生对认知到的社会主义核心价值观是否符合自身需求的满足、原有价值观体系是否需要社会主义核心价值观以做完善等判断并不是简单的主观臆断，而是在自身现实活动基础上作出的判断。而研究生的需求虽说是主观愿望，但也不是可以主观随意设定或任意编造的，而是研究生所处环境和自身内在素质相互作用的结果，"人可以在行为中表现出对需求的克制，但这并不代表他能把需求给消除掉。同样，人也可以在行为上伪装出对某一对象的需求愿望，但同样不能使他自己在内心中产生对该对象的真正需求"[①]。所以，研究生对接收到的社会主义核心价值观是知识性的认知，还是价值观层面的认知，是知识层面的认同，还是出于自身需求对其中蕴含的价值准则、价值取向和价值目标的认同，这是遵循价值认知基模认知系统运行下的必然结果。对社会主义核心价值观的认知和认同停留于知识层面的研究生自然无法将其视作现实活动的准则和树立人生目标的依据，形成价值信仰也就无从谈起。

三、研究生价值认知基模调节系统在社会主义核心价值观培育中的运行

通过价值认知基模认知系统在社会主义核心价值观培育中的运行，研究生对社会主义核心价值观培育传递的信息或是停留于知识层面的认知，或是处于价值层面的认知。但是，价值认知基模作用下形成的价值认知、价值认

---

① 石明.价值意识[M].上海：学林出版社，2005：11.

同和价值信仰有时并不是绝对的。因为人除理性的价值认知水平和需要以外还有很多非理性因素，"包括情绪、情感、心境、态度、意志和好奇心等心理状态，可以调节和制约价值评定和选择判断等过程的能动性的发挥"①。当然，这种非理性因素的影响并不能将研究生对社会主义核心价值观停留于知识层面的认知上升为价值层面的认知，也不能反过来将价值层面的认知变为知识层面的认知。但是，它可以在相应的认知系统运行中对认知的程度产生一定影响。正如有的学者所说，"较之于认知系统，调节系统看上去处于隐性状态，其实不然，它有意或无意地对个体的判断施加这样或那样的影响"②。所以，由于调节系统的运行，研究生对社会主义核心价值观的认知、认同乃至信仰，除了受到对自身需要的理性判断影响，还会受到来源于非理性因素的影响，这种影响包括正向的也包括负向的。需要注意的是，调节系统的运行并不绝对是在认知系统之后进行，往往是伴随着认知系统的运行而进行的。

首先，当研究生以具体事物的价值认知基模来认知接收到的社会主义核心价值观信息时，应根据其自身完成学业的需求，在认知系统运行的过程中学习社会主义核心价值观的基本内容、重要性、实质以及内涵。但是，从实际培育来看，其在社会主义核心价值观相关内容的学习中表现出的学习态度并不相同，随之对社会主义核心价值观的知识性掌握状况也可能出现不同。有的研究生对学习的积极性比较高涨、态度比较端正，那么在认知系统的运行过程中，对内容的接收程度和认知程度就比较高。相反，有的研究生由于各种情绪和心理压力的影响对学习的积极性较低、态度不是很端正，那么在认知系统的运行过程中，对内容的接收程度和认知程度就比较低。这实际上就是研究生价值认知基模调节系统运行下产生的结果。

其次，当研究生通过价值认知基模来认知和认同接收到的社会主义核心价值观信息时，调节系统运行的影响则显得更为重要。在认知系统运行的过程中，研究生总是要在现实活动的基础上对接收到的社会主义核心价值观是否有利于自身需求的满足形成认知和认同，继而在之后的现实活动中以认知

---

① 李木柳.基于认知基模理论的思想政治理论课受众信息接受分析[J].重庆交通大学学报（社会科学版），2014（1）：5-8.

② 贾凌昌，杨剑.社会主义核心价值观的人内传播[J].华中科技大学学报（社会科学版），2017（3）：54-60.

到的社会主义核心价值观作为行为准则、价值取向、人生目标，或是继续以原有的价值观体系作为行为准则、价值取向和人生目标。在此过程中，如果研究生具有某种积极的或消极的特殊情绪，那么对社会主义核心价值观之于自身现实活动意义的认知也会发生正向的或负向的影响。同样，如果研究生彼此之间的意志力不同，那么认知到的社会主义核心价值观对现实活动的引导力也就不同，进而对社会主义核心价值观的进一步认知和认同也会产生不同的结论。除此之外，研究生的情感、好奇心等非理性因素都可能会影响到认知系统的运行。可以说，调节系统的运行一方面影响到研究生对社会主义核心价值观的认知和认同，另一方面还影响到社会主义核心价值观对研究生现实活动的引导力。从这个意义上来看，调节系统的运行可以解释一部分研究生对社会主义核心价值观知行不一的原因。

第六章

新时代研究生社会主义核心价值观培育的基本原则

研究生社会主义核心价值观培育作为一个独特的场域，多个因素共同影响着最终的培育成效。除了起决定性作用的研究生主观能动性，还有教育者的惯习、教育者和研究生之间的关系、场域中的资本和竞争等因素。本章将通过对以上这些因素的分析分别阐述构建研究生社会主义核心价值观培育新场域的必要性，并试图挖掘新时代研究生社会主义核心价值观培育的基本原则，继而为提升培育成效提供新的思路。

第一节 社会主义核心价值观培育场域

一、社会主义核心价值观培育场域的资本

场域是布迪厄对社会世界进行的划分，是指一定社会活动的具体实践空间，是"具有自身逻辑和必然性的客观关系的空间"[①]。在这个空间内发生着不同群体或者不同阶级之间关于某种力量的对抗，而正是这种力量的存在才促成了一系列具体实践活动的发生，才为一个个场域划分了界限。在场域中，这种力量更多地被称为资本。当然，这里的资本不单单指一般意义上的经济

---

① [法]皮埃尔·布迪厄, [美]华康德. 实践与反思——反思社会学导引[M]. 李猛, 李康, 译. 北京: 中央编译出版社, 1998: 134.

资本，而是在更广泛的意义上被认为是"在场域中活跃的力量"①。包括经济、社交网络、文化信息、权力在内，都可以被视为某一实践空间内推动活动进行和影响活动结果的一种力量。所以，一个场域中的资本可以是经济资本，也可以是社会资本、文化资本、权力资本等。②实际上，正是资本的不同决定了场域的不同，或者说，任何一个特定的场域中都活跃着一种特定的资本。那么，社会主义核心价值观培育场域中也应该活跃着一种特定的资本，而这种资本是界定社会主义核心价值观实践活动空间的关键所在。

社会主义核心价值观培育场域首先属于教育场域中的一个子场域，所以要分析其资本还要从教育场域的资本入手。刘生全较为全面地对教育场域进行了分析，认为教育场域是指教育者、受教育者、其他教育参与者活跃于其中，并且彼此之间形成一种以个人发展为目标，以生产知识、传承知识、传播知识、消费知识为主要活动的关系网络，③知识就是活跃于教育场域中的力量，属于文化资本。也就是说，"教育场域乃生产、传播、传承文化资本之所"④。社会主义核心价值观培育作为一种特殊的教育实践活动，教育者、受教育者以及其他教育参与者之间的文化生产、传播和传承都具体地指向包括价值准则、价值取向和价值目标在内的精神文化，是以建设和完善人的精神文化体系为根本目标的。其中，人的精神文化体系包括世界观、人生观、价值观。所以说，相较于笼统的教育场域，可以更具体地把精神文化资本，更准确地说是以社会主义核心价值观为核心的精神文化资本，看作社会主义核心价值观培育场域的资本。

二、社会主义核心价值观培育场域的关系构型

场域中强调活动主体之间的关系，"一个场域可以被定义为在各种位置之

---

① P. Bourdieu, L. D. Wacquant. An Invitation to Reflexive Sociology [M]. The University of Chicago Press, 1992: 98.
② 李全生.布迪厄场域理论简析[J].烟台大学学报（哲学社会科学版），2002（2）: 146-150.
③ 刘生全.论教育场域[J].北京大学教育评论，2006（1）: 78-91.
④ 刘生全.论教育场域[J].北京大学教育评论，2006（1）: 78-91.

间存在的客观关系的一个网络（network），或一个构型（configuration）"①，可以说，是一定的关系构成了一个场域。社会主义核心价值观培育场域是一个以社会主义核心价值观为核心的精神文化生产和传递的空间，教育者、受教育者、其他教育参与者彼此之间在培育实践活动中发生着关系，并且构成了一个关系网络。一般情况下，场域的活动主体都可以被划分为两个大类，即场域的统治者和被统治者。在社会主义核心价值观培育场域中的统治者指的不是一般意义上的经济统治者，也不是权力统治者，而是在培育实践活动中占主导地位的活动主体。在社会主义核心价值观培育场域中，无论培育的具体环境、具体内容和培育成效如何，总是存在教育者和受教育者、培育引导和被培育引导的"对立关系"。当然，这里的对立并不是指二者之间绝对的矛盾和冲突，而是指在场域中二者身份和具体活动的不同。决定活动主体在场域中身份和具体活动的是资本，拥有精神文化资源和价值观优势的一方就成为教育者，即在场域中占有主导地位。而资本发挥的力量就推动着教育者对场域中其他活动主体形成影响，最主要的是对受教育者形成影响。由此看来，场域活动主体在精神文化资本方面占据优势与否决定了活动主体在场域中的位置，也决定了活动主体之间的具体关系。这是构成社会主义核心价值观培育场域应该遵循的固定关系构型。

在实际的培育实践活动中，教育者和受教育者是否真正形成了社会主义核心价值观培育场域的关系构型，是影响培育成效的一个重要因素。如果受教育者并不是基于精神文化资本的劣势与教育者在实践活动中发生关系，那么教育者所拥有的精神文化资本优势就很难对处于关系构型之外的受教育者产生影响力和引导力，直接降低了培育的作用。②除此之外，如果教育者和受教育者确实在实践中形成了社会主义核心价值观培育场域的关系构型，即二者是就精神文化资本在实践中发生了关系，但是教育者相较于受教育者并不拥有精神文化资本优势，或者不能保持精神文化资本优势，那么，教育者在

---

① ［法］皮埃尔·布迪厄，［美］华康德.实践与反思——反思社会学导引［M］.李猛，李康，译.北京：中央编译出版社，2004：134.

② 何祥林，张振兴.思想政治教育实效性研究：基于场域的视角［J］.教育评论，2014（10）：87-89.

关系构型中就不能始终占有主导地位，受教育者也不会绝对地认可教育者对自身的培育和影响。在这种不稳定的关系构型中，教育者生产和传递的精神文化资本对受教育者的影响力和引导力将大打折扣，对培育的进行和效果产生了负面的影响。

所以，在社会主义核心价值观培育场域中，精神文化资本决定的关系构型是培育获得良好成效的保障。任何不围绕精神文化资本形成的教育者和受教育者关系，或者不以拥有精神文化资本优势而占据教育者位置形成的教育者和受教育者关系，都会影响到精神文化资本的传递和引导的进行，从而降低了社会主义核心价值观在受教育者世界观、人生观、价值观建设中的影响力。

三、社会主义核心价值观培育场域的主体惯习

场域中同样强调活动主体的惯习。惯习不同于习惯，不只是在现实活动中受制于某种环境条件而被动地积累的某种个人经验或是个人情感，而是具备主观能动性的"一种人们后天所获得的系统化的生成性结构"①，"它是一种同时具'建构的结构'和'结构的建构'双重性质和功能的'持续的和可转换的秉性系统'（système de dispositions durables et transposables），是随时随地伴随着人的生活和行动的生存心态和生活风格，是积历史经验与实时创造性于一体的'主动中的被动'和'被动中的主动'，是社会客观制约性条件和行动者主观的内在创造精神力量的综合结果"②。简单来说，场域中的主体都是现实的具有自身惯习的人，这些惯习是主体在现实活动中个人条件、个人经历、生活环境等共同作用下建构而成的一个结构，而这个结构又继续指导着主体的现实活动。这里的惯习与价值认知基模相似，同样是一种被现实的人建构着的功能型结构，也同样是人得以在某些实践活动中发挥主观能动性的基础，但是惯习比价值认知基模的范围要大得多。具体到社会主义核心价值观培育

---

① 苗瑞丹.仪式场域中社会主义核心价值观培育问题探究——基于"场域—惯习"理论的分析[J].社会主义核心价值观研究，2018（3）：36-43.

② 高宣扬.布迪厄的社会理论[M].上海：同济大学出版社，2004：作者自序3-4.

场域中，主体的惯习可以更细化为"教育者和教育对象在长期的教育实践活动中所形成的一定思想准则与行为规范"①（这里的教育对象指受教育者）。其中，受教育者的惯习指的是在培育实践活动中表现出的"较为稳定具有规律性的认知方式、接受方式和接受途径等"②，这在本研究的第五章已经进行了较为完整和深入的分析，即受教育者对社会主义核心价值观的评价、认知和信仰都是在价值认知基模的主导下进行的。可以说，价值认知基模就是受教育者在社会主义核心价值观培育场域中的惯习。在接下来的研究中，就统一将受教育者的价值认知基模视作其在社会主义核心价值观培育中的惯习。虽然价值认知基模的结构性功能是在现实的人中普遍存在的，但是在社会主义核心价值观培育场域中，教育者的惯习更主要地表现为其进行培育工作的目标、理念和方式。

除了教育者和受教育者之间存在的精神文化资本差异，教育者和受教育者的惯习也是影响最终培育成效的重要因素。尤其是第五章已经做过分析，受教育者本身的价值认知基模对培育成效具有决定性作用。虽然不能绝对地说活动主体的惯习影响了场域内活动的进行，但是教育者和受教育者的惯习是否符合社会主义核心价值观培育的活动规律，则是促进社会主义核心价值观对受教育者的价值准则、价值取向、价值目标形成引导的关键。如果教育者将社会主义核心价值观培育场域内的一切活动都视为以教师身份进行的简单信息传递活动，那么受教育者对这些信息也会按一般意义上的知识性信息进行接收和评价，难以对社会主义核心价值观中蕴含的丰富人生指导价值进行认识和评价。如果受教育者本身未形成足以对社会主义核心价值观这类价值观念信息的惯习，也就是其价值认知基模还不具备形式运算逻辑，或者是受教育者并未将社会主义核心价值观视作引导自身行为和人生目标的精神文化，那么同样，社会主义核心价值观也难以对受教育者的世界观、人生观和价值观建设和完善形成指导，大大影响了社会主义核心价值观培育的成效。

---

① 何祥林，张振兴.思想政治教育实效性研究：基于场域的视角[J].教育评论，2014（10）：87-89.

② 何祥林，张振兴.思想政治教育实效性研究：基于场域的视角[J].教育评论，2014（10）：87-89.

四、社会主义核心价值观培育场域中的竞争

以社会主义核心价值观为核心的精神文化资本、作为活动主体的教育者和受教育者之间的关系构型以及教育者和受教育者在培育实践活动中的惯习,是构成社会主义核心价值观培育场域的三个因素,同时也是影响社会主义核心价值观培育成效的三个因素。实际上,在社会主义核心价值观培育场域中进行的一切活动,都是关于精神文化资本的竞争,包括教育者、受教育者、其他教育参与者在内的活动主体之间的关系,都是彼此间关于精神文化资本的竞争关系。在这里需要对精神文化资本竞争的内涵做一个界定。竞争是一种特殊的社会互动形式,一般指的是参与活动的双方或多方,为了达到各自的目的而进行的较量,并且最终会出现某方在较量中取得优胜的结果。而精神文化资本竞争,虽然也是在场域中参与活动的教育者、受教育者、其他教育参与者就精神文化资本发生的较量,但是这种较量形式更多地倾向于较为温和的交流互动。同时,精神文化资本的竞争结果也不是某方精神文化资本的绝对获胜,而是在交流互动中精神文化资本的融合和优化。在实际的社会主义核心价值观培育场域中,始终存在三种关于精神文化资本的竞争。

首先,教育者和受教育者之间关于以社会主义核心价值观为核心的精神文化资本的竞争。在前文社会主义核心价值观培育场域中的关系构型中已经提到,在场域中的教育者和受教育者之间必然在以社会主义核心价值观为核心的精神文化资本占有方面存在差异,否则,也就无法结成教育者和受教育者之间的关系。社会主义核心价值观培育活动实际上就是占有资本优势的一方,即教育者,向资本劣势的一方,即受教育者,进行资本输出的过程。但是,在这个过程中,受教育者并不完全是被动接受输出的一方,而是基于自身资本对教育者输出的资本进行分析、加工,随即得出完全接受输出的资本或者完全不接受输出的资本,又或者输出的资本和自身的资本融合的结果。可以说,受教育者最后得出的结果,就是教育者的资本和受教育者自身的资本竞争的结果。

其次,教育者和受教育者受到其他精神文化资本的竞争。虽然以社会主义核心价值观为核心的精神文化资本是场域中的主要力量,但是在实际的培育中,这一力量也往往受到来源于其他精神文化资本的竞争。在社会主义核

心价值观培育场域中的教育者和受教育者通过实际的社会生活和社会交往拥有了多种多样的精神文化资本，以社会主义核心价值观为核心的精神文化资本只是其众多精神文化资本中的一种。在培育中，不仅受教育者的社会主义核心价值观价值认知结果受到自身所拥有的其他精神文化资本影响，教育者如何传输以社会主义核心价值观为核心的精神文化资本，如何培育和引导受教育者正确世界观、人生观、价值观的形成同样受到自身所拥有的其他精神文化资本影响。这一问题实际上又回到了活动主体惯习的问题。无论是教育者还是受教育者，均处于价值观多元化的环境中，同时，其生活方式的个性化也使得每个人拥有的精神文化资本都或多或少呈现出差异性，并且不一定都包括以社会主义核心价值观为核心的精神文化资本。所以，教育者和受教育者在场域中对以社会主义核心价值观为核心的精神文化资本进行的生产、传播和传承都会受到其他精神文化资本的竞争，并且会对社会主义核心价值观培育的成效造成或多或少的影响。

最后，教育者和受教育者受到来源于其他教育参与者精神文化资本的竞争。教育者和受教育者是社会主义核心价值观培育场域内的主要活动主体。其中教育者在这里主要指承担社会主义核心价值观培育任务的思想政治教育教师。但是，除此之外，仍然有其他教育参与者虽然并没有直接参与以社会主义核心价值观为核心的精神文化资本的生产、传播和传承，但是却间接地通过与教育者或者受教育者的交往活动生产和传播着自身的精神文化资本。这些精神文化资本通常以交往中表现出的价值准则、价值取向和价值目标隐性地对教育者或受教育者形成影响。其中，最典型的其他教育参与者就是教育者或者受教育者的父母和家人，他们是最先对教育者和受教育者进行精神文化资本传播的人，教育者和受教育者最初的价值准则、价值取向和价值目标均是来源于父母和家人。还有其他老师、朋友、同学等，都是可能对教育者和受教育者的惯习或者精神文化资本产生影响的人群。所以，在社会主义核心价值观培育场域中的教育者和受教育者，其精神文化资本的生产、传播和传承还要受到这些间接参与的精神文化资本的竞争。

由此看来，在已经形成教育者和受教育者关系构型的社会主义核心价值观培育场域中，要想获得良好的培育效果，还要应对好以上三种竞争。在我党的革命历史中，已经有应对思想政治教育场域中各种竞争的成功经验，值得当代包括社会主义核心价值观培育在内的思想政治教育学习。

中国人民抗日军事政治大学（以下简称"抗大"）成立于日本帝国主义侵略中华民族的危难之际，作为一所为中国共产党培养干部的大学，其吸收的学员不仅来自共产党内部，还大量招收了来自全国各地的爱国青年和知识青年，甚至在1937年至1939年间掀起了"奔赴延安、到抗大去"的热潮。这些爱国青年来自不同地区、不同家庭背景、不同知识背景，却都能冒着生命危险来到物质生活落后的延安，秉持抗大精神参与学习、生活，积极投身于中国共产党领导的抗日战争和解放战争中，其中思想政治教育起了重要的作用。或者说，在思想政治教育场域的各种竞争中，中国共产党的精神文化资本具备更大的优势，成为抗大青年的价值准则、价值取向和价值目标。抗大的建立最初源于中共中央1936年5月8日在陕北延长县交口镇召开的政治局扩大会议上毛泽东的讲话："要弄西北局面及全国大局面，没有大批干部是不行的，现在不解决这个问题，将来会犯罪……我们有责任引导同志们看得远，办一所红军大学来培养大批干部，以适应形势发展的需要。"①经过讨论，会议通过了毛泽东的提议，决定在瓦窑堡建立中国抗日红军大学，并于6月1日举行了开学典礼，这正是抗大的前身。在西安事变后，中国抗日红军大学随党中央一同迁往延安。为了适应抗日的发展形势，中国抗日红军大学于1937年1月19日正式改名为中国人民抗日军事政治大学，即抗大。此时的抗大下编四个大队和一个女生区队，其中第四大队的全部学员以及女生区队的多数学员为来自各地的青年学生。西安事变后，全国抗日民族统一战线的建立需要更多的青年投身于民族解放事业中，抗大开始在全国各地发布招生广告，全国各地甚至海外的爱国青年、知识青年开始大批地奔赴抗大。分析抗大在复杂的历史背景下如何吸引广大青年，又是如何培养广大青年，是指导当前构建社会主义核心价值观培育场域的宝贵经验。

奔赴抗大的青年根据来延安之前的生活学习背景可以分为三类，这些背景也可以从侧面反映出一些青年本身拥有的精神文化资本的情况。第一类是已经接触进步思想的爱国青年。这些爱国青年，并不全是家庭出身比较穷困的，其中还有官宦子女。也并不只来自全国各地，还有从海外经过长途跋涉

---

① 金冲及.毛泽东传（1893-1949）[M].北京：中央文献出版社，2004：397-399.

回国的海外华侨。不论家庭出身和地域，已经接触进步思想的爱国青年已经拥有积极抗日、挽救中华民族的价值取向和价值目标。通过抗大学员的口述历史，可以对当时他们选择奔赴抗大的精神因素和情感因素作出分析：

刘厚忠："《解放》杂志，还有四川省办的《大神周刊》，这两种杂志我们学校都有，我们看了以后对延安很感兴趣。为什么呢？杂志说延安很民主，延安去了好多外地的学生，在那里很自由，不像在我们那地方抗日都不能讲，延安是抗日的，就是抗日洪流把我们推到延安的"①。

高锐："……《西行漫记》，影响很广，国民党统治区都在传。另外在国民党地区的学校里，都有我们党的一股组织，宣传党的抗日主张"②。

王仲方："……当时延安对我们来说，是个比较模糊的印象，这印象从哪来呢？从斯诺的《西行漫记》来，另外还有一个范长江采访延安的报道，就觉得那地方是中国抗日战争的希望，要想打败日本人，就要靠共产党"③。

康岱沙："到了1938年，国民党军队节节败退，武汉失守了。我们学校开始有党组织，有党员给我做工作，参加抗日救亡活动。我1938年入党时，始终觉得应该到前方去，因为在后方使不出劲来，后来组织上同意了。可是当我跟父亲谈时，父亲反对，他觉得一个女孩，离家一个人出去，万一路上出了问题怎么办？……我说现在日本人都侵略我们大片土地了，咱们不抗日，还到国外去，我不去，我要去打日本"④。

在这些爱国青年看来，此时的延安，在中国共产党的领导下呈现出自由、平等、民主的氛围，流淌着强烈的爱国精神、民族精神和坚定的抗日决心，这样的精神文化资本正是这类青年追随和向往的，与国统区和沦陷区混乱萧条，国民党军官狂舞滥赌、尽情作乐形成强烈的对比。⑤

---

① 中国延安干部学院.抗大[M].北京：中共中央党校出版社，2015：38.
② 中国延安干部学院.抗大[M].北京：中共中央党校出版社，2015：39.
③ 中国延安干部学院.抗大[M].北京：中共中央党校出版社，2015：39.
④ 中国延安干部学院.抗大[M].北京：中共中央党校出版社，2015：40.
⑤ 中国延安干部学院.红色延安的故事（理想信念篇）[M].北京：党建读物出版社，2016：16.

第二类是受日本帝国主义侵略影响无法上学的青年。这类青年渴望正常学习，追求更多的文化知识，有抗大学员回忆道："抗大招生广告的内容，是为了抗日救国，还有很多待遇，不用交学费，免费供应住宿吃饭，衣服是按照部队发一套……初中毕业以后，我感觉穷苦家庭出身的人要念书，像抗大这样的学校，是很大的机遇，很大的幸福，我就上抗大了。"① 抗大"号召凡有志献身民族解放事业，具有高小以上文化程度，身体强健，无不良嗜好、暗疾的热血青年投考抗大"②，为青年提供了稳定的学习环境和丰富的文化资本。

第三类是受生活所迫的青年。有抗大学员回忆："1938年日本炸了广州，也把我们工厂给炸了。炸了以后我们没地方去，当时日本人也炸上海，……我和一些工友到香港九龙去做工，但是条件很差，心里面也不安，后来一想，还是到延安考学校更好些。"③

日本帝国主义的侵略，造成很多人无家可归、无处可去，生活极其不安稳。安定的生活环境是这类青年奔赴抗大的目的。总的来说，在当时的历史背景下，无论是已经接触过先进思想的爱国青年还是没有接触过先进思想、受环境所迫无法正常学习、生活的青年，都被抗大所遵循的爱国、自由、平等、民主、抗日救亡等积极的价值取向和价值目标所吸引。这样看来，广大青年奔赴抗大，最基本的原因是延安抗大相较于国民党统治区拥有更多、更丰富的当时青年需要的精神文化资本。

从中共中央的角度来看，抗大的成立担负着为中国共产党领导的抗日武装力量培养干部人才，带领人民群众进行抗日，以实现中华民族的解放和独立的重任。而从奔赴抗大的青年的角度来看，不论是已经有爱国抗日思想的进步青年，还是为求学和无家可归来到抗大的青年，其共同的目的都是打败日本帝国主义，保护家园。简单来看，中共中央和青年的价值目标是相同的，但是不同的地域、不同的家庭背景和受教育背景，导致了大家对于国家形势

---

① 中国延安干部学院.抗大［M］.北京：中共中央党校出版社，2015：43.
② 中国人民解放军国防大学.中国人民抗日军事政治大学史［M］.北京：国防大学出版社，2000：27.
③ 中国延安干部学院.抗大［M］.北京：中共中央党校出版社，2015：4.

和抗日救亡的理解各不相同。在这样的背景下，抗大怎样统一青年的思想，达成对中国共产党思想的认同，对党的领导的服从，成为是否可以达成抗日救国目标的关键环节。从青年学员对抗大学习生活的描述，可考察分析抗大占有的精神文化资本是否有效地流向青年，并且为何得以对青年形成引导的原因。

首先从抗大为青年学员配备的教员、教授的内容以及课堂授课的方式进行分析考察。抗大教育中正式的专职教员反而是少数，更多的是直接参与党的领导的同志："……当时教员来源，一部分是从红军队伍里挑的，一部分是从参加革命的知识分子里选的，像任白戈，他从上海到延安，是马列主义教研室的教员，算是固定教员。除了任白戈这些专职教员，中央领导担负了很多课程的教学任务，毛主席、周恩来、张闻天、王明都去讲课，……后来从白区还陆陆续续来了一些专家，像范文澜讲中国通史，还有成仿吾、范长江那些有名的记者都讲过课，抗大的师资应该说是很高了"①；"专职教师的配备，主要是两个，……除了这两个专职的以外，其他就是中央负责同志作报告，这是主要教学方式，所以在抗大听中央领导作报告还特别多"②。

为了将学员培养成为合格的中国共产党抗日干部，抗大为学员主要开设两个方面的课程，一个是军事，另一个是政治。其中，教授政治是为了让学员更科学地认识国内国际形势和抗日形势，实际就是将中国共产党占有优势的精神文化资本传播给学员，使他们得以传承这种积极、优秀的精神文化。显然，抗大本身就是一个思想政治教育场域。根据学员们回忆，"抗大教育的宗旨是转变学员的世界观，基本上分两步走：先把这些人培养成优秀的抗日战士，继而把他们培养成共产主义战士。现在看起来抗大这两步基本上是成功的，不少学生来了以后，除了把他们培养成抗战战士以外，更重要的是有一部分人成了共产党员"③；"单独有一门课叫政治工作，就是部队的政治工作。另外在讲政治课的时候，着重要解决学生的世界观、人生观、宇宙观，解决

---

① 中国延安干部学院. 抗大 [M]. 北京：中共中央党校出版社，2015：15.
② 中国延安干部学院. 抗大 [M]. 北京：中共中央党校出版社，2015：15-16.
③ 中国延安干部学院. 抗大 [M]. 北京：中共中央党校出版社，2015：121.

这三观"①。

抗大的教学除了传统的理论灌输，还有联系实际的应用分析，使学员真正可以将所学理论运用到抗日和民族解放中去。"教学方式主要有两种：一种是灌输式，教员作报告学员听；一种是启发式，启发式比较灵活，既要申述理论体系，又要启发学员和你一起探讨。比如讲中国革命问题，批判速胜论和亡国论，除了讲基本理论外，还提出速胜论有什么利弊，亡国论有什么害处，让学员考虑，回答问题，一起和学员讨论。讲统一战线，要争取更多的朋友，把敌人孤立到最少，把这个问题提出来，和学员讨论怎么来做，如何扩大统一战线，如何打击和孤立敌人，这样就比较生动，很受学员欢迎。"②

其次，学员在抗大除了课堂上的学习，还要经历生活中的学习。这些学习小到吃、穿、住，大到抗大的政治纪律、生活纪律，都是对学员做人、做事的教育。从这个角度讲，抗大对学员的思想政治教育贯彻始终，渗透在生活的方方面面。来到抗大，青年学员首先要适应的就是吃、穿、住等日常生活的考验。住的是窑洞，吃的是小米，要开荒、背粮、做草鞋、劳动，培养学员艰苦奋斗的精神。当然这种艰苦奋斗的作风，不仅是对抗大学员的要求，同时也是对全党、全中央的要求。在抗大，在延安，无论中央领导、老红军、老干部还是学员都是平等的，无人能跨过纪律享有特权，"虽然艰苦，但是大家都一样，很平等，很自由。有时毛主席也在延河边上散步，看到大家也招招手，有时还跟大家握握手，有的认识，有的不认识"③。在黄克功事件中，面对陕甘宁边区法院刑庭审判长的求情，毛泽东回复道："黄克功过去斗争历史是光荣的，今天处以极刑，我及党中央的同志都是为之惋惜的。但他犯了不容赦免的大罪，以一个共产党员红军干部而有如此卑鄙的，残忍的，失掉党的立场，失掉革命立场的，失掉人的立场的行为，如为赦免，便无以教育党，无以教育红军，无以教育革命者，并无以教育一个普通的人。"④民主也是

---

① 中国延安干部学院.抗大[M].北京：中共中央党校出版社，2015：99.
② 中国延安干部学院.抗大[M].北京：中共中央党校出版社，2015：17-18.
③ 中国延安干部学院.抗大[M].北京：中共中央党校出版社，2015：113.
④ 中央文献研究室.毛泽东书信选集[M].北京：中央文献出版社，2003：100.

抗大生活中渗透的思想政治教育的重要内容。抗大设立民主箱，每一位学员都可以自由发表对任何人的意见，开展民主生活会，诚恳地进行批评和自我批评，学员之间团结互助，共同进步。

通过分析，抗大这个思想政治教育场域提供了青年在特殊历史时期需要的包括价值准则、价值取向、价值目标在内的精神文化资本，并且以革命的实际领导者和参与者作为教育者，以灌输和启发结合作为教育方式，以学习、生活中的自由、平等、民主作为引导方式，对青年进行世界观、人生观和价值观的培育，形成了良好的培育效果，培养了一批听党指挥、跟党走的爱国青年。由此可见，把握受教育者对资本的需要、真实掌握精神文化资本优势、深入了解受教育者价值认知基模、完善教育者惯习，是包括社会主义核心价值观培育在内的思想政治教育在面临场域中的竞争时能够取得优势、最终达到培育成效的重要因素。

第二节　构建研究生社会主义核心价值观培育新场域的必要性

社会主义核心价值观培育场域，实际上就是在社会主义核心价值观培育活动中已经形成一定惯习的教育者、受教育者、其他教育参与者以及以社会主义核心价值观为核心的精神文化资本、其他精神文化资本等影响培育效果的因素彼此之间发生竞争构成的一个复杂的关系网络。其中任何一个因素的变化都直接或者间接地影响培育的效果。社会主义核心价值观培育场域是客观存在的，只要进行社会主义核心价值观培育活动，就存在这样一个包含以上因素的场域。在这个场域中具有一定惯习的教育者、受教育者、其他教育参与者以及在培育活动中生产、传播和传承的一切精神文化资本共同制约着培育的进行，影响着培育的效果。现实地看，当前研究生社会主义核心价值观培育的效果，也是在一定的培育场域下形成的必然结果。这样一来，通过分析教育者和受教育者之间的关系构型、教育者和受教育者的惯习、场域内关于精神文化资本的竞争三个要素，就可以较为准确地刻画出研究生社会主义核心价值观培育场域的现状，同时也可以较为真实地反映出培育的效果。

除此之外，从研究生教育这个宏观的场域来看，社会主义核心价值观培育场域所占的比重也是影响培育成效的要素之一。所以，接下来将通过以上四个要素的分析，来刻画出当前研究生社会主义核心价值观培育场域的现实情况，以考察场域的完善程度。

首先，研究生教育场域中学术场域和社会主义核心价值观培育场域的失衡。相较于本科生教育，学术性是研究生教育的特点。所谓学术性，指的是研究生教育活动中生产和传播的知识更为深入和专业，"还处于已知与未知之间的交界处，或者虽然已知，但由于它们过于深奥神秘，常人的才智难以把握"[1]，即高深学问。研究生教育场域中活动主体基于高深学问发生的竞争和互动，可以更具体地看作学术场域。但是，研究生教育活动不仅仅局限于活动主体之间的学术性互动，而是以培养全面的高层次人才为目标，还包括对个人素质、道德品质、人生目标、理想信念等世界观、人生观、价值观的塑造。也就是说，社会主义核心价值观培育场域是研究生教育场域中的重要组成部分，关系着研究生作为新时代高层次人才的全面发展。场域中活动主体之间单位时间内进行互动的频率或强度可以称作关系密度，如果是基于高深学问的关系密度，可以看作学术关系密度，如果是基于以社会主义核心价值观为核心的精神文化的关系密度，则可以看作社会主义核心价值观培育关系密度。[2]理想的研究生教育场域应该是学术关系密度和社会主义核心价值观培育密度都很大的场域，[3]而当前我国现实的研究生教育场域中，学术关系密度普遍大于社会主义核心价值观培育关系密度。甚至有学者在进行实证研究后指出，"文科硕士生学术关系密度和教育关系密度均较小，无法形成稳定的'学术-教育'共同体，其'在场'状态呈现出'游离'趋势"。[4]这里的教育指

---

[1] 约翰·S.布鲁贝克.高等教育哲学[M].王承绪，等译.杭州：浙江教育出版社，2001：2.

[2] 毛金德，马凤岐.研究生教育场域：概念与框架[J].高教探索，2015（10）：29-33.

[3] 毛金德，马凤岐.研究生教育场域：概念与框架[J].高教探索，2015（10）：29-33.

[4] 毛金德.研究生教育场域的"游离部落"——场域视角下地方高校文科硕士生"在场"状态研究[J].学位与研究生教育，2015（8）：41-46.

的是教育者对受教育者进行的积极的精神影响。研究生教育中社会主义核心价值观培育关系密度较小的状态代表了现实的研究生社会主义核心价值观培育场域可能比想象中的培育覆盖率要小，这也对近年来屡屡发生的如复旦大学研究生投毒事件、西安交通大学研究生自杀事件等恶性事件形成了一定的解释。社会主义核心价值观在研究生群体中的广泛宣传，或者是研究生群体对社会主义核心价值观基本内容的普遍知晓，都不代表教育者和研究生之间存在较高的社会主义核心价值观培育关系密度，也不代表研究生社会主义核心价值观培育场域拥有理想的范围。实际看来，当前我国研究生教育场域中的学术场域和社会主义核心价值观培育场域还普遍存在失衡现象，呈现出重知识、轻精神文化的现象。

其次，研究生社会主义核心价值观培育场域中教育者和受教育者的关系构型并不完全依据以社会主义核心价值观为核心的精神文化资本的优劣势构建。在研究生教育场域中，教育者和受教育者的关系构型是一致的。也就是说，无论是在具体的学术场域还是社会主义核心价值观培育场域，研究生群体均处于受教育者的地位，而包括导师、专业教师、辅导员等在内的高校教育从业者成为教育者。如果说在学术场域中以导师、专业教师为主的教育者是因为在特定的专业领域拥有高深学问的文化资本优势而获得教育者的身份，那么在社会主义核心价值观培育场域中导师、思政教师、辅导员教育者身份的获得是否缘于精神文化资本的优势则值得商榷。在本研究中已经对新时代研究生社会主义核心价值观培育的目标、内涵和维度进行了重新的审视，研究生群体对社会主义核心价值观基本内容的认知、认同和践行已经不能看作培育的全部目标，而是更高地指向研究生群体世界观、人生观和价值观的建设和完善，指向精神文化体系的建设和完善。那么，原则上看，社会主义核心价值观培育场域中获得教育者身份的主体，应该是价值准则、价值取向、价值目标能够对研究生形成正面引导，相较于研究生在世界观、人生观和价值观方面更加积极和完善的群体。然而，实际培育场域中，教育者的身份很难是真正通过拥有以社会主义核心价值观为核心的精神文化资本优势来确定的，更多的是通过在我国社会教师"天然"拥有的教化权力来确定的。教化权力是在我国悠久的历史文化和特殊的差序格局中形成的，"每一个年长的人都握有强制年幼的人的教化权力：'出则悌'，逢着年长的人都得恭敬、顺服于这种权力"①。由此看来，当前的研究生社会主义核心价值观培育场域中，导师、思政教师、辅导员等教育者与研究生之间并没有真正形成教育者和受教育者的关系构型，也就是说，与研究生相比，教育者并不绝对拥有更加高尚、完善的以社会主义核心价值观为引导的价值观念体系。

再次，研究生社会主义核心价值观培育场域中没有重视教育者和研究生群体固有惯习对培育的影响。关于研究生群体在社会主义核心价值观培育中的惯习，已经重点在第五章进行了分析。简单来说，研究生是在价值认知基模的主导下活动于社会主义核心价值观培育场域中，一切对社会主义核心价值观的评价、认识、认同、信仰，包括社会主义核心价值观对自身价值准则、价值取向、价值目标的影响，都是在研究生价值认知基模发挥的结构性功能下形成的。但是，在当前的研究生社会主义核心价值观培育场域中，还很少对研究生接收和传承精神文化资本的惯习进行分析。也就是说，场域中的教育者对研究生如何形成、获取精神文化资本还缺乏了解。这也就造成了教育者在精神文化资本的生产和传播中难以有的放矢。同时，教育者在场域中的惯习也影响着培育的进行。不同的教育者对于社会主义核心价值观培育本身就有不同的理念和目标。如果教育者认为，对研究生进行社会主义核心价值观培育只是提升其对基本内容的理解，完成宣传和解释任务，那么在培育场域中教育者的一切活动都是围绕社会主义核心价值观基本内容的传递和阐释进行。如果教育者认为，研究生社会主义核心价值观培育担负着培养全面的新时代高层次人才的重任，那么他在培育场域中的一切活动则会更加关心研究生的价值观念现状，更加关注研究生价值准则、价值取向的调整和引导，价值目标的指引和树立。尤其是研究生导师在社会主义核心价值观场域中扮演的角色，深刻影响着培育的效果。如果导师通过学术互动和日常人际互动，积极地向研究生传播正确的价值准则、价值取向和价值目标，并且在实际生活中树立了良好的学术榜样和人格榜样，那么导师在社会主义核心价值观培育场域中就真正以精神文化资本优势发挥了教育者生产、传播、引导研究生的价值观念体系的作用。如果导师不仅未意识到自己在社会主义核心价值观培育中肩负着引导研究生世界观、人生观、价值观的建设和完善，没有在学

---

① 费孝通. 乡土中国 生育制度 乡土重建 [M]. 北京：商务印书馆，2011：70.

术互动和日常人际互动中向研究生传播正确的精神文化资本，还生产和传播消极的、负面的价值取向，甚至以自身的教化权力压榨学生，那么导师虽然在培育场域中占据了教育者的地位，却并没有发挥自己的引导作用，很有可能对研究生价值观念的塑造和完善形成负面影响。比如南京大学研究生导师梁莹学术不端、北京航空航天大学博导陈小武性侵事件、西安交通大学博导压迫学生致其自杀事件，都是导师明显没有重视自己在培育场域中的教育者身份和引导重任，对研究生对待学术的态度和对待人生的态度都造成了重大的不良影响。同样，教育者的教育风格也影响着场域中培育活动的进行。教师风格可以分为民主型、权威型和放任型，[①] 社会主义核心价值观培育场域中的教育者也是同样：民主型的教育者会与研究生就精神文化资本展开交流式的互动，给学生更多发言和表达的机会，在这样的互动中，教育者更容易了解学生的困惑和需求，更有针对性地进行精神文化资本的生产和传播；权威型的教育者则凭借教化权力以自己的培育理念和目标向研究生传播自己想要传播的精神文化资本，社会主义核心价值观培育活动成为一种简单的由教育者到受教育者的精神文化资本单向传递活动，缺乏针对性，也难以在培育中促成研究生与自己的共情；放任型的教育者则放弃了自己在培育场域中的培育和引导作用，既不关注研究生价值准则、价值取向和价值目标的现状，也不关注研究生世界观、人生观和价值观的完善，任由其自由发展。在实际的研究生培育场域中，不得不说，权威型和放任型的教育者不在少数，或是单方面进行社会主义核心价值观的传播和阐释、对学术态度和行为提出要求，或是无所谓研究生的学术行为、生活方式和精神状态。

最后，研究生社会主义核心价值观培育场域内多元化精神文化资本之间形成激烈竞争。如今，随着物质生活水平的提高和文化交流的便利，可供研究生选择的生活方式越来越多样，可追随的人生目标越来越多元，可信奉的人生信条也越来越丰富。现实地说，无论是研究生的个人行为准则、社会生活和社会交往的原则，还是理想信念，都不一定与社会主义核心价值观相符合，而是受到各种蕴含于家庭教育、朋辈交往、生活环境、个人经历中的精

---

① 胡仁东,刘静.场域论视角下大学生课堂问题行为的表现、成因及对策[J].教育探索,2015(5):61-64.

神文化的影响。同样，教育者的世界观、人生观和价值观也不一定完全符合社会主义核心价值观，而是在实际的社会生活和社会交往中逐渐建构起了一套个性化的价值观念体系，指导着自己的现实活动。那么，在社会主义核心价值观培育场域中，就不只是以社会主义核心价值观为核心的精神文化资本持有度不同的两个群体之间的竞争，而是教育者和研究生所持有的一切多元化精神文化资本的竞争。从这个意义上讲，以社会主义核心价值观为核心的精神文化资本要想占领研究生的思想高地，不仅面临着西方普世价值的威胁，改革开放过程中自我主义、享乐主义、拜金主义的侵蚀，还要面临我国高速发展中持续涌现出的新生活方式和随之而来的新生活理念的冲击，处于激烈的竞争之中。这就要求以社会主义核心价值观为核心的精神文化资本，尤其是向研究生传播的精神文化资本，绝对不能是简单的基本内容的阐释和口号式的宣传，而是要切实渗透和贴近研究生的实际生活，对研究生正在经历和将要经历的社会生活和社会交往、人生目标和理想信念形成、基本国情和国际形势做出更有力、更可信和更准确的解释，只有这样，精神文化资本才能更具竞争力，才能引导研究生成长为新时代的高层次人才。而在实际的培育场域中，教育者往往没有关注到场域中存在的激烈竞争，也没有重视以社会主义核心价值观为核心的精神文化资本竞争力的提升，而是经常采取一成不变的培育内容，降低了精神文化资本对研究生社会生活和社会交往，以至基本国情和国际形势的解释力。

综上所述，当前的研究生教育中，相较于学术互动，无论是教育者和受教育者之间，还是教育者和教育者、受教育者和受教育者之间，关于社会主义核心价值观精神文化的生产、传播和传承还是要少得多，这无疑减少了社会主义核心价值观精神文化影响和引领研究生的机会。再具体到研究生社会主义核心价值观培育中，导师、思政教师、辅导员以天然的教化权力获得教育者身份，其培育理念、目标和方式往往存在与研究生社会主义核心价值观培育目标发生偏离的现象，并且社会主义核心价值观精神文化在一切教育者和受教育者现有的精神文化资本中还未获得绝对的优势。这样看来，目前的研究生社会主义核心价值观培育场域还是一个结构相对松散、关系不甚紧密、社会主义核心价值观精神文化竞争力不够强大的关系网络。或者说，实际上当前还没有构建成一个专门针对研究生群体、服务于新时代高层次人才培养的研究生社会主义核心价值观培育场域，这直接导致了影响培育效果的四个要素无法共同发挥作用，无法在教育者和研究生之间形成关于社会主义核心价值观精神文化的有效互动，降低了社会主义核心价值观对研究生思想观念的影响力和引领力。反过来说，就是研究生在当前实际的培育场域中，经常无法形成对社会主义核心价值观本身所具有的精神文化影响力和价值取向、价值目标引导力的认知。所以，为了提升培育效果，实现新时代高层次人才的培养，亟须构建一个结构完整、关系紧密、精神文化资本竞争力强的研究生社会主义核心价值观培育新场域，而构建的原则实际上就是新时代研究生社会主义核心价值观培育应该遵循的基本原则。

第三节 新场域构建的基本原则

资本、关系构型、主体惯习和资本竞争，是影响研究生社会主义核心价值观培育场域运行的四个要素，也正是这四个要素共同制约着研究生社会主义核心价值观培育活动的进行，并且最终形成一定的培育效果。反过来说，研究生通过培育形成的对社会主义核心价值观的认知、认同、信仰以及在现实生活中的践行，是场域中四个要素共同作用的结果。要构建新的研究生社会主义核心价值观培育场域，就要在把握场域运行规律的基础上，抓住提升培育效果的实质，描绘研究生社会主义核心价值观培育场域的理想模型，以此作为新场域构建的基本原则。

一、场域视角下提升培育效果的实质

虽然研究生社会主义核心价值观培育场域内活跃着多种活动主体，存在多样化的精神文化资本，并且产生了多重关于精神文化资本的竞争，但是归根结底，与其他社会场域一样，构成培育场域最基本的因素是活动主体之间的社会关系网络，[①] 即教育者和研究生群体之间的关系构型。一般来看，社会

---

① 高宣扬. 布迪厄的社会理论 [M]. 上海：同济大学出版社，2004：138.

场域的关系构型不是固定的架构,而是呈现出一种多面向的特点。诸如在政治场域、经济场域等社会场域中,不同的活动主体在关系构型中处于什么样的位置虽然与其社会地位息息相关,但是,这并不意味着单纯的社会地位完全决定了活动主体的位置,更重要的是社会地位背后所代表的力量。当然在很多情况下,社会地位的差别必然说明了资本力量的差距,但也存在社会地位与资本力量不对等的情况。那么这时在一定场域中社会地位就不是形成关系构型的绝对因素,而是活动主体的实际资本力量决定了关系构型,也就决定了场域的基本形态。正是"靠由不同地位所展现出来的不同实际力量的对比,场域才作为一个现实的关系网络而存在"[①]。并且,当活动主体的实际资本力量发生改变时,关系构型也就发生了相应的改变,这就是所谓的关系构型的多面向特点。所以,通常构成某个社会场域的关系构型不应该单纯由活动主体所处的不同社会地位决定,也不应该是一个固定的社会结构,而应该是一种"贯穿于社会关系中的力量对比及其实际的紧张状态"[②]。

反观研究生社会主义核心价值观培育场域,教育者和研究生群体之间相对固定和稳定的培育与被培育关系构型构成了场域的基本形态。并且,这种关系构型的形成并不是源于教育者和研究生群体之间实际存在的关于精神文化的资本力量对比,而是由教育者一方规定的。从这个角度上来说,当前研究生社会主义核心价值观培育场域的构建相较于一般的社会场域缺乏自发性,是一种形式化的场域。基于此,教育者作为培育的一方,研究生群体作为被培育的一方,二者之间关于社会主义核心价值观的精神文化资本很可能并未形成实际的力量对比,至少不能说占有培育位置的教育者拥有绝对优于研究生群体的关于社会主义核心价值观的精神文化资本力量。可以说,研究生社会主义核心价值观培育场域中实际上并不存在,或者很少存在一种贯穿于教育者和研究生群体之间的精神文化资本力量对比及其实际的紧张状态,更不要说因为这种紧张状态而在教育者和研究生群体之间就精神文化资本展开激烈的竞争。然而,对于一个现实的场域来说,其存在和运作"只能靠其中的各种资本的反复交换及竞争才能维持"[③],为持有不同资本力量的活动主体提供

[①] 高宣扬.布迪厄的社会理论[M].上海:同济大学出版社,2004:139.
[②] 高宣扬.布迪厄的社会理论[M].上海:同济大学出版社,2004:140.
[③] 高宣扬.布迪厄的社会理论[M].上海:同济大学出版社,2004:148.

资本比较、资本交换、资本竞争,进而维持或改变自身的资本力量,完成资本再分配的空间。其中,资本比较、资本交换、资本竞争是场域运作的过程,各活动主体自身资本力量的维持或改变,也就是场域中资本的再分配是场域运作的结果。所谓的培育效果,作为研究生社会主义核心价值观培育场域运作的结果,关注的是研究生群体精神文化资本力量的改变与否。当前研究生社会主义核心价值观培育场域的形式化、核心运作动力的严重缺乏,都切实地影响着培育效果,使其难以通过简单的培育方式调整和培育方法改善就能得到提升。所以,提升培育效果,意味着对构成培育场域基本形态的关系构型进行调整,同时也意味着在培育场域内构造一种精神文化资本力量的竞争状态,以最终促成研究生群体精神文化资本力量的塑造和完善。

这样看来,理想的研究生社会主义核心价值观培育场域应该具有优质的关系构型、良好的精神文化资本力量竞争状态,并且促成场域内优秀精神文化资本力量向研究生群体精神文化资本力量的转化。

二、优质的关系构型是培育场域的基本

前文提到,当前的研究生社会主义核心价值观培育场域中,教育者和研究生群体之间实际地呈现出一种固定的培育与被培育关系。这种关系构型是由教育者一方规定的,并不完全取决于活动主体之间精神文化资本力量的对比,是培育场域呈现出形式化特点的原因所在。如果要使研究生社会主义核心价值观培育场域摆脱这种形式化,成为实际的、真正的场域,就需要在教育者、研究生群体、其他教育参与者之间架构优质的关系构型。对于研究生社会主义核心价值观培育场域来说,所谓优质的关系构型,是指活动主体在培育场域中所处的地位应该遵循资本力量的规律,占有培育地位的活动主体相较于占有被培育地位的活动主体应该具有更强大的精神文化资本力量,足以对其他活动主体的精神文化资本形成影响,并且场域中活动主体所处的位置会根据精神文化资本力量大小的更替而发生改变。

虽然当前由教育者一方规定的关系构型引致了培育场域的形式化,但是架构优质的关系构型并不意味着全然否定培育场域中教育者和研究生群体之间的培育与被培育关系,也不是全然摒弃教育者通过教化权力获得的培育地

位，而是对关系构型进行优化和完善。研究生社会主义核心价值观培育场域作为研究生教育场域的一部分，教育者占有培育者位置有其合理性。与一般社会场域的自发形成和自由发展不同，包括研究生社会主义核心价值观培育场域在内的教育场域，其构建基于特定的教育目标，而其发展也遵循特定的教育方向，这就决定了在场域中必须有一定的活动主体引领着一切实践活动的进行，成为教育目标和教育方向的实际践行者。教育者就承担着这样的角色，在通过与研究生群体和其他教育参与者发生互动关系从而进行培育实践活动的同时，遵循特定的教育目标和教育方向执行着自身担负的教育任务。所以，在研究生社会主义核心价值观培育场域的理想模型中，教育者依然要占据培育地位，更准确地说，教育者依然要占据主要的培育地位。那么，架构优质的关系构型就不在于剥夺或者否定教育者的培育地位，而是使教育者不仅在贯彻教育政策的层面上占有培育地位，而且能够以强大的精神文化资本力量在现实层面上占有培育地位，最终使培育场域的关系构型在保有目标性和方向性的基础上真正呈现出教育者与研究生群体、其他教育参与者之间实际的精神文化资本力量对比。

　　场域中活跃的资本类型是界定场域的关键要素，理论上来看，正是教育者、研究生群体以及其他教育参与者之间以社会主义核心价值观为核心的精神文化资本的活跃，才将这一空间界定为研究生社会主义核心价值观培育场域。但现实中，是先规定了研究生社会主义核心价值观培育场域，才在这一空间中开始进行所谓的研究生社会主义核心价值观培育活动。包括教育者通过课堂、讲座、校园活动等渠道单向地向研究生传递社会主义核心价值观的重要性和基本内容等，都被看作培育活动的一部分。这种单向传递还普遍停留于知识传递，没有在培育活动中将社会主义核心价值观实际地转化为精神文化资本。具体来看，在当前所谓的研究生社会主义核心价值观培育场域中，教育者和研究生群体之间知识传递是主流，还没有广泛地就个人人生规划、生活方式、社会行为规范、社会责任、理想信念等展开探讨，而这些精神文化资本互动交流的缺失使培育活动成为一种形式上的社会主义核心价值观培育活动，其活动的空间就是形式化的培育场域。反过来说，要想成为真正的、实际的研究生社会主义核心价值观培育场域，无论哪个活动主体占有培育地位，活跃于活动主体之间的资本就必须是精神文化资本。

在任意一个教育场域中，教育者之所以成为教育者，或者说，教育者之所以可以教育他人，或是予以人某种知识，或是予以人某种技能，或是予以人某种精神，是因为这些知识、技能和精神对受教育者生活、交往的方式、方法和风格能形成影响。宏观来看，一切教育者可以授予他人的内容都属于文化范畴。反过来说，教育者正是因为拥有某种优于受教育者的文化资本，才能使这种文化资本通过与受教育者的相互关系流向受教育者，影响受教育者原本的文化资本，达到教育的目的。无论文化资本的具体内容是什么，均可以归入以下三种形式中的一种，分别是"被归并化的形式（l'état incorporé）、客观化的形式（l'état objectif）和制度化的形式（l'état institutionalisé）"①。被归并化的形式指的是人在长期的现实活动中，有意或无意地将知识、经历、教育等文化内容内化为主导个人思想观念和行为方式，是一种"以精神和身体的持久性情为存在形式"②的文化资本，表现为个人在现实活动中的价值标准、价值取向和价值目标，即个体的精神文化资本。客观化的形式是指凝结在一定客观对象中，具有价值的文化资本，比如历史文物、古董文玩等。制度化的形式是指由各种制度形式确认的文化资本，比如学历、学位、职称等。在当前研究生社会主义核心价值观培育场域中占据培育地位的教育者，主要进行的培育活动是向研究生群体传递社会主义核心价值观知识性内容，那么对照文化资本的形式，其优势文化资本既不在于被归并化的形式，也不在于客观化的形式，而是以优于研究生群体的学历而拥有的教化权力。但是，在理想的研究生社会主义核心价值观培育场域中，活动主体之间必须就精神文化资本发生互动交流关系，那么，教育者的培育地位就必须通过在被归并化形式的文化资本方面的优势获取。研究生社会主义核心价值观培育包括理想信念教育、政治教育和爱国主义教育、公德教育、个人素质教育。在理想的关系构型中，占有培育地位的教育者也就相应地在理想信念、政治意识和爱国意识、社会公德和社会责任、个人品质和个人素质等精神文化资本方面均应拥有优于研究生群体的资本力量，才能成为彼此互

---

① 高宣扬. 布迪厄的社会理论[M]. 上海：同济大学出版社，2004：149.
② [法]布尔迪厄. 文化资本与社会炼金术：布尔迪厄访谈录[M]. 包亚明，译. 上海：上海人民出版社，1997：192-193.

动中的主导者和领导者。

三、合理的资本竞争是培育场域的保障

教育者以精神文化资本力量优势占有培育场域中的培育地位只是理想模型的基本，作为培育场域的理想模型，更重要的是具备强有力的运作动力，即场域中资本的激烈竞争。"场域是各种资本竞争的结果，也是这种竞争状态的生动表现形式"[①]，在场域中的活动主体总是根据自身的利益和需要，进行资本的比较和竞争，从而达成资本的保留或更替。即便是在仅进行社会主义核心价值观知识性内容传递的形式化培育场域中，也存在资本竞争。虽然大多数社会主义核心价值观知识性内容的传递呈现出单向性的特点，但在此过程中，教育者与研究生群体也就各自拥有的社会主义核心价值观知识性内容资本展开竞争。通过教育者知识性内容的传递，研究生完全接受，或选择性地接受，或完全不接受来自教育者的知识资本，而这些结果的发生都源于研究生本身持有的社会主义核心价值观知识资本，这实际上就是教育者和研究生知识资本发生碰撞和竞争的结果，只不过这种竞争通常是在研究生自身内部进行的，是一种隐性的资本竞争。所以，也可以说，当前研究生通过社会主义核心价值观培育活动形成的对社会主义核心价值观的认知与否、认同与否，实际上都是教育者和研究生之间知识资本竞争的结果。

虽然研究生社会主义核心价值观培育场域是一个被规定的活动空间，但是要想完成精神文化资本的再分配，尤其是完成研究生精神文化资本的完善，就需要培育场域中真实地存在精神文化资本的竞争。所以说，研究生社会主义核心价值观培育场域绝对不是教育者的"一言堂"，相反，精神文化资本的竞争恰恰是完善研究生精神文化资本的根本动力。研究生精神文化资本的完善，实际上是以社会主义核心价值观引领研究生的精神文化资本，也就是引领研究生的价值认知基模正确认知、评价、信仰社会主义核心价值观，这就要求研究生达成社会主义核心价值观共识。这种共识的实质是对社会主义核心价值观建构的公共利益形成的一致看法和观点、对中国特色社会主义的坚

---

① 高宣扬.布迪厄的社会理论[M].上海：同济大学出版社，2004：148.

定信念，以及对中国梦的共同追求。社会主义核心价值观共识的建构既不是研究生价值认知基模差异的消除，也不是研究生个体价值认知基模的取代，而是一个求同存异的过程。并且，这个"同"因为"异"的存在而存在，"在特定的意义结构中，如果没有思想多元多样、分歧分化，思想共识的价值前提就会丧失掉"①，是"异"为"同"提供了动力。正是精神文化资本竞争的存在，通过互动交流为活动主体提供更多的自我发展、生活方式选择的参考，为活动主体提供更多自身价值标准、价值取向和价值目标重新审视的机会，为活动主体提供更多树立理想信念的方向。所以，理想的研究生社会主义核心价值观培育场域中，教育者必须接受来源于研究生和其他教育参与者的精神文化资本竞争，并且试图扩大这种存在竞争的培育场域的范围，使其在研究生教育场域中占有与学术场域相当的范围，这样才能为研究生学术培养与理想信念树立、道德品质养成、个人素质培养的平衡提供基础环境。研究生社会主义核心价值观培育场域范围不是随意划分的，也不是硬性规定的，而是取决于真正的教育者与研究生群体之间发生关于社会主义核心价值观精神文化互动的关系密度，实际表现为精神文化资本发生竞争的密度。所以，理想的研究生社会主义核心价值观培育场域中教育者、研究生和其他教育参与者之间不仅应该存在精神文化资本的竞争，并且这种精神文化资本的竞争还应该在研究生现实活动中维持一定的密度，也不应该仅局限于主题课堂、主题讲座、校园活动上，还应该更深入地蕴含在学术互动和日常人际互动中，渗透于研究生群体的现实社会生活和社会交往中。

四、高效的资本转化是培育场域的关键

教育者、研究生以及其他教育参与者之间实际发生的精神文化资本竞争为研究生社会主义核心价值观培育场域的运作提供动力，也为研究生精神文化资本的完善提供了前提。但是，最终决定研究生精神文化资本改变与否、完善与否的，还是在于教育者所拥有的优势精神文化资本力量在多大程度上转化为研究生的精神文化资本力量。如果说，经过一系列的精神文化资本竞

---

① 陈娜.论思想共识凝聚及其时代价值[J].思想理论教育导刊，2019（1）：85-90.

争，研究生精神文化资本并没有发生改变，或者依据其他教育参与者拥有的精神文化资本力量发生改变，这依然不是培育场域的理想模型。这决定了占有培育地位的教育者需要积极、主动地推动自身优势精神文化资本力量的转化，而不是被动等待研究生自发、自觉地进行精神文化资本比较和竞争，毕竟这种自发、自觉的比较和竞争是教育者难以把握和控制的。

现实地说，以被归并化形式存在的精神文化资本，即人的个体价值认知基模，是在相当长的一段时间内，由个体价值认知水平发展、个体需要层次以及个人生活环境共同建构的个体价值认知基模主导下形成的。因此，任何一种精神文化资本由一个个体或群体向另一个个体或群体进行转化都是存在难度的。但是，这并不意味着否定精神文化资本发生转化的可能性。对于教育者，不仅是培育场域中的活动主体之一，更是培育场域运作的主导者和掌控者，所以教育者的关注点不仅在于自身拥有或者掌握多少精神文化资本，更在于"如何面对场域所呈现的行动者之间的相互关系网络，如何把握在这些网络中的不同社会地位的行动者的资本走向，如何调动行动者手中所掌握的资本"①，而实际上这些问题归根结底都是由教育者对自身在场域中所处位置的基本态度引发的。包括教育者对自身培育地位的评估、对自身以及研究生群体精神文化资本掌握状况的判断、对自身与研究生所处地位的关系评价，都是这种基本态度的表现。更通俗地来讲，教育者在培育场域中将自身占有的培育地位看作一种"天然的"教化权力，还是抱有一种服务意识；将研究生群体看作被动的精神文化资本接收对象，还是进行精神文化资本交流、互动、引导的对象；将培育活动看作一成不变、硬性规定的工作任务，还是以培育新时代高层次人才为目标，根据实际交流互动情况随时进行调整的陪伴式培育活动，都可以看作教育者的基本态度。理想的研究生培育场域中，教育者对待自身的培育地位应该具备正确的基本态度，使维持自己真正的培育地位变成一种力量，在掌握研究生精神文化资本力量状况的基础上，不断更新自己精神文化资本力量的优势，并且抓住研究生价值认知基模建构和重新建构的规律，适时推动精神文化资本力量的转化，最终实现研究生原有精神文化资本的更替和完善。

---

① 高宣扬.布迪厄的社会理论［M］.上海：同济大学出版社，2004：153.

第七章
新时代研究生社会主义核心价值观培育的具体策略

在上一章中,一方面,宏观地分解了影响培育场域运作的四个要素,即资本、关系构型、主体惯习和资本竞争;另一方面,也指出了得到一个理想的运作结果,即良好的培育效果,所需要的三个条件:优质的关系构型、合理的资本竞争、高效的资本转化。而这三个条件的获得都有赖于教育者真实地在以社会主义核心价值观为核心的精神文化资本方面具有优势,这种优势决定了教育者能否真正占有培育地位,关系着培育运作的方向和培育运作的结果。加强教育者在精神文化资本方面的优势,既是构建研究生社会主义核心价值观培育新场域的灵魂,又是具体培育策略的切入点。同时,值得注意的是,研究生社会主义核心价值观培育场域的运作不是教育者的"独角戏",教育者所做的一切努力都应该指向研究生精神文化资本的再分配。为了达成研究生精神文化资本的再分配,就需要以教育者和研究生之间精神文化资本的激烈竞争来促成教育者精神文化资本向研究生一方转化。而能否形成竞争、能否成功转化,关键还在于是否遵循了研究生精神文化资本形成和改变的规律。这种规律在第五章已经得到分析,即研究生是在价值认知基模的主导下形成了对精神文化资本的接收、分析和认知。本章就是在第五章和第六章的基础上试图通过具体的培育策略构建一个新的研究生社会主义核心价值观培育场域,以试图转变当前培育场域形式化的状况,具体地解决培育缺乏针对性、研究生思想动态和形成规律掌握不准确、研究生培育参与度不高的问题。

鉴于涉及的要素繁杂，故用图 7-1 表述研究生社会主义核心价值观培育新场域的整体运作逻辑。

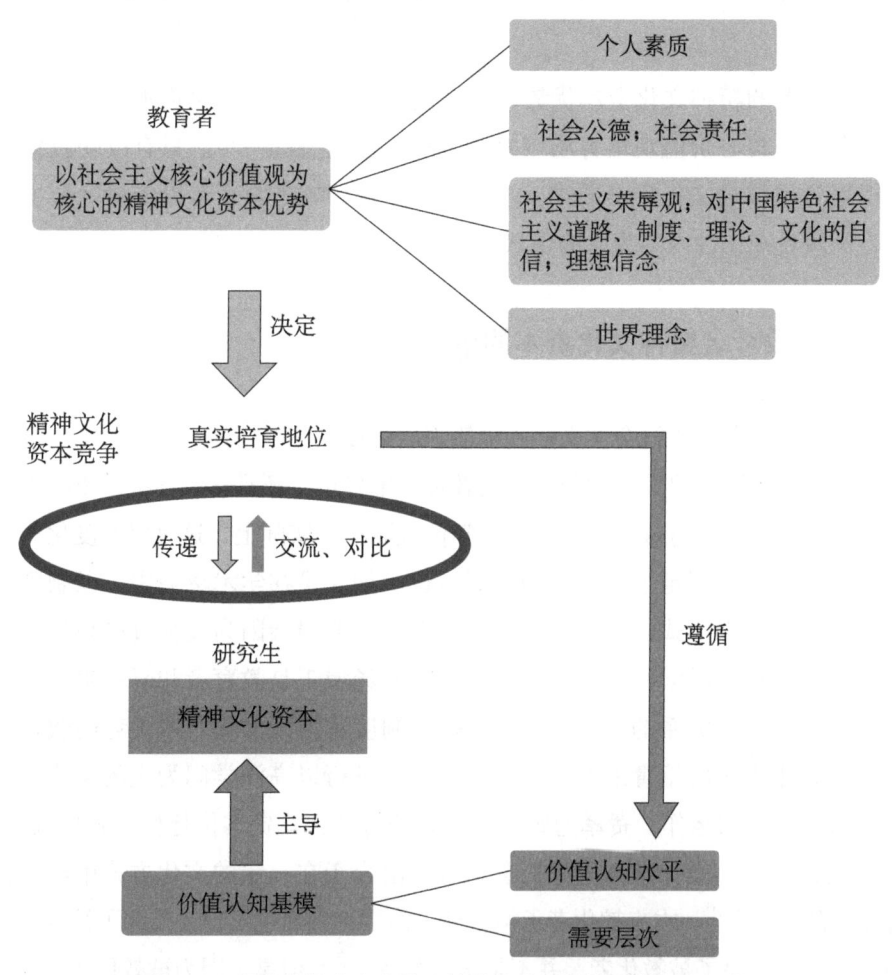

图 7-1 研究生社会主义核心价值观培育新场域的运作逻辑

这样看来，新培育场域中的具体培育策略应该从提升教育者的精神文化资本优势入手去扭转培育场域的运作方向，从遵循研究生价值认知基模主导精神文化资本的形成入手而形成精神文化资本竞争，通过有效的交流、互动和引导促成研究生精神文化资本的再分配，最终形成社会主义核心价值观对研究生精神文化资本的引领力。

第一节　提升教育者的精神文化资本优势

教育者的精神文化资本优势，是构建真正围绕精神文化资本运作的研究生社会主义核心价值观培育场域的第一步，也是关键一步。只有改变教育者获得培育地位的文化资本形式，才能改变培育场域中教育者以传播社会主义核心价值观知识性内容为主的现状。

一、教育者精神文化资本的审查

在既定的研究生社会主义核心价值观培育场域中，任何一个被规定为教育者的个体，无论是研究生导师、思政教师、辅导员，还是学校各级团委、党委工作者，均被要求持有一定的学历、学位或职称。实际上，这是以制度化优势的文化资本形式规定了教育者的培育地位。如果是在学术场域中，以制度化优势的文化资本形式占有培育地位的教育者，普遍会因为接受过更高教育阶段的教育而在高深学问方面拥有优势。学术场域正是教育者和研究生之间关于高深学问发生关系的空间，所以，拥有制度化形式文化资本优势的教育者在这里处于真正的培育地位，得以与研究生进行以高深学问为主的文化资本竞争来推动场域运作。费孝通曾把教育者拥有的文化资本优势称为教化权力。在教化过程中，教化者"代替社会去陶炼出合于在一定的文化方式中经营群体生活的分子"[1]。本来教化者承担这种工作"一方面也可以说是为了社会，一方面可以说是为了被教化者，并不是统治关系"[2]，但是，因为被教化者所要学习的是一套先于他存在的文化，所以他并没有选择学习什么和怎么学习的机会或权利，就使得教化者对被教化者呈现出一种天然的教化权力。虽然我国的研究生教育从招生、培养、管理、待遇、学位等各项制度几经变革，[3]但是

---

[1] 费孝通.乡土中国　生育制度　乡土重建[M].北京：商务印书馆，2011：69.
[2] 费孝通.乡土中国　生育制度　乡土重建[M].北京：商务印书馆，2011：69.
[3] 洪煜，等.我国研究生教育制度的历史沿革、现存问题与改革方向[J].中国高教研究，2012（7）：41-46.

从根本上看，都基本保持了这种教育者对研究生的教化权力。并且，这种教化权力的存在并没有影响研究生在学术方面的学习和提高。在社会主义核心价值观培育场域中，拥有制度化形式文化资本优势的教育者占有培育地位却导致了培育场域的形式化，主要原因在于场域中本应该运作的、发生竞争的文化资本存在差异。教育者的制度化优势文化资本形式普遍可以转化为高深学问优势，但是并不一定可以转化为精神文化资本优势，反而会赋予教育者一种差序格局上的优越感，拥有单方面决定向研究生传递什么和怎样传递的权力。再者，教育者所处的培育地位又使其在一系列诸如《关于培育和践行社会主义核心价值观的意见》《用新时代中国特色社会主义思想铸魂育人 贯彻党的教育方针落实立德树人根本任务》《关于深化新时代学校思想政治理论课改革创新的若干意见》的社会主义核心价值观培育政策、意见、指导下，或主动或被动地学习了更多的社会主义核心价值观理论、意义等知识性内容。这样一来，虽说相较于研究生群体，教育者的精神文化资本优势不能保证，但是在社会主义核心价值观知识性内容的掌握方面则无疑占有优势。那么，拥有教化权力并且掌握社会主义核心价值观知识性内容的教育者，自然会向研究生传递自身的优势资本。反观研究生，对社会主义核心价值观知识性内容的需要仅停留于完成学业的需要，也就没有足够的动力就此与教育者进行互动、交流。教育者不在精神文化资本上占有绝对优势，活动主体之间不发生以社会主义核心价值观为核心的精神文化资本的互动、交流和竞争，这样的培育场域无论是从基本形态来看，还是从场域运作来看，都是形式化的，是徒有其表的。依靠这样的培育场域的运作来塑造研究生的世界观、人生观、价值观，来培养新时代的高层次人才，都是难以实现的。所以，改变要从教育者开始，要从教育者的精神文化资本开始。首先要做的，就是对当前培育场域中的教育者进行精神文化资本审查。

一个人的精神文化资本是长久以来，根据自身所处的成长经历、生活环境、教育背景，经过价值认知基模的认知、评价、筛选逐步积淀下来的，内涵丰富、个性化明显。实际上，对任何一个人的精神文化资本进行了解都是一项复杂的工作，更何况是对研究生社会主义核心价值观培育的教育者这样一个庞大的群体进行审查。所以，有必要根据培育场域的特殊性进一步明确具体的审查项目和审查标准。研究生社会主义核心价值观培育场域运作的目标，或者直接地说研究生社会主义核心价值观培育的目标，是要实现社会主义核心价值观对研究生世界观、人生观、价值观的引导，并且包含个人发展、社会参与、国家认同、世界理念四个维度。也就是说，培育场域中活跃的每一个维度的精神文化都应该是以社会主义核心价值观为主导的，同时作为教育者既然要向研究生群体传递这些精神文化，就自然应该在每一个维度都拥有精神文化资本优势。据此，培育的四个维度，包括个人发展、社会参与、国家认同、世界理念，就成为审查教育者精神文化资本的具体项目，而在任何一个具体项目中，相应的社会主义核心价值观内容，都成为判断教育者相较于研究生群体是否拥有精神文化资本优势的标准。

精神文化资本属于被归并化的文化资本形式，是一种人无意识地内在化于意识中的文化资本，同样也是人无意识地将其体现在现实活动中，成为一种带有强烈个体性的生活方式、处事风格和思想状态。所以，一个人可能并不能准确表述自己拥有怎样的精神文化资本，比如自己持有怎样的世界观、人生观、价值观，或者说，其所表述出的并不是自己实际拥有的精神文化资本。但是，通过人的行为却可以真实地透视到其真正的精神文化资本。所以，我们所要进行的精神文化资本审查，不是对教育者有关自身世界观、人生观、价值观的表述进行审查，而是直接审查教育者的实际行为。当然，如果要对所有教育者的一切行为都进行观察、评价显然是不现实的，可操作性不强，由此，对教育者进行精神文化资本审查，应该采取底线审查的形式。也就是说，对教育者的行为设置一些标准，如果教育者的行为均高于这一标准，就视为其拥有精神文化资本优势。反之，则视为不具备优势，也就并不真正地在社会主义核心价值观培育场域中处于培育地位。具体来看，在个人发展审查项目下，教育者的学术成果是否符合学术道德规范，是否热爱教学科研工作，是否在教研中始终坚持奋斗、勇于创新，是否在生活工作中诚信待人、与人为善，都可以作为精神文化资本审查的标准。其余的审查项目中，也可以根据教育者的现实活动设立具体标准。在社会参与审查项目中，审查标准可以是教育者是否在社会生活和社会交往中尊重和遵循平等、公正的社会秩序，是否在面临工作竞争、面对学生事务的时候不走旁门左道、不徇私舞弊，是否遵纪守法、遵守学校的规章制度，是否积极地参与社会公益等；在国家认同审查项目中，审查标准可以是在课堂、讲座、日常交际中，是否始终传递中国特色社会主义道路、制度、理论、文化的优越性，是否能够理性地看待西方社会与中国特色社会主义的不同发展历史和不同发展现状，是否能够在面对一些中外冲突事件时表现出对中国发展道路的强烈信心和坚决捍卫等；在世界理念审查项目中，审查标准则可以是在教学、科研中面对全球发展的方向时是否表现出对人类命运共同体理念的坚持等。关于审查的方式，则可以选取学生评价、教师互评等。

二、扩充传统意义上教育者的范围

在第六章论述研究生社会主义核心价值观培育的基本原则时提到，理想的培育场域应该具有与学术场域相当的范围，应该在教育者和研究生之间频繁地发生关于精神文化资本的竞争。为此，培育场域中应该有一大批拥有精神文化资本优势的教育者作为与研究生发生精神文化资本竞争的保障。当前在研究生社会主义核心价值观培育场域中主要承担培育任务的教育者包括研究生导师、思政教师、辅导员、学校各级团委、党委工作者。因为存在培育场域形式化的问题，这些教育者中也就存在一些精神文化资本不具备优势，甚至精神文化资本匮乏的现象。通过对教育者精神文化资本的审查，遇到有在个人发展、社会参与、国家认同、世界发展理念等任意一个审查项目中精神文化资本严重不达标，或者说严重触及底线的教育者，是不能继续让其占据培育地位、继续承担培育任务的。

然而，在短期内培养大批拥有精神文化资本优势的教育者也显然是不现实的。一面是对大批真正拥有精神文化资本优势的教育者的需求，一面是短期内教育者供应的难度，这就要求在目前所处的构建研究生社会主义核心价值观培育新场域的关键时期，有必要想尽办法尽快寻找合适的、符合条件的人作为教育者，拓宽培育场域传统意义上教育者的范围。也就是试图加大和扩充包括研究生导师、思政教师、辅导员、学校各级团委、党委工作者在内的教育者队伍。在最近颁布的《关于深化新时代学校思想政治理论课改革创新的若干意见》中，对加快扩大高校思政课教师队伍给出了明确的指导意见，包括"在与思政课教学内容相关的学科选择优秀教师进行培训"①加入思政教师队伍；优秀的党政管理干部、辅导员加入思政教师队伍；政治素质过硬的相关学科专家加入思政教师队伍；相关单位的骨干加入兼职思政教师队伍。②基于此，研究生社会主义核心价值观培育新场域的教育者队伍扩充应该着重一方面在校内寻找精神文化资本优势明显的教师加入教育者队伍；另一方面在校外积极动员各行各业精神文化资本优势显著的人员参与培育，并且积极探索参与培育的方式。总而言之，扩充教育者队伍是以精神文化资本优势为原则，凡是优势特别明显的人都可以被考虑发展为教育者的对象。

实际上，这是中国共产党在开展思想政治教育工作的历史上，尤其是延安时期思想政治教育工作中经常使用的工作方法。比如，在抗大时期，相较于正式的教员，向抗大学员授课的，更多的是直接地参与到革命和党的工作中的同志。这之中，有红军队伍里的同志，"抗大的血脉里流淌着西北红军的血液……西北红军的部分高级将领被聘为兼职抗大教员"③；有活跃于文学界、教育界、新闻界的知识分子，"像任白戈，他从上海到延安，是马列主义教研室的教员，算是固定教员"④，"成仿吾、范长江那些有名的记者都讲过课"⑤；更有中央领导直接授课，并且"担负了很多课程的教学任务，毛主席、周恩来、张闻天、王明都去讲课"⑥。再比如，陕北公学作为一所"在民族危机日益严重的形势下，为满足全面的全民族抗日战争的需要，坚持国防教育培养万千谋求民族解放和社会解放的干部而创办的大学"⑦，需要迅速、准确、有效地为抗日救国培养一大批"具有政治的远见，坚强的革命意志，高尚的道德

---

① 关于深化新时代学校思想政治理论课改革创新的若干意见[M].北京：人民出版社，2019：8-9.
② 关于深化新时代学校思想政治理论课改革创新的若干意见[M].北京：人民出版社，2019：9.
③ 杨彩霞.抗大的魅力究竟在哪[N].学习时报，2016-07-18（7）.
④ 中国延安干部学院.抗大[M].北京：中共中央党校出版社，2015：15.
⑤ 中国延安干部学院.抗大[M].北京：中共中央党校出版社，2015：15.
⑥ 中国延安干部学院.抗大[M].北京：中共中央党校出版社，2015：15.
⑦ 成仿吾.战火中的大学——从陕北公学到人民大学的回顾[M].北京：人民出版社，2014：1.

情操，革命的集体主义与共产主义精神，艰苦奋斗、实事求是的工作作风"①的人才。为了达成这一目标，在专职教员缺乏的情况下，陕北公学的思想政治教育者队伍纳入了众多在理想信念、政治素养、价值观念、道德情操方面都具有高素质、高水平的人来参与教学，甚至党中央领导，包括毛泽东、周恩来、朱德、董必武、张闻天等都以讲课、作报告的形式直接向学生授课。除此之外，还有著名教育家、著名学者、直接奋战在一线的将领和革命英雄。与此同时，陕北公学本身也十分注重教师的发掘和培养，一方面，直接从学员中挑选优秀者进入高级研究班学习，逐渐培养成为本校的教员；另一方面，成立研究室，组织教员在工作中继续学习、以老带新、互相探讨。②据此，研究生社会主义核心价值观培育新场域应该邀请一批在现实生活中表现出坚定的理想信念、高尚的道德品质、强烈的爱国情怀、突出的奋斗精神的先进者成为教育者，通过主题报告、主题活动等方式与研究生展开培育互动。实际上，这种形式在高校社会主义核心价值观培育中并不在少数，但是往往起到的培育作用却收效甚微。研究生对报告者的崇敬也好、对报告内容的震撼与感动也好，大多都在内心停留于较短时间，较难形成持久性影响，从而很难改变和更替原有的精神文化资本。这就提醒和要求我们，在吸收现实生活中具备以社会主义核心价值观为核心的精神文化资本优势的先进者作为教育者时，不能将其视作培育形式的多样化补充，而是要常规化、制度化地充分发挥和利用先进者的精神文化资本优势，以此来弥补面对艰巨的培育任务教育者数量上和质量上的双重不足。这种常规化和制度化需要三点措施来作为保障：其一，先进者的选取虽然应该注重其精神文化资本的优势，但是同时还应该关注培育的可持续性，学校应该与先进者达成长期参与研究生社会主义核心价值观培育的共识；其二，应该真正将先进者作为研究生社会主义核心价值观培育新场域中教育者的一个重要组成部分，合理将其组织进行的课程、报告、互动划入研究生社会主义核心价值观培育的计划中；其三，让先进者

---

① 张晓萌，安丽梅.中国共产党开展高校思想政治教育的历史经验——以陕北公学开展思想政治工作为例［J］.思想政治教育研究，2018（1）：110-113.
② 成仿吾.战火中的大学——从陕北公学到人民大学的回顾［M］.北京：人民出版社，2014：57.

参与到研究生社会主义核心价值观培育的教研活动中，就培育的感受、经验等与教育者展开交流和讨论，彼此借鉴、彼此学习。

归根结底，扩大传统意义上教育者的范围，是让真正在社会主义核心价值观精神文化方面具备优势的人可以成为传播社会主义核心价值观的真榜样、真桥梁，让抽象的价值目标、价值取向和价值标准落地在实在的、现实的人身上，让教育者队伍更具说服力、更具影响力。

三、提升精神文化资本优势的具体措施

在研究生社会主义核心价值观培育新场域中，教育者因为具备社会主义核心价值观精神文化资本优势而占据培育地位。反过来，要想维持这种培育地位，就需要始终保持教育者在社会主义核心价值观精神文化资本方面的优势。所以，我们必须重视教育者精神文化资本的继续提升。

精神文化资本属于被归并化的文化形式，是现实的人经过一个相当长时期的实践、认知、再实践、再认知，在价值认知基模主导下才逐渐形成的内在观念体系。精神文化资本是相对稳定的，尤其是占据培育地位的教育者，无论是价值认知水平的发展，还是所处的需要层次以及具体的现实需求，都已经达到相当的高度并且处于平稳状态。所以，要想改变教育者的精神文化资本并不是容易的事。但是，精神文化资本也不是一成不变的。尤其是我国当前正处于高速发展和全面发展的新时代，这必然带来社会环境的诸多变化，生活于其中的人民群众包括教育者也会因此出现现实需求发生变化的情况，这样，精神文化资本也就有了发生改变的机会。作为教育者，更加需要时刻掌握中国特色社会主义道路、制度、理论、文化的新成果，更加需要时刻把握新时代国家发展和自身发展的新方向，更加需要时刻站在改革创新的最前沿，以此来影响和约束自己的现实需求。提升教育者的精神文化资本优势，既要注重以高水平、高层次的培训作为方向性的引导，也要注重在教育者之间形成良好的互动交流氛围，相互学习、共同进步。

具体来看，首先，应该将研究生社会主义核心价值观培育新场域中的教育者纳入定期、定时在各级党校接受培训的重点对象。严格依据《关于深化新时代学校思想政治理论课改革创新的若干意见》面向教育者开设"学习

习近平新时代中国特色社会主义思想专题研修班""周末理论大讲堂"①，讲清、讲好、讲透习近平新时代中国特色社会主义思想，厘清、辨清、认清中国特色社会主义道路、理论、制度和文化。其次，鼓励高校之间教育者就理论和教学展开交流，在此过程中既要给每一位教育者进行主题报告的机会，也要给教育者之间充分交流和探讨的机会。再次，鼓励为教育者提供赴国外调研、交流的机会，相较于其他专业学科的教师，社会主义核心价值观培育场域中的教育者，尤其是思政理论课教师由于意识形态不同、专业内容不同往往赴国外调研的机会较少，随着中国特色社会主义进入新时代，价值观念的碰撞和精神面貌的竞争在所难免，通过"拓宽国际视野，在比较分析中坚定'四个自信'"②，成为提升教育者精神文化资本优势的重要渠道。最后，各个高校内要定期组织好教育者的理论学习和理论探讨，努力构建有特色的、符合本校需要的学习机制，形成教育者之间互相学习、互相监督、共同进步的良好氛围。

第二节　形成教育者与研究生之间的精神文化资本竞争

教育者的精神文化资本优势是推动研究生社会主义核心价值观培育新场域运作的基础和保障，而真正关系着培育场域运作方向是否正确、实际运作是否活跃的，是教育者与研究生之间发生的关于精神文化资本的竞争。也可以说，教育者和研究生之间精神文化资本竞争发生的频率和激烈程度，一定程度上决定了培育场域的运作，也就影响着培育场域运作的结果。因此，在培育场域中调动教育者和研究生彼此就精神文化资本展开交流、互动和对比，是构建新的研究生社会主义核心价值观培育场域的关键环节，也是能否扭转

---

① 关于深化新时代学校思想政治理论课改革创新的若干意见[M].北京：人民出版社，2019：9.

② 关于深化新时代学校思想政治理论课改革创新的若干意见[M].北京：人民出版社，2019：10.

当前培育场域的运作缺乏针对性、培育效果不理想现状的关键环节。这就需要我们首先明确阻碍教育者和研究生之间发生精神文化资本竞争的因素，然后在此基础上提出提升精神文化资本竞争发生频率和激烈程度的具体措施。

一、培育方式需要转变

随着社会的高速发展，人们对于提升社会竞争能力的追求和渴望越来越多地转化为对知识技能和学历学位的需求。研究生教育的持续发展就是这种需求增强的现实表现之一。如图 7-2 所示，五年来无论是研究生招生、在学、毕业人数都呈现出逐年上升的发展趋势。可以说，研究生学位已经成为人们在当代社会竞争中取得优势的重要筹码。受这种需求的影响，知识技能的教育和科研能力的培养成为研究生教育的主要任务。相反，精神文化的培育，尤其是社会主义核心价值观培育的重要性、关键作用虽然屡次被强调，但是始终处于研究生教育的边缘地位。本研究一再强调相较于知识认知，研究生精神文化认知规律的特殊性，但是不得不承认的是，这一特殊性并没有在现

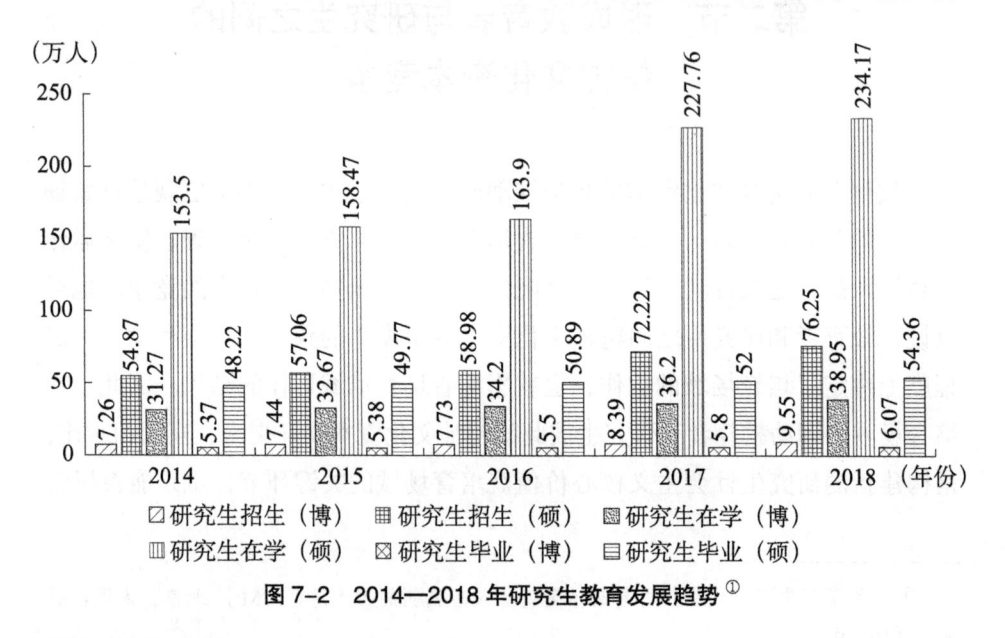

图 7-2 2014—2018 年研究生教育发展趋势[①]

---

① 数据来源：中华人民共和国教育部官方网 2014 年、2015 年、2016 年、2017 年、2018 年全国教育事业发展统计公报．http://www.moe.gov.cn/jyb_sjzl/sjzl_fztjgb/.

实的研究生社会主义核心价值观培育实践中得到体现。在现实的培育场域中，教育者始终未能另辟蹊径，遵循研究生精神文化认知规律以寻找更加合适的培育形式，而是始终无法摆脱与知识教育大致相同的模式，即以考试分数为研究生的评价标准，以通过考试为研究生的培育目标，以考试内容作为培育的主要内容。究其原因，其一，考试仍然是研究生培养的主要评价方式，包括对社会主义核心价值观培育效果的评估。当然，考试能够对研究生知识掌握的程度进行量化考核，是评价研究生对社会主义核心价值观认知程度最为直接和便捷的工具。比如在考察研究生对我国基本国情、中国特色社会主义道路、理论、制度的理解和掌握时，就需要考试作为评价的工具。但是，这种评价往往是片面的。一个人持有什么样的生活理念、遵循什么样的价值标准、信奉什么样的理想信念，是很难通过回答几道题目就考察清楚的，甚至个体自身都无法完全了解和表述潜藏于内心的精神文化，而人在现实生活中表现出的态度、行为和心态却是精神文化的真实体现。如果研究生在学术规范方面存在问题，或者无法遵守社会公共秩序，这种实际上精神文化的匮乏就无法通过考试分数进行评价。所以，研究生社会主义核心价值观培育的评价方式无疑需要改革，应该更加重视研究生在科研、社会生活和社会交往中表现出的具体行为和思想动态，将培育评价的关注点还原到现实的人身上，而不是评价一个以考试分数塑造出的人。为此，社会主义核心价值观培育场域中的教育者应该对研究生的具体行为和思想观念具有敏锐的洞察力，并且对照以社会主义核心价值观为核心的精神文化资本进行分析，最终真正形成关于研究生精神文化的评价，成为进一步进行社会主义核心价值观培育的基础和出发点。

其二，在培育过程中，教育者始终无法放弃自己的教化权力。在知识教育中，研究生所要学习的是一套先于他存在的文化，所以他并没有选择学习什么和怎么学习的机会，这就使得教育者对被教育者通过语言论述和传递表现出一种天然的教化权力。在教育过程中多数由教育者掌握话语权，具有教育的权威性。社会主义核心价值观培育则不同，研究生并不是要学习一套精神文化，而是要以社会主义核心价值观完善其先在的、原本奉行的精神文化。对于这种先在的精神文化，教育者既没有参与其形成过程，也没有试图去了解其形成依据的运算逻辑，所以在研究生看来，无论教育者拥有怎样的精神文化资本优势，都不一定更优于自身的精神文化，不一定能够更好地主导自己的现实生活。这就是说，在社会主义核心价值观培育场域中，教育者的精神文化资本优势是很难被研究生认可的，这种情况下，在培育过程中教育者一味表现出的教化权力反而更多地使研究生距离认知其具有优势的精神文化资本越来越远，自然也就难获得良好的培育效果。在高校思想政治教育中，已经有众多学者注意到传统思想政治教育"教育观念固化，师生关系阶层化；学生主体地位弱化，教育活动功利化；培养方案模式化，教育内容书本化；教学方法单一化，教学效果平庸化"[①]的现实困境，提出向主体间性教育转向，注重受教育者的主体地位，强调教育者与受教育者之间的平等对话，采用情景式、体验式等教学模式。在此基础上，教育者也应该避免在研究生社会主义核心价值观培育中独自掌控话语权，更多地使用对话、互动、交流等培育方式来增加与研究生就精神文化资本发生竞争关系的概率。但是，值得注意的是，教育者在培育中增加对话、互动、交流的使用，只是培育方式简单的、形式上的转变，研究生断然不会因为教育者在培育过程中增加了与自己的互动、对话和交流，就开始接受、认知、认同、信仰教育者传递来的精神文化，甚至以此更替、改变自身先在的精神文化资本。转变培育方式更深层次的，也是更根本的，在于如何能够使教育者精神文化资本方面的优势被拥有先在精神文化的研究生意识到，并且就此开启对教育者传递的精神文化进行认知的运行机制。既然教育者无法参与研究生先在精神文化的形成，那么培育方式就要在研究生精神文化形成的运算逻辑上下功夫，了解和掌握了运算逻辑，就抓住了打开研究生精神文化认知运行机制的关键。由此，除了改变培育的评价方式、改变具体培育方法，遵循研究生价值认知运算逻辑才是转变培育方式的重中之重和应有之义。

二、注重沟通的新培育方式

具体来看，研究生价值认知基模的一般性运算逻辑普遍已经发展至形式

[①] 方建强，崔益虎.基于主体间性理论的高校思想政治教育创新模式探究[J].江苏高教，2018（11）：89-92.

运算阶段，可以对各种抽象化的态度、观念进行价值认知，这是研究生价值认知的群体性特征。而研究生群体中不同的个体又因为彼此价值认知基模特殊性运算逻辑的不同，也就是需要层次影响下具体需要的不同，形成了个性化的精神文化。所以，教育者必须掌握研究生的需要，将社会主义核心价值观培育由追求范围广、覆盖面大的普遍教育转向有的放矢的靶向培育、精准培育。这样一来，培育方式的转变不是要求教育者完全放弃教化权力，而是适时地、适当地在遵循研究生需要的前提下发挥自己的教化权力，推进相应的以社会主义核心价值观为核心的精神文化资本进入研究生的价值认知运行机制，为研究生认知、认同、信仰精神文化资本、实现研究生精神文化资本重塑打下基础。而教育者要想掌握研究生的需要，则要在对话、互动、交流时少一些形式化，增强与研究生之间的沟通黏性。

所谓黏性，多指用户黏性，包括用户基于对某个产品或某项服务的忠诚度、信任度和良性体验而形成的对产品或服务的依赖程度和再次消费的期望度。而沟通黏性，则可以指在双方的沟通中彼此产生尊重感和信任感，并且就此形成良好的沟通体验和沟通效果，能够为自身的某种行为提供帮助，同时产生沟通依赖性和沟通习惯。在研究生社会主义核心价值观培育场域中，如果教育者可以与研究生进行较高黏性的沟通，则可以进一步了解到研究生的现实需求和现实困境。但是，要想增强教育者和研究生之间的沟通黏性绝非易事，需要遵循三个沟通原则：

第一，以尊重为前提的沟通。在研究生社会主义核心价值观培育场域中，教育者面对的研究生，均是现实的人，是已经先在的形成个体价值认知基模并且拥有各自精神文化资本的人。在新的培育场域中，教育者要想通过沟通了解研究生的真实需要，实际上就是要了解当前研究生精神文化资本形成的根源所在。那么，无论研究生拥有怎样的精神文化资本，教育者进行的沟通都必须以尊重为前提。只有教育者尊重每一个现实的研究生个体，而不是一味地忽略甚至反对其表现出的态度、观点，研究生才能获得良好的沟通体验，教育者和研究生之间的沟通才能延续，对话式的培育方式才是有可能的。

第二，以榜样为基础的沟通。对话式的社会主义核心价值观培育中，无论是辅导员、导师、专业教师还是学校党委、团委工作人员，都要时刻注意自己的榜样作用。作为对话式培育的教育者，在与研究生沟通的过程中，一言一行实际上都带有一种隐性的榜样教育作用。教育者进行的社会主义核心价值观培育，如果教育者都无法表现出完全符合社会主义核心价值观的语言、行为和态度，在时政热点和社会热点的有关讨论中表现出有违社会主义核心价值观的言论，在日常生活中表现出贪图享受、奢靡无度的生活态度和生活方式，在社会交往中表现出自私自利、无视集体利益、缺少社会责任感和社会参与感的行为，甚至违背学术道德、违纪违法、损害国家利益，那么这种对话式的培育是无法取得培育效果的，这样的教育者进行的一切培育内容都无法使研究生信服。如此前梁莹的学术造假事件，其科研态度和教学态度就难以在学生中起到良好的榜样作用，其所遵循的学术规范和道德规范也难以得到学生的认可。

第三，以信任为核心的沟通。所谓信任的沟通，是指教育者要做研究生值得信任的倾听者。"沟通即双方意志的相互表达与了解"[①]，在沟通中教育者应该给予研究生表达的权利，尤其是表达关于价值观疑惑和问题的权利。社会主义核心价值观培育本身就是以提升和完善研究生价值观体系为培育目标的，如果研究生对社会主义核心价值观表现出高度的认知，并且能够自觉践行，那么也就不再有培育的需要。所以，教育者应该学会倾听研究生表达出的信息，不盲目地反驳研究生表达出的与社会主义核心价值观不相符的观点，而是分析其现实需求以寻找问题所在。当然，倾听并不代表对违背社会主义核心价值观观念的包容，而是在充分听取研究生表达和分析其现实需求的基础上从现实入手、从需求入手合理引导研究生开启认知社会主义核心价值观的运行机制。换句话说，发现或者指责研究生对社会主义核心价值观的错误认知并不是培育的关键，关键在于分析错误认知发生的原因，即歪曲的现实需求，从纠正研究生的现实需求入手，使其在与教育者的沟通中自觉自发地接受教育者传递来的社会主义核心价值观精神文化，并且进入认知机制。这样才算是从根源上、从精神文化的层面上解决了错误认知，而不是只从知识层面上完成纠错。

---

① 蒋灵慧，钱焕琦.论教化权力的转变[J].当代教育科学，2009（19）：5-6，27.

三、新培育方式的具体沟通策略

新时代研究生社会主义核心价值观培育包括四个不同的维度，在三个沟通原则的指导下，每一个维度中无论是具体的沟通方法还是沟通的侧重点，都有所不同。

（一）就个人发展精神文化资本的沟通

在新个人发展论培育研究生的维度，是要引导研究生追寻正确、积极的生活方式，遵循敬业、诚信、友善、勇于砥砺奋斗和敢于改革创新五个基本原则。实际上，是要通过与研究生的沟通，实现对其生活方式、人生信条和目标的引导和完善。随着经济和文化的双重发展，新的时代为研究生提供了越来越多可选择的生活方式，同时也为研究生提供了赋予人生不同意义的可能性。我们在各自的人生中究竟追求什么、选择什么、实现什么，成为包括研究生在内的青年一代经常思考和议论的问题。尤其是如今新媒体占据研究生信息接收渠道和社会交往方式的重要地位，从人生意义、人生态度到消费方式、生活理念，各色声音纷至沓来。其中既有名人大V的观点，又有家人朋辈的交流，不得不说关于个人发展，研究生也经常是迷茫的、混乱的。这为教育者引导研究生的个人发展带来难度，但同时也带来了机会。其中的关键，就是教育者要成为能够帮助研究生在纷杂的观点和看法中学会甄别、学会选择的引领者。如果教育者只是一味地将特定的、现成的某一种生活方式、人生目标、交往方式强行灌输给研究生，则实际上难以得到研究生的共鸣，也无法切实地提高研究生的甄别能力和选择能力。所以，教育者首先需要在了解当前研究生的生活状态和交往状态上下功夫，充分展现出尊重的态度来拉近与研究生的距离，给予研究生表达观点和困惑的机会，认真倾听并且分析其中表现出的现实需求。其次，教育者应该帮助研究生正确了解和认识自己的现实需求。在实际的生活中，研究生所认为的自身需求很可能与自身所处的需要层次并不相符，也就是与价值认知基模的特殊性运算逻辑并不相符，那么这种情况下，研究生就会对满足自身优势需要的方式有所误解，这就影响了正确精神文化的形成。最后，教育者应该抓住研究生在学习、生活、交往中表现出困惑的机会，及时地向研究生传递能够解决困惑的方法，能够更好生活、更好发展的价值标准、价值取向和价值目标。

（二）就社会参与精神文化资本的沟通

在新社会论培育研究生的维度，是要引导研究生更好理解中国特色社会主义社会的价值要求，担负起维护社会自由、平等、公正、法治，引领社会新风尚的责任。公共道德教育的成功与否，关系着社会秩序的稳定，也关系着社会发展的进程。正如梁启超所说："救中国，必先培养国民的公德"[1]，尤其是高层次人才的公共道德水平，更是代表了社会发展的可能。所谓公共道德教育，既是传授研究生与人相处的法则，也是培养研究生在集体和社会中享受自身应得权利的同时，也必须承担相应的社会责任，增强其公德心、公益心。然而，空洞的理论阐释往往"入耳不入心"，难以撼动研究生先在的精神文化，唤起其维护公共利益的责任和义务。所以，教育者与研究生沟通的初始还是要以了解其所理解的个人与集体、个人与社会之间的关系为基础。这就要求教育者善于观察研究生在集体生活和社会生活中在涉及公共道德、社会责任时表现出的语言、行为和态度，之后通过两种主要的方式与研究生展开沟通：其一，就研究生的身边事、真实事展开沟通，将抽象的社会价值要求转化为实际的、具体的社会生活指导；其二，经常性地就研究生关注的社会热点、社会事件展开沟通，既要善于倾听研究生的观点和看法，也要善于抓住时机围绕事件树立研究生对集体、对社会的使命感和责任感。

（三）就国家认同精神文化资本的沟通

在新国家论培育研究生的维度，是要加深研究生对中国特色社会主义的理解，加深对中国特色社会主义国家的认同和热爱，牢固树立对中国梦和中国特色社会主义的理想信念，积极投身于建设富强、民主、文明、和谐、美丽的社会主义现代化强国。相较于个人发展和社会参与维度的培育，国家认同的培育更加有难度。一方面，从研究生精神文化资本的现状来看，对中国特色社会主义社会和中国特色社会主义国家的理解还不够深刻，对中国特色

---

[1] 梁启超.饮冰室合集：专集4[M].北京：中华书局，1989：12.

社会主义的信仰还不够坚定，还不足够成为中国特色社会主义事业的继承人，这在第四章实证部分已经有所体现；另一方面，从研究生精神文化资本的形成机制来看，理想信念是最高等级的价值认知，其形成需要满足两个条件，既需要研究生价值认知基模一般性运算逻辑发展至形式运算阶段，又要求研究生的价值认知基模特殊性运算逻辑已经达到一定的水平，即研究生处于较高的自尊需要和自我实现需要层次，从这个意义上来讲，暂且不说研究生理想信念正确与否，缺失理想信念者也不在少数。但是与此同时，理想信念的树立和增强又是研究生社会主义核心价值观培育中必须实现的，这不仅在于理想信念对于研究生个人成长为新时代高层次人才的重要性，更在于研究生最终是国家发展的领航员，中国特色社会主义事业如何发展、发展到什么水平很大程度上取决于研究生理想信念的状况。那么，在这个维度下，教育者与研究生的沟通就又需要具备权威性、严肃性，既要关注研究生理想信念形成与否，又要关注研究生理想信念正确与否，在国家的原则问题、底线问题上严格把关，及时发现和纠正理想信念动摇、偏差的问题。教育者要理直气壮地以事实宣传中国特色社会主义的优越性，以事实直击西方文化的侵蚀，勇于面对研究生的质疑，敢于回答研究生的问题。充分利用聆听和答疑解惑两个重要的沟通方法，为在西方文化传播中淡化了意识形态边界的研究生揭开意识形态的神秘面纱，助其明确在价值多元化的今天必须持有的立场和必须担当的使命。

（四）就世界理念精神文化资本的沟通

在新世界论培育研究生的维度，就是要引导研究生以人类命运共同体理念为指导，参与建设"持久和平、普遍安全、共同繁荣、开放包容、清洁美丽的世界"①。教育者在与研究生的沟通中，应该注意当今世界发展的多元性和开放性，注重开阔研究生的眼界，培养研究生的全球观，鼓励研究生积极加入世界级的竞争，做人类命运共同体的传播者和践行者。

---

① 习近平.决胜全面建成小康社会 夺取新时代中国特色社会主义伟大胜利［N］.人民日报，2017-10-28（1）.

第三节　以服务意识促成研究生精神文化资本的再分配

在新的研究生社会主义核心价值观培育场域中，教育者因为在社会主义核心价值观精神文化资本方面具备优势而占据培育地位，并且一改往常由教育者向研究生单向地传播社会主义核心价值观相关内容的培育方式，开始关注研究生在科研、日常生活和社会交往中表现出的态度、行为和心态，由此分析研究生的精神文化资本，进一步通过有黏性的沟通首先深究研究生精神文化资本背后的现实需求，继而以现实需求为基点进行靶向传播、精准传播，以此促成教育者和研究生之间就精神文化资本发生竞争关系的闭环。至此，教育者实际上在社会主义核心价值观培育中做出了两方面的努力，一来教育者为了真正地占有培育地位，真正地能够在培育场域中对研究生发挥自己的教化权力，必须拥有以社会主义核心价值观为核心的精神文化资本优势；二来教育者为了能够与研究生就精神文化资本发生竞争关系，以靶向传播和精准传播取代了无差别的、不注重研究生回应的单向传播。通过教育者的努力，在社会主义核心价值观培育新场域中，研究生价值认知基模将教育者传递来的信息评价和判断为精神文化的比例大幅提高，社会主义核心价值观终于可以真正作为精神文化，而不是单纯的知识进入研究生的价值认知基模进行进一步的认知。这样一来，教育者和研究生之间发生的对话、互动和交流等一切活动才是真正围绕精神文化资本进行，新培育场域才真正摆脱了当前培育场域的形式化问题。

但是，这还不是教育者培育工作的全部。教育者抓住了研究生的现实需求，进行了靶向传播、精准传播，这只是促成了教育者传递的社会主义核心价值观相关内容以精神文化的样态进入到研究生价值认知基模的运行机制中，但是，在研究生价值认知基模的主导下，研究生新的精神文化资本究竟是接受了社会主义核心价值观还是舍弃了社会主义核心价值观，依然需要教育者的协助。在第五章分析研究生价值认知基模在社会主义核心价值观培育中的运行机制时已经提到，当研究生将社会主义核心价值观视作精神文化进行认知时，实际上是将其视作现实生活中的价值准则、价值取向和价值目标来进行认知。而进行评价和判断的标准依次为是否符合自身的需求、是否与自身原有价值观念相符、是否有需要对原有价值观进行完善、相较于原有价值观是否更有利于需求的满足。

参照第五章图 5-1 的认知系统运行流程来看，一旦研究生开始认知教育者传递的包含社会主义核心价值观的精神文化，就会自然而然地在价值认知基模的主导下，也就是以自身需求为标准最终决定是否以社会主义核心价值观来完善先在的精神文化资本。但是，在这一过程中研究生的评价和判断也会发生错误。比如，研究生对自身需求认识的失真、判断自身需求满足与否的失实、精神文化比较能力的缺失，都影响着研究生精神文化资本再分配的结果。所以，教育者不能放任研究生完全自发、自由地进行认知，而是要始终服务于研究生的价值认知过程，提供引导和帮助。实际上，现实需求作为一种人在某一个优势需要层次中的具体表现，呈现出多样性。可能处于同样优势需要层次的人，因为种种成长背景、生活环境等因素的影响，表现出完全不同甚至截然相反的现实需求。正如研究生群体大多处于自尊需要和自我实现的需要两个层次，但是表现出的现实需求则各不相同。有的研究生将科研成就看作自尊需要的具体表现，有的研究生则视金钱和权力为自尊需要的具体表现。虽然处于同一需要层次，分别以这两种具体表现为价值认知标准的研究生对同样的社会主义核心价值观精神文化的认知也大不相同，那么，研究生精神文化资本的再分配也就不同。由此，就需要教育者能够引导研究生正确地认识自己所处的优势需要层次，并且正确地将笼统的、抽象的优势需要转化为符合自身条件、发展阶段和生活环境的现实需求，从而为研究生认知社会主义核心价值观提供更加准确的评价和判断标准。同时，教育者也需要在精神文化资本沟通和交流的过程中不断丰富研究生判断精神文化的经验和提升研究生比较、评价精神文化的能力，这样就大大提高了研究生以社会主义核心价值观完善自身精神文化资本的概率。

除此之外，第五章已经提到，在社会主义核心价值观培育中，研究生的价值认知基模除了理性的运行机制以外，还要受到非理性因素的影响，也就是调节系统的运行。虽然调节系统对社会主义核心价值观认知、认同、信仰、践行的影响不是绝对的，却是不容忽视的，也是难以追寻其规律的。因为每个人的情绪、情感、意志、好奇心等心理因素均有差异，并且很多时候是随机的、无法预测的。所以，如何将调节系统的运行控制在一个相对稳定的状态，尽量保持调节系统对认知、认同、信仰、践行的正向影响，避免负向影响，是研究生社会主义核心价值观培育应该重视的环节。研究生群体面临学业压力，也面临生活压力，有的还面临工作压力，情绪波动、心理异常都时有发生。有时这种心理因素可以自我消化，或者通过亲人、朋友的疏导得到缓解。但有时，压力的增长和无处调节则可能造成情绪的持续低落和意志的消沉，这种情况下，研究生对社会主义核心价值观的价值评价和价值判断出现偏差和歪曲的概率就可能增加。目前，我国高校普遍设立了心理咨询中心，会对学生进行定期的心理健康测量，但是有时这种情绪低落和意志消沉的情况并没有达到进行心理辅导的地步，或者说研究生主动寻求心理干预的情况并不普遍。那么，就应该完善研究生心理健康的保障机制，以观察研究生心理状况，并且及时进行帮助和疏导。首先，由辅导员牵头以班级为单位定时进行研究生之间的交流互动，以多元化的活动形式进行交流，一方面排解压力，另一方面增进同学感情；其次，辅导员定期了解研究生心理状态，帮助有不良情绪和过分压力的学生进行疏导；最后，当有研究生心理状况不平稳，辅导员的疏导难以缓解时则需要专业的心理教师介入。总而言之，教育者在社会主义核心价值观培育场域中应该树立服务意识，既应该服务于研究生理性的价值认知过程，为促成研究生精神文化资本的再分配提供引导，也应该关注心理因素对研究生价值认知过程的影响，完善心理服务机制，尽量做到调节系统运行影响的趋正避负。

虽然，从理论分析上来看，研究生群体的价值认知水平应该已经发展至形式运算阶段，但是在现实生活中也存在部分研究生还未形成明确的、具体的理想信念、精神追求、价值信仰等观念的现象。对此，教育者应该以定向指导、咨询服务等形式引导受教育者正确认识自己的社会责任和历史使命，从而使其树立积极向上的人生价值观、政治价值观、道德价值观、职业价值观、人际价值观等具体的价值观念，提高其对理想信念的认知和需要。尤其是辅导员，要与研究生形成紧密联系，持续对研究生在日常生活和交往中表现出的精神文化状态进行监督，适时、适度提供引导和帮助，坚持做新时代高层次人才全面发展的护航者。

第八章

结论与展望

　　未来中国特色社会主义事业的发展方向和发展进程，很大程度上取决于我国高层次、高水平人才的精神文化，尤其是其世界观、人生观、价值观。优化和完善受教育者的精神文化，是研究生培养在新时代的重要任务。基于此，反思当前研究生社会主义核心价值观培育面临的问题，并且探索以社会主义核心价值观引导和主导研究生精神文化的有效路径，就成为思想政治教育工作者需要研究的重要课题。

　　本研究认为，坚持主导性和主体性的统一是研究生社会主义核心价值观培育的基本原则。当前培育低效就源于对研究生主体缺乏了解、缺乏把握，教育者实际上已经失去了培育的主导地位。那么，相应地，研究生社会主义核心价值观培育的变革就需要从把握研究生主体、重拾主导地位开始，得出了以下结论：

　　（1）通过对研究生社会主义核心价值观培育的实证考察，研究生的价值观念现状和思想状态现状切实影响着其对社会主义核心价值观的认知、认同和践行。其中，研究生价值观念体系越完整、具体价值取向越积极，对社会主义核心价值观认知、认同、践行的程度越高。除此之外，研究生所处的需要层次不同，其对社会主义核心价值观的认知、认同和践行也有明显的不同。

　　（2）研究生对客观事物的价值认知是在价值认知基模的主导下形成的。一方面，价值认知基模的一般性运算逻辑决定了研究生的价值认知水平；另一方面，价值认知基模的特殊性运算逻辑决定了研究生的价值认知标准。在研究生的价值认知水平和价值认知标准都不发生改变的情况下，研究生形成的任何价值认知都是符合其当前的价值认知基模的，这是价值认知基模发挥的同化作用。当研究生价值认知水平或价值认知标准发生改变时，价值认知基模又会发挥调节作用形成新的基模。

（3）在社会主义核心价值观培育的过程中，研究生的价值认知基模同样发挥主导作用，这正是研究生在培育中发挥的主观能动性。首先，价值认知基模的动力系统在接收到社会主义核心价值观信息时进行了预先的认知和评价，并且为这些信息选择了更加具体的一般性认知基模或价值观认知基模进行后续的认知。其次，价值认知基模的认知系统会运用所选的认知基模对信息进行分析和处理。最后，价值认知基模调节系统的非理性因素还对动力系统和认知系统起着积极的推动作用或形成消极影响。

（4）教育者主导性的发挥，不仅仅依靠对研究生主体价值认知规律的了解就可以达成，而是一个受到多方因素影响的联动过程。所以，如何遵循研究生的价值认知规律还需要回到培育的整个场域中进行分析。社会主义核心价值观培育场域中的资本、关系构型、主体惯习和资本竞争，共同决定了场域的运行，也共同决定了最终在这个场域中是否能够促成研究生精神文化资本的更替和改变。

（5）当前的研究生社会主义核心价值观培育场域存在形式化问题。首先，从场域的关系构型来看，教育者与研究生构成的培育与被培育关系并不取决于精神文化资本优势的优劣，而是凭借一种天然的教化权力。其次，活跃于培育场域中的资本，始终应该是以社会主义核心价值观为核心的精神文化资本，然而实际上，却是普遍停留于知识内容层面的社会主义核心价值观信息。最后，教育者与研究生之间并没有形成关于社会主义核心价值观精神文化资本的良性竞争，这导致在研究生所处的激烈精神文化资本竞争环境中，社会主义核心价值观精神文化资本始终无法占据优势。所以，需要构建一个理想的培育场域，有利于推进教育者主导性的发挥。

（6）优质的关系构型、合理的资本竞争、高效的资本转化是理想的研究生社会主义核心价值观培育需要遵循的三个基本原则。其中，教育者在社会主义核心价值观精神文化资本方面的优势是场域有效运作的灵魂，也就是教育者发挥主导性的关键力量，决定了教育者在培育场域中的真实地位、培育态度和培育方式。

（7）以尊重为前提的沟通、以榜样为基础的沟通、以信任为核心的沟通、分维度有侧重的沟通，是遵循研究生价值认知规律，并且可以有效发挥教育者主导性的培育方式。

  本文虽然运用皮亚杰的基模理论对研究生的主观能动性，包括研究生价值认知的规律以及研究生具体在社会主义核心价值观培育中的认知规律进行了研究，并在此基础上分析了未来研究生社会主义核心价值观培育可以选择的变革方向，但是这些研究还只是初步和粗浅的。更准确地来说，本研究只是在以认知基模分析研究生认知社会主义核心价值观的规律方面做了初步的尝试，大量以认知基模为基础进行的培育方式变革和培育方法升级，还有待于进一步的分析、考察和总结。一方面，对研究生价值认知基模的进一步精确分析。本研究认为价值认知基模是在一般性运算逻辑和特殊性运算逻辑两者合力下发挥结构性功能的。但是在实际生活中，价值认知基模的具体构成可能远比此丰富和复杂。这就需要在大量实证数据的支持下进行验证。另一方面，培育中价值认知基模的进一步实际运用。本研究从分析研究生价值认知基模出发，探索其在社会主义核心价值观培育中的规律，以此作为靶向培育、精准培育的基础。但是，了解或者掌握价值认知基模分析的意义可能远不止此。价值认知基模为关注受教育者主体地位提供了更加可操作的分析工具，可以在今后的思想政治教育中得到更广泛的运用。

附　录

附录 A

研究生社会主义核心价值观培育情况调查问卷

亲爱的同学：

　　您好！为深入了解研究生社会主义核心价值观的培育现状并且分析影响培育效果的因素特开展此次调查。本次调查是匿名答题，调查结果仅作研究用途，敬请放心填写！感谢您的参与和支持！

第一部分　人口统计信息和社会主义核心价值观培育情况

1. 您的性别是：A. 男　B. 女
2. 您现在所处的学业阶段是：A. 硕士研究生　B. 博士研究生
3. 您所学的专业类型是：

   A. 人文社科类　　　B. 理工类　　　C. 农学类　　　D. 医学类

   E. 艺体类　　　　　F. 其他
4. 您的政治面貌是：

   A. 党员（含预备党员）　　　　B. 共青团员（含积极分子）

   C. 民主党派　　　　　　　　　D. 群众
5. 您的婚姻状况是：A. 未婚　B. 已婚
6. 您的工作状况是：

   A. 从未参加过工作　　　　　　B. 曾经参加过工作

   C. 在职研究生

7. 您在研究生培养阶段是否参加过以社会主义核心价值观为主题的课程、讲座或者活动？ A. 是 B. 否

8. 您在研究生培养阶段接触过哪些有关社会主义核心价值观的培育内容？（可多选）

 A. 中国特色社会主义制度解析 B. 国家政策解读

 C. 中华优秀传统文化教育   D. 爱国主义教育

 E. 法治教育   F. 党史学习教育

 G. 社会公德教育   H. 学术道德教育

9. 您是通过什么形式接触到上述所选社会主义核心价值观培育内容的？（可多选）

 A. 课堂   B. 讲座   C. 校园活动   D. 辅导员

 E. 导师

10. 您的导师是否会与您就时政热点和社会热点进行探讨？ A. 是 B. 否

11. 您的导师是否会强调学术道德规范的重要性？ A. 是 B. 否

12. 您参加的社会主义核心价值观相关培育是否需要学生参与讨论？

 A. 是   B. 否

13. 您是否参加或组织过上述社会主义核心价值观培育内容的宣讲？

 A. 是   B. 否

第二部分　价值认知水平

14. 您是否拥有明确的人生目标？ A. 是 B. 否

15. 什么样的人生才是有意义的人生？（限选两项）

 A. 报效祖国、服务社会   B. 受到社会重视和钦佩

 C. 推动历史进步   D. 家庭幸福和谐、婚姻美满

 E. 刺激的人生体验   F. 拥有权力、地位显赫

 G. 成名成家、光宗耀祖   H. 富裕的物质生活

 I. 轻松快乐   J. 坚持正义、品德高尚

 K. 事业成功、有所作为、有所建树

16. 您会采用什么途径和方法实现自己的人生目标？（限选两项）

A. 勤勉、踏实、孜孜不倦 B. 诚实、守信、有责任心

C. 深谋远虑、合理计划 D. 把握机遇、敢于冒险

E. 竞争 F. 沟通合作、平等互助

G. 随机应变 H. 依靠人际关系

I. 顺从、听从上级或长辈的意见 J. 顺其自然、听天由命

17. 面对竞争您会优先采取什么手段？

A. 努力提升自己，展现自己的特长

B. 通过人际关系获取竞争信息

C. 找人疏通关系

D. 听天由命

18. 您依据什么标准来判断人生有无价值或价值意义大小？（限选两项）

A. 是否为自己努力所得

B. 整个生活经历是否充实愉快

C. 符合自我利益、利于自身发展

D. 符合法律法规、政策等

E. 符合所在组织、团体的利益及国家利益

F. 符合道德、伦理、规范

G. 符合大多数人的利益

H. 符合主流价值观

19. 您交朋友的主要目的是什么？

A. 共同探索人生

B. 无明确目的，交上好朋友完全出于自然

C. 生活上互相照顾

D. 有利于科研水平的提高或者是有利于工作

E. 便于娱乐

F. 解闷

20. 您认为交朋友最重要的是？

A. 以诚相待 B. 互相尊重 C. 互相帮助 D. 互相理解

E. 义气为重

21. 请根据您的真实感受对以下每个题项做出判断，在相应的空格处打"√"。

题项	非常同意	基本同意	无所谓	不同意	非常不同意
（1）我对现在的生活条件、社会环境和政治环境很满意					
（2）我认为因集体利益而牺牲个人利益是值得的					
（3）大河无水小河干，没有集体哪有个人					
（4）即使是个人奋斗也应先考虑集体的共同发展					
（5）贬低别人可以抬高自己					
（6）宁肯我负天下人，不肯天下人负我					
（7）一个人最重要的是光明正大					
（8）待人以礼应是一种美德					
（9）自我克制是一种良好的品质					
（10）任何事情的处理应讲求公正合理					
（11）道德的昌明可使社会进步和稳定					
（12）如果大家都不遵守公正秩序，社会将混乱不堪					
（13）中国共产党能带领广大人民群众实现中华民族伟大复兴					
（14）挑战生活比妥协生活意义更大					
（15）生活道路坎坷，应抱着一种勇敢顽强、坚忍不拔的精神					
（16）一个人要有强烈的进取心才能出类拔萃					
（17）一个人的成就再大也比不上他与群众的和睦相处					
（18）人与人之间应注重相互合作和体谅					
（19）个人进步远不及大家共同进步					
（20）选择工作时，是否能带来社会地位并且为家人增光很重要					
（21）工作单位的目标就是自己的目标					
（22）同事之间不仅有利益和竞争，还有情义					
（23）人际交往是必要的					

22. 请根据您的实际情况对以下每个题项做出判断，在相应的空格处打"√"。

题项	非常符合	基本符合	说不准	不符合	非常不符合
（1）为维护自尊，我会不惜一切攻击别人					
（2）做官是我工作的奋斗目标					
（3）我希望在工作中能够施展自己的才华					
（4）我愿意在参加工作后继续学习、提升自己					
（5）我希望能获取高薪、获得更好的生活条件					
（6）我认为在工作中能够与领导相处好很重要					
（7）相较于高薪但是竞争激烈，我更愿意选择安稳和清闲的工作					
（8）与成名成家相比，我更向往平凡恬淡的生活					
（9）我会以专注于自己工作能力的提升、遵守职业道德来获得更多的工作机会					
（10）我认为在工作中诚实守信是必要的品质					
（11）我愿意放弃追求更好的物质生活为促进国家发展而工作					
（12）我希望与同事友好相处、坦诚相待					
（13）在选择工作时，相比自己的喜好我更尊重父母的意见					
（14）在工作中我愿意虚心向前辈学习					

第三部分 需要层次

23. 请仔细阅读下面列出的每一种需要及其界定的内容，然后根据您认为的重要性对表上列出的18种需要进行排序，在您认为最重要的需要项前填1，次重要的填2，再次之的填3，以此类推，最不重要的填18，一直将18种需要的重要性都排出顺序号码。

排列次序	需要种类
	秩序的需要

续表

排列次序	需要种类
	躲避伤害的需要
	躲避羞辱的需要
	维持生存的需要
	物质享受的需要
	性的需要
	友情的需要
	求援的需要
	归属的需要
	求知的需要
	求美的需要
	发展体力的需要
	成就的需要
	自尊自立的需要
	权力的需要
	助人的需要
	建树的需要
	奉献的需要

第四部分 社会主义核心价值观培育成效

24. 您听说过社会主义核心价值观吗？ A. 是 B. 否
25. 您知道社会主义核心价值观包括哪三个层面吗？
    A. 知道全部   B. 知道两个   C. 知道一个   D. 不知道
26. 您知道社会主义核心价值观包括的 24 个字吗？
    A. 知道全部   B. 知道大部分   C. 知道小部分   D. 不知道
27. 请按照您目前的关注度由强到弱对以下选项进行排序。
    A. 国家经济发展情况和国际地位   B. 社会公平正义

C. 法治建设　　　　　　　　D. 环境建设与生态和谐
E. 人际关系　　　　　　　　F. 个人素质提高与能力提升

28. 请根据您的真实感受对以下每个题项做出判断，在相应的空格处打"√"。

题项	非常同意	基本同意	无所谓	不同意	非常不同意
（1）社会主义核心价值观与自身发展关系密切					
（2）研究生培养阶段必须大力弘扬、培育和践行社会主义核心价值观					
（3）富强是中国现代化的首要目标					
（4）国家应该营造各抒己见、畅所欲言的民主氛围					
（5）国家应加大文明引导和道德治理力度，营造良好的社会文明新风尚					
（6）社会和谐集中体现在人与人、人与社会、人与自然之间的统一协调发展					
（7）社会应为每一个成员的自由全面发展创造良好环境，但自由是相对的自由，而非绝对的自由					
（8）贫富差距拉大、部分行业、官员存在特权，地域之间、民族之间发展不平衡都代表着不平等					
（9）"学有所教、劳有所得、病有所医、老有所养、住有所居"代表着公正安定的生活					
（10）法律会保障自己的权益					
（11）个人要与国家分担发展中的困难、分享发展的喜悦、与祖国共荣辱					
（12）科学研究需要艰苦奋斗、积极创新的精神，为科学进步添砖加瓦					
（13）科研不端行为败坏学术界声誉，阻碍科学进步					
（14）个人应该积极维护、传播社会正能量，不信谣、不传谣					

29. 请根据您的实际情况对以下每个题项做出判断,在相应的空格处打"√"。

题项	非常符合	基本符合	说不准	不符合	非常不符合
(1) 当个人利益与国家利益、集体利益发生冲突时,会服从国家利益与集体利益					
(2) 我会对自己的学习、生活和工作认真负责、精益求精					
(3) 我会坚决同学术不端行为划清界限					
(4) 在网络交往中,我从来都不会弄虚作假、欺骗他人					
(5) 看到社交平台上发布的医疗费用募捐,我会尽己所能捐款					
(6) 我会主动帮助遇到困难的人					
(7) 我与身边的人都能友好相处					
(8) 我会为不公平现象发声					
(9) 我会理性参与网络舆论,不发布失实评论					
(10) 我会对危害人民生活的行为(如食品安全问题)进行举报、投诉					
(11) 我愿意为国家富强、民族振兴、人民幸福勤奋努力					
(12) 当遇到困惑或逆境时,我不会产生"社会排斥"和"政治怨恨"的心理,更不会因释放怨气而报复社会					
(13) 我会坚决捍卫国家意识形态阵地					
(14) 我能做到在法律规定的范围内行使自由和权利					
(15) 我会对违法犯罪行为检举揭发					
(16) 家人或者亲友遇到纠纷,我会查询国家相关法律知识,协助他们一起正当维权					

再次感谢您的热心参与!

附录 B

研究生价值认知水平维度项目分析表

	组别（平均值 ± 标准差）		t	p
	低分组（$N=6$）	高分组（$N=6$）		
题目 14	0.33 ± 0.52	1.00 ± 0.00	−3.162	0.025*
题目 15-A	0.00 ± 0.00	0.50 ± 0.55	−2.236	0.076
题目 15-B	0.00 ± 0.00	0.33 ± 0.52	−1.581	0.175
题目 15-C	0.33 ± 0.52	0.00 ± 0.00	1.581	0.175
题目 15-D	0.67 ± 0.52	0.17 ± 0.41	1.861	0.092
题目 15-E	0.00 ± 0.00	0.00 ± 0.00	null	null
题目 15-F	0.00 ± 0.00	0.00 ± 0.00	null	null
题目 15-G	0.00 ± 0.00	0.00 ± 0.00	null	null
题目 15-H	0.17 ± 0.41	0.17 ± 0.41	0	1
题目 15-I	0.17 ± 0.41	0.50 ± 0.55	−1.195	0.260
题目 15-J	0.17 ± 0.41	0.17 ± 0.41	0	1
题目 15-K	0.33 ± 0.52	0.17 ± 0.41	0.620	0.549
题目 16-A	0.83 ± 0.41	0.83 ± 0.41	0	1
题目 16-B	0.33 ± 0.52	0.50 ± 0.55	−0.542	0.599
题目 16-C	0.50 ± 0.55	0.33 ± 0.52	0.542	0.599
题目 16-D	0.17 ± 0.41	0.17 ± 0.41	0	1
题目 16-E	0.00 ± 0.00	0.17 ± 0.41	−1	0.363
题目 16-F	0.00 ± 0.00	0.00 ± 0.00	null	null
题目 16-G	0.17 ± 0.41	0.00 ± 0.00	1	0.363
题目 16-H	0.00 ± 0.00	0.00 ± 0.00	null	null
题目 16-I	0.00 ± 0.00	0.00 ± 0.00	null	null

续表

	组别（平均值 ± 标准差）		t	p
	低分组（$N=6$）	高分组（$N=6$）		
题目 16-J	0.00 ± 0.00	0.00 ± 0.00	null	null
题目 17	1.00 ± 0.00	1.00 ± 0.00	null	null
题目 18-A	0.33 ± 0.52	0.33 ± 0.52	0	1
题目 18-B	0.50 ± 0.55	0.67 ± 0.52	−0.542	0.599
题目 18-C	0.50 ± 0.55	0.33 ± 0.52	0.542	0.599
题目 18-D	0.00 ± 0.00	0.00 ± 0.00	null	null
题目 18-E	0.00 ± 0.00	0.17 ± 0.41	−1	0.363
题目 18-F	0.33 ± 0.52	0.17 ± 0.41	0.620	0.549
题目 18-G	0.17 ± 0.41	0.00 ± 0.00	1	0.363
题目 18-H	0.00 ± 0.00	0.17 ± 0.41	−1	0.363
21（13）	2.00 ± 0.89	5.00 ± 0.00	−8.216	0.000**
21（1）	2.00 ± 0.00	4.17 ± 0.98	−5.398	0.003**
21（2）	1.83 ± 0.41	4.17 ± 0.75	−6.674	0.000**
21（3）	1.83 ± 0.98	4.33 ± 0.52	−5.514	0.001**
21（4）	1.67 ± 0.52	4.17 ± 0.75	−6.708	0.000**
21（5）	1.67 ± 1.03	1.00 ± 0.00	1.581	0.175
22（1）	1.83 ± 0.98	1.00 ± 0.00	2.076	0.093
21（6）	2.00 ± 0.89	1.50 ± 0.84	1	0.341
21（9）	2.33 ± 0.82	5.00 ± 0.00	−8	0.000**
21（8）	2.33 ± 1.03	5.00 ± 0.00	−6.325	0.001**
21（7）	2.17 ± 0.75	5.00 ± 0.00	−9.220	0.000**
21（10）	2.17 ± 0.75	4.50 ± 0.84	−5.078	0.000**
21（11）	2.00 ± 1.10	5.00 ± 0.00	−6.708	0.001**
21（12）	2.17 ± 0.98	5.00 ± 0.00	−7.059	0.001**
21（14）	1.83 ± 0.75	4.67 ± 0.82	−6.249	0.000**
21（15）	2.17 ± 0.98	5.00 ± 0.00	−7.059	0.001**
21（16）	2.33 ± 1.03	5.00 ± 0.00	−6.325	0.001**

续表

	组别（平均值 ± 标准差）		t	p
	低分组（N=6）	高分组（N=6）		
21（17）	1.83 ± 0.41	4.17 ± 0.75	−6.674	0.000**
21（18）	2.17 ± 0.98	5.00 ± 0.00	−7.059	0.001**
21（19）	1.83 ± 0.41	4.33 ± 0.82	−6.708	0.000**
21（20）	1.83 ± 0.41	3.83 ± 1.47	−3.207	0.009**
22（2）	1.83 ± 0.98	2.50 ± 1.38	−0.964	0.358
22（3）	2.17 ± 0.98	4.67 ± 0.52	−5.514	0.001**
22（4）	2.00 ± 0.89	4.83 ± 0.41	−7.059	0.000**
22（5）	2.50 ± 0.84	4.33 ± 1.21	−3.051	0.012*
22（6）	2.33 ± 0.82	4.33 ± 0.82	−4.243	0.002**
22（7）	2.00 ± 0.63	3.17 ± 1.33	−1.941	0.081
22（8）	1.67 ± 0.82	3.50 ± 1.38	−2.803	0.019*
22（9）	2.17 ± 0.75	4.83 ± 0.41	−7.628	0.000**
22（10）	2.00 ± 0.89	5.00 ± 0.00	−8.216	0.000**
21（21）	1.67 ± 0.52	4.33 ± 0.52	−8.944	0.000**
22（11）	1.67 ± 0.52	4.17 ± 0.75	−6.708	0.000**
21（22）	2.17 ± 0.98	4.83 ± 0.41	−6.136	0.001**
22（12）	2.00 ± 0.89	5.00 ± 0.00	−8.216	0.000**
22（13）	1.83 ± 0.75	3.33 ± 0.52	−4.025	0.002**
22（14）	2.33 ± 0.82	5.00 ± 0.00	−8	0.000**
题目 19	2.83 ± 1.17	2.67 ± 1.21	0.243	0.813
21（23）	2.33 ± 1.03	5.00 ± 0.00	−6.325	0.001**
题目 20	1.33 ± 0.52	1.50 ± 1.22	−0.307	0.765
$p<0.05$；$p<0.01$				

附录 C

研究生价值认知水平维度信度分析表

名称	校正项总计相关性（CITC）	项已删除的 α 系数	Cronbach's α 系数
题目 14	0.486	0.960	0.961
题目 15-A	0.056	0.961	
题目 15-B	0.181	0.961	
题目 15-C	−0.377	0.961	
题目 15-D	−0.214	0.962	
题目 15-E	0	0.961	
题目 15-F	0.167	0.961	
题目 15-G	−0.068	0.961	
题目 15-H	0.137	0.961	
题目 15-I	0.308	0.961	
题目 15-J	−0.110	0.961	
题目 15-K	−0.047	0.961	
题目 16-A	−0.070	0.961	
题目 16-B	−0.209	0.962	
题目 16-C	−0.040	0.961	
题目 16-D	0.099	0.961	
题目 16-E	0.204	0.961	
题目 16-F	0.212	0.961	
题目 16-G	−0.216	0.961	
题目 16-H	0	0.961	
题目 16-I	0	0.961	

续表

名称	校正项总计相关性（CITC）	项已删除的 α 系数	Cronbach's α 系数
题目 16-J	0	0.961	
题目 17	−0.118	0.961	
题目 18-A	−0.225	0.962	
题目 18-B	0.203	0.961	
题目 18-C	0.111	0.961	
题目 18-D	−0.040	0.961	
题目 18-E	0.080	0.961	
题目 18-F	−0.163	0.961	
题目 18-G	−0.148	0.961	
题目 18-H	0.182	0.961	
21（13）	0.925	0.958	
21（1）	0.592	0.960	
21（2）	0.661	0.960	
21（3）	0.843	0.959	
21（4）	0.792	0.959	0.961
21（5）	−0.320	0.962	
22（1）	−0.430	0.963	
21（6）	−0.236	0.962	
21（7）	0.881	0.959	
21（8）	0.903	0.959	
21（9）	0.853	0.959	
21（10）	0.840	0.959	
21（11）	0.898	0.959	
21（12）	0.947	0.958	
21（14）	0.881	0.959	
21（15）	0.931	0.959	

续表

名称	校正项总计相关性（CITC）	项已删除的 α 系数	Cronbach's α 系数
21（16）	0.870	0.959	
21（17）	0.677	0.960	
21（18）	0.923	0.958	
21（19）	0.671	0.960	
21（20）	0.564	0.960	
22（2）	0.084	0.962	
22（3）	0.881	0.959	
22（4）	0.903	0.959	
22（5）	0.774	0.959	
22（6）	0.813	0.959	
22（7）	0.529	0.960	
22（8）	0.578	0.960	0.961
22（9）	0.891	0.959	
22（10）	0.959	0.958	
21（21）	0.801	0.959	
22（11）	0.624	0.960	
21（22）	0.893	0.959	
22（12）	0.961	0.958	
22（14）	0.932	0.958	
22（13）	0.748	0.960	
题目 19	−0.097	0.962	
21（23）	0.916	0.959	
题目 20	0.111	0.961	